시민권의 탄생과 변화

시민권의 탄생과 변화
고대 그리스에서 현대까지

발행일	2025년 7월 30일 1판 1쇄
지은이	조호연
펴낸이	김일수
펴낸곳	파이돈
출판등록	제349-99-01330호
주 소	03035 서울시 종로구 자하문로17길 12-10 2층
전자우편	phaidonbook@gmail.com
전 화	070-8983-7652
팩 스	0504-053-5433
ISBN	979-11-991047-2-3 (93920)

ⓒ 조호연, 2025

책값은 뒤표지에 있습니다.

이 저서는 2021년 대한민국 교육부와 한국연구재단의 지원을 받아 수행된 연구임.(NRF-2021S1A5C2A04088759)

시민권의 탄생과 변화

고대 그리스에서 현대까지

조호연 지음

파이돈

자식들을 위해 평생 헌신하신
병상의 어머께 이 책을 바칩니다

차례

서론 • 009

제1장 고대 그리스의 시민권
1. 시민권의 탄생 • 021
    1) 스파르타 • 022   2) 아테네 • 029
2. 사상가들 • 040
    1) 플라톤 • 040   2) 아리스토텔레스 • 044

제2장 헬레니즘 시대와 로마의 시민권
1. 헬레니즘 시대 • 053
2. 고대 로마 • 059
    1) 고대 로마의 성립부터 공화정 시기까지 • 059
    2) 원수정부터 서로마제국의 멸망까지 • 066
3. 사상가들 • 068
    1) 키케로 • 068   2) 마르쿠스 아우렐리우스 • 071

제3장 로마로부터 중세로의 전환기의 시민권
1. 기독교와 시민권 • 077
2. 서로마제국의 몰락과 그 이후 • 083
3. 사상가들 • 087
    1) 요하네스 크리소스토무스 • 087
    2) 아우구스티누스 • 088

제4장 중세의 시민권
1. 민족의 이동 • 095
2. 프랑크 왕국 시기 • 099
3. 도시의 쇠퇴와 피렌 테제 • 103
4. 도시의 발달과 코뮌 운동 • 106
5. 주요 지역의 시민권 • 109
6. 법학의 발달 • 118
7. 사상가들 • 121
   1) 존 솔즈베리 • 121   2) 토마스 아퀴나스 • 123
   3) 마르실리우스 • 126   4) 아조와 바르톨루스 • 132

제5장 르네상스 시기의 시민권
1. 르네상스와 시민권 • 137
2. 피렌체와 시민적 인문주의 • 141
3. 사상가들 • 145
   1) 레오나르도 브루니 • 145   2) 마키아벨리 • 147
   3) 귀치아르디니 • 153

제6장 근대의 시민권(1)
1. 절대군주 체제의 등장 • 159
2. 프랑스의 종교전쟁과 보댕 • 162
   1) 위그노전쟁 • 162   2) 보댕 • 164
3. 잉글랜드 내전과 홉스 • 173
   1) 내전과 퍼트니 논쟁 • 173   2) 홉스 • 176
4. 명예혁명과 로크 • 183
   1) 명예혁명 • 183   2) 로크 • 184

제7장 근대의 시민권(2)
1. 자연법과 시민권 • 197
2. 몽테스키외와 시민권 • 204
3. 루소와 시민권 • 213
4. 미국독립혁명과 시민권 • 232
5. 프랑스혁명과 시민권 • 256

제8장 근대의 시민권(3)
1. 19세기의 시민권 문제 • 287
2. 사상가들 • 297
   1) 헤겔: 국가와 시민사회 • 297
   2) 토크빌: 미국의 민주주의 • 306
   3) 존 스튜어트 밀: 자유와 시민사회 • 315
   4) 마르크스: 시민사회와 계급 • 320
   5) 마르크스 이후의 사회주의자들 • 333

제9장 20세기 이후의 시민권 논제들
1. 사회권의 대두 • 339
2. 소련 시대의 시민권 • 345
3. 유럽 통합운동과 시민권 • 348
4. 세계시민권 운동 • 354

결론 • 365

참고문헌 • 376
찾아보기 • 383

일러두기

1. 본문에서 영어의 'citizenship'은 대체로 '시민권'으로 표기하였다. 'people', 'peoples'는 민족, 국민, 인민, 신민 등으로 문맥에 맞추어 다양하게 표기하였다.
2. 본문에서 지명과 인명은 우리나라의 외래어 표기법 지침에 의거하여 현지음을 기본으로 하였다. 또 대부분 성과 이름을 병기하였으나, 현재 우리나라 학계에서 널리 사용되는 방식을 우선시하였다. 플라톤, 키케로, 마르실리우스, 존 솔즈베리, 존 스튜어트 밀 등이 그러한 사례이다.
3. 본문의 각주는 독자들의 이해를 돕기 위해 저자 뒤에 발표 연도를 괄호로 표기하였다. 아울러 각주의 문헌에서 발행지와 출판사에는 괄호 표기를 하지 않고, 책 전체의 일관성에만 신경쓰고자 하였다.
4. 참고문헌의 표기는 일반적인 방식에 따랐다. 단, 우리말 출간 서적의 경우에 발행지는 생략하였다.
5. 영국은 대략 17세기 전반까지는 잉글랜드라고 표기하고, 명예혁명을 전후로 영국이라고 표기하였다. 잉글랜드 왕국과 스코틀랜드 왕국이 완전히 통합된 것은 1707년이지만, 정치사상사에서 명예혁명이 영국의 성격을 규정하는 데 중요한 계기가 되었다고 판단하기 때문이다.

서론

시민권citizenship이란 한 국가의 시민으로서의 법적인 권리를 의미할 뿐만 아니라 내부적인 주권의 핵심적인 수단으로 인식되고 있다. 이 책은 역사적 배경을 염두에 두고 서양에서 시민권이 발전해 온 과정을 고대부터 현대까지 추적하려는 시도이다.

시민권을 둘러싼 주제는 20세기 후반부터 더욱 열띤 논란의 대상이었다. 그 이유는 1990년을 전후로 하여 소련과 동유럽의 사회주의권이 붕괴함으로써 소위 '역사의 종말'[1]이 이루어진 것과 관련이 있다. 1917년 러시아혁명 이후에 이념에 근거한 국가를 건설하려는 노력이 현실적으로 좌절되자, 국가가 무엇이며 또 무엇이어야 하느냐에 대한 질문이 제기되었고, 이 질문의 핵심에 시민권 개념이 있었다. 하버마스는 1992년에 발표한 「시민권과 국가 정체성」이라는 논문에서 시민권과 관련된 당시의 시대적 상황을 세 가지로 요약했다. 그에 따르면, 첫째, 독일이 통일되고 동유럽 국가들에서 사회주의 정권이 붕괴하고 국적을 둘러싼 갈등이 생겨난 이후로, 국민국가nation-state의 미래에 관한 논의가 화두가 되었다. 둘째, 유럽연합과 유럽 단일시장이 출범함

---

[1] '역사의 종말'은 후쿠야마의 책 제목이기도 하다. 이 책에서 후쿠야마는 자유민주주의와 시장경제가 인류의 최종적인 발전단계라는 의미에서 역사가 종말을 맞이했다고 주장한다. 프랜시스 후쿠야마(1992), 『역사의 종말』, 이상훈 역, 한마음사.

으로써 국민국가와 민주주의의 관계가 새롭게 조명되고, 국민국가와 함께 진행되어 오던 민주주의적 진행 절차는 경제 통합으로 생겨난 초국가적 형태보다 절망적일 정도로 뒤처지게 되었다. 셋째, 경제적으로 빈곤한 동유럽과 남유럽으로부터 대규모 이민이 유입되면서 입헌 민주주의라는 보편적인 원칙이 공동체 사회를 유지하려는 특수한 상황과 충돌하게 되었다.[2]

하버마스의 논문이 발표된 지 30여 년이 지났지만, 시민권을 둘러싸고 그가 제기한 과제들은 해결되지 않은 채 그대로 남아있으며, 오히려 더 첨예한 논란거리가 되고 있다. 현재 유럽만이 아니라 세계의 많은 국가는 국민국가로서의 정체성 혼란을 겪고 있고, 유럽연합이라는 초국가 운동은 긍정적인 역할을 하고 있는지 확신을 주지 못하고 있으며, 이민 문제는 더욱 악화되어 미국과 유럽 각지에서 반(反)이민주의를 기치로 내건 정치세력이 급성장하고 있다.

그러나 일반적으로 말하자면 시민권과 관련된 문제는 20세기 들어 처음 제기된 것이 아니라, 인류가 국가나 도시 공동체를 조직한 이래 지속적으로 중요한 의미를 지니고 있었다. 물론 이때 반드시 시민권이라는 용어가 사용된 것은 아니지만, 어떤 사람의 국가나 도시 공동체에 대한 소속 여부를 판별하는 기준은 있어야 했다. 가령 혈통, 지역, 언어, 종교적 신념이나 관습, 재산 유무 등의 기준이 있었고, 그에 따라 해당 공동체의 구성원인지 아닌지가 결정되었다. 달리 말하자면, 이러한 기준은 어떤 공동체에 대한 소속만이 아니라 배제와 차별

---

2   Jurgen Habermas(1992), "Citizenship and National Identity: Some Reflections on the Future of Europe", *Praxis International*, Vol. 12, No. 1, pp. 1~19.

의 수단으로 활용되기도 했다.[3]

하지만 우리가 시민권이라고 할 때 일반적인 의미로서의 소속만을 염두에 두는 것은 아니다. 시민권이란 단순히 구성원 여부를 판별하는 것에 그치지 않고, 해당 구성원의 국가나 도시에 대한 권리를 규정지으며 외부의 공격으로부터 이들을 보호받을 수 있게 해주는 법적인 장치였다. 또한 시민권은 시민권을 보유한 사람들이 해당 공동체에 대한 책임감으로 공동체의 각종 활동에 참여할 가능성과 기회를 부여받는다는 것을 의미했다. 그러므로 시민권이 발달한 지역은 그렇지 않은 지역보다 통치자에 대해 더 많은 권리를 보유했으며, 또 그러한 권리의 범위를 확대했다. 그런 지역으로 우리는 고대 그리스와 로마를 들 수 있으며, 이들 지역에서 발달한 시민권 개념은 중세 유럽의 도시를 거쳐 근대로까지 전승됨으로써 오늘날 시민권의 이론적 토대가 되었다.

'시민권'을 둘러싼 여러 가지 해석

그렇다면 오늘날 우리는 시민권 문제를 명료하게 이해하고 있을까? 시민권의 성립 및 전개와 관련해서는 여러 가지 해석이 있다. 그중 커다란 관심을 불러일으킨 하나의 사례로는 영국의 사회학자인 토머스 마셜Thomas H. Marshall의 연구를 들 수 있다. 그는 자신의 대표 저술인 『시민권과 사회계급』[4]에서 시민권의 역사적 발전을 시기별로 제시했다. 그에 따르면 18세기에는 신체의 자유, 언론, 사상, 신앙의 자

---

3 이선주(2013), 「시민권, 포함의 역사 혹은 배제의 역사」, 『영어영문학 연구』 55권 1호, 343~344쪽.
4 마셜의 이 저서는 우리나라에서 다음 책에 포함되어 출판되었다. T. H. 마셜 & T. 보토모어 (2014), 『시민권』, 조성은 역, 나눔의집.

유 등과 같은 공민권이 발달했고, 19세기에는 참정권의 확대와 같은 정치권이 발달했으며, 20세기에는 경제적 복지와 같은 사회권이 발달했다. 마셜의 주장은 영국을 배경으로 제기되었으나 공민권-정치권-사회권으로 시민권이 확대되었다는 논지는 시민권 문제와 관련하여 커다란 논란을 낳았다. 또한 오랫동안 시민권 문제를 연구한 바 있는 피터 리즌버거Peter Riesenberg는 인류 역사 전체를 통해 시민권을 두 가지로 구분했다. 첫 번째 시민권은 고대 그리스의 폴리스에서 시작하여 프랑스혁명 이전까지 해당하며, 두 번째 시민권은 18세기 말 혁명의 시대 이후 시기에 해당한다. 리즌버거에 따르면, 첫 번째 시민권은 소규모 사회에서 도덕적으로 의식 있는 엘리트를 대상으로 했고, 두 번째 시민권은 좀 더 범위가 넓고 민주적이며 민족적인 성격을 지니게 되었다.[5]

시민권을 시대별 변화로 파악하기보다는 시민권 자체를 두 가지 성격으로 구분하려는 해석도 있다. 가령 미국의 건국 사상의 토대를 마키아벨리의 공화주의에서 찾으려는 저술인 『마키아벨리언 모멘트』의 저자인 포칵J. G. A. Pocock의 견해가 이 부류에 속한다. 그는 고대로부터 발달한 시민권에는 두 가지가 있다고 보았다. 하나는 아리스토텔레스가 상정한 대로 '폴리스적 동물'로서의 시민이 가진 시민권이 있는데, 이런 의미에서 시민이 된다는 것은 자연적인 것이었다. 다른 하나의 시민권은 법적 관계에 따른 것으로 로마인의 시민권이 그러했는데, 로마 시민은 시민권을 부여받음으로써 국가와 법적 관계를 맺게 되었

---

5 Peter Riesenberg(1992), *Citizenship in the Western Tradition: Plato to Rousseau*, Chapel Hill, NC and London, University of North Carolina Press.

다는 것이다.[6]

  이와 유사한 해석으로서 통시적인 관점에서 시민권을 공화주의 모델과 자유주의 모델로 구분하려는 시도가 현재 우리나라에 널리 알려져 있다.[7] 공화주의 모델에 따르자면, 아리스토텔레스, 키케로, 마키아벨리, 루소 등의 사상에서처럼 시민의 의무와 덕성을 강조하는 시민권이 강조된다. 반면에 자유주의 모델에 따르자면, 로크처럼 시민이 되기 이전에 인간으로서의 권리를 강조함으로써 정치 활동에 대한 참여가 시민의 의무가 아니라 자유의사에 맡겨져 있다는 시민권의 성격이 강조되었다.[8]

  이처럼 시민권의 발달에 대한 여러 해석이 시도되었지만, 우리는 시민권이 무엇이며 그것이 어떻게 발전했는지에 대해 여전히 명쾌한 답을 가지고 있지 않다. 더구나 20세기 후반에 세계화가 진전됨에 따라 시민권 개념은 더 유동적이고 복잡해졌다. 시민권 문제에 대한 이해를 어렵게 하는 데는 기술적인 발달도 큰 몫을 하고 있다. 디지털 기술이 급속도로 확산함에 따라 시민권 개념만이 아니라 정치에 대한 시민들의 참여방식과 태도도 크게 변모했기 때문이다.

---

[6] J. G. A. Pocock(1995), "The Ideal of Citizenship Since Classical Times", R. Beiner, ed. *Theorizing Citizenship*, Albany: State University of New York Press, pp. 29~52.
[7] 추병완 외(2019), 『디지털 시민성 핸드북』, 한국문화사, 16쪽; 추병완 외(2020), 『시민성 이론과 시민교육: 시민교육핸드북』, 하우, 1장과 3장.
[8] 공화주의 모델과 자유주의 모델에 대한 좀 더 자세한 설명을 위해서는 다음 책을 참조하시오. Derek Heater(1999), *What is citizenship?*, Malden, Mass: Polity Press.

'시민권' 및 '시민'을 둘러싼 용어 문제

시민권 문제가 특히 우리나라에서 더 복잡하게 이해된 데는 용어상의 혼란도 적지 않은 역할을 하고 있다. 법률적으로 보자면 시민권citizenship은 국적nationality과 크게 다르지 않다. 우리나라를 포함하여 세계 대부분의 국가는 국적 제도를 채택하고 있으나, 미국, 캐나다, 호주 같은 일부 국가에서는 시민권이라는 용어를 사용한다. 앞으로 이 책에서 다룰 내용이지만, 이들 국가에서 국적이란 용어를 사용하지 않고 굳이 시민권이라는 용어를 사용하는 데는 그만한 역사적 배경이 있다. 한편 시민권이라는 단어는 여러 가지 오해의 소지를 안고 있다. 이 단어는 영어의 'citizenship'을 번역한 것인데, 엄밀히 말해 시민권과 'citizenship'은 동일하지 않다. 한자어인 시민권市民權은 그 자체로 보자면 시민으로서 가진 권리를 일컫지만, 'citizenship'은 시민으로서의 권리와 지위만이 아니라 자질이나 조건도 포괄하고 있다.

고대 그리스와 로마 시대에는 시민의 범위가 비교적 명확했으나, 중세에 접어들면서 용어상의 문제가 발생했다. 사회적 지위로서의 시민은 중세에 거의 소멸했고, 도시가 새롭게 정비되면서 '버지스'burgess와 같은 용어가 생겨났는데, 이 단어는 엄밀히 말해 신분적 의미를 담은 고대의 시민인 폴리테스polites나 키비스civis가 아니라 도시라는 행정구역에 거주하는 사람들을 가리켰다. 11세기에 로마 시대의 법학 저술이 재발견되고 르네상스 시대에 고전에 관한 관심이 증가하자, 고대 그리스와 로마의 폴리테스와 키비스라는 용어도 덩달아 부활했다. 그러나 근대 이후 시민의 개념은 고대의 의미를 크게 확장했다. 이 용어는 절대주의 국가가 발전하면서 신민subject이라는 의미를 흡수했고, 나아가 18세기 후반 이후에는 국민이라는 말도 포함하게 되었다.

시민 및 이와 관련되어 사용되는 단어는 우리말에서 매우 혼란스럽게 사용되고 있다. 한자어인 시민市民은 글자 그대로 행정구역인 '시'市에 거주하는 사람을 가리킨다. 그러나 이 말은 그리스어인 폴리테스, 라틴어인 키비스를 번역한 용어이기도 하다. 폴리테스는 성채를 뜻하는 '폴리스'에서 유래했고, 키비스는 고古 라틴어인 '케이비스' ceivis에서 나왔는데 이 단어에는 '정주하다'라는 뜻이 담겨 있다. 영어로 시민인 'citizen', 그리고 프랑스어로 'citoyen/citoyenne'는 라틴어 '키비스'에서 유래했다. 근대 시민주의가 성립되면서 사용된 '네이션' nation의 의미도 간단히 설명할 수 없다. 이 단어는 원래 중세에서 일군의 대학생 집단을 가리키는 '나티오'natio에서 유래했는데, 근대 국민국가가 성립되면서 '국가', '국민', '민족', '인민' 등 문맥에 따라 다양하게 번역될 수 있기 때문에 시민과 관련하여 혼란을 더욱 부추기고 있다. 이 외에도 서양에서 시민 또는 국민을 가리키는 '피플'people을 우리말에서는 문맥에 따라 다양하게 해석할 수밖에 없는 어려움이 있다. '민'民, '백성', '민중' 등도 시민권 문제와 관련하여 사용하고 있는데, 이 단어들 역시 사용하는 사람에 따라, 또 문맥에 따라 의미하는 바가 다르다.[9]

'시민권'과 '국가론'

시민과 관련된 이러한 개념상의 혼란은 당분간 명확하게 해결될 것

---

9 용어상의 복잡한 문제에 대해서는 다음 논문들을 참조하시오. 이지성(2021), 「근대 '국민', '인민', '백성'의 개념사 연구 — 19세기 말~20세기 초를 중심으로」, 『어문논총』 제39호, 59~83쪽; 정세근(2022), 「사람의 뜻(3) — 국민, 시민, 민중, 인민 등의 개념과 용례」, 『동서철학연구』 제103호, 한국동서철학회논문집, 381~401쪽; 이종은(2023), 「시민과 시민권」, 『동아시아와 시민』 3호, 5~75쪽.

같지 않다. 이 책은 서양에서 고대로부터의 시민권의 발달 과정을 조명함으로써 이러한 혼란된 개념들을 정리하는 데 도움을 주고자 한다. 따라서 이 책에서 제기하는 질문은 다음과 같다. 첫째, 고대 그리스와 로마에서 시민권이 성립될 때 시민이란 누구였는가? 둘째, 고대적 의미의 시민이 중세 초에 소멸한 이후 중세의 시민권은 고대와 어떤 차이점이 있는가? 셋째, 근대의 시민권은 어떻게 성립되었으며, 어떻게 보편적인 의미를 획득했는가? 넷째, 20세기 시민권의 개념은 세계화와 어떤 관련성을 가지고 있으며, 어떤 주제가 논의거리가 되고 있는가?

위와 같은 질문은 시민권의 확대 과정을 어떻게 이해할 수 있느냐의 근본적인 문제 및 향후 시민권의 발전 과정에 대한 전망의 문제로 귀결된다. 시민권을 둘러싼 논의는 결국 '국가란 무엇인가?'라는 주제의 연장선에 있다. 플라톤, 아리스토텔레스, 아우구스티누스, 마르실리우스, 마키아벨리, 홉스, 로크, 몽테스키외, 루소, 헤겔, 토크빌, 마르크스 등 이 책에서 다룬 사상가들의 주요 관심도 바로 국가론에 있었다.

이 책을 집필하는 동안에 우리나라에서는 2024년 12월 3일 윤석열 대통령이 발표한 계엄령을 둘러싸고 많은 논란이 벌어졌고, 급기야 우리나라 역사상 두 번째로 대통령이 탄핵당하는 사태가 벌어졌다. 계엄령과 관련된 정치적 논란으로 국민적 에너지가 지나치게 소진됨으로써 국가의 존립마저 위태로워질 수 있다는 위기감이 고조되기까지 했다. 현상으로서의 국가적 위기에 대해서는 많은 사람이 공감하고 있고, 또 특정 정파가 권력을 장악함으로써 이런 위기를 극복할 수 있다고 믿고 있는 사람들도 적지 않다. 그러나 현재 우리나라가 맞닥뜨리고 있는 상황은 그다지 간단해 보이지 않는다. 가장 큰 문제는 국가가 무엇을 위해 존재하느냐 하는 목적론적 사고가 팽배해 있다는 데 있다. 막스 베버는 국가란 '폭력의 독점을 요구하는 인간 공동체'라는 정의를 통하여, 목적이 아니라 수단으로서 국가를 정의해야 한다는 점을 강조한 바 있다. 국가는 추상적인 실체가 아니라 결국 인간 공동체이므로, 국가 위기의 문제는 이 공동체를 구성하는 개개의 국민이나 시민으로 그 초점을 옮겨가야 하리라고 판단된다. 따라서 이 책으로 말미암아 국가의 주인이라고 할 수 있는 시민이 가진 권리와 의무의 역사를 통해 우리나라에서 벌어지고 있는 심각한 혼란을 역사적인 맥락에서 성찰하는 기회가 주어지기를 바란다.

제1장

고대 그리스의 시민권

1. 시민권의 탄생

시민권citizenship이란 용어는 어떤 국가 구성원의 소속을 가리키는 것만으로 이해될 수는 없다. 만약 그렇다고 한다면, 국가가 성립된 어느 곳이나 시민권이 존재했다고 말해야 한다. 그러나 오늘날 우리가 시민권을 생각할 때 출발점으로 삼을 수 있는 것은 고대 그리스에서의 시민권이다. 고대 그리스와 비슷한 시기에 존재했던 이집트, 바빌로니아, 그리고 세계 각지 고대 국가의 사람들은 피지배자로서 신민으로서의 지위에 머물러 있었지만, 시민권을 창안한 고대 그리스에서는 자유민으로서의 시민들이 책임감을 가지고 국가 운영에 참여할 수 있었다. 그리스인이 공동체의 이상적인 질서에 대해 생각하면서 처음으로 정치사상을 발달시킨 것도 결코 우연이 아니었다.

시민권이라는 단어는 정치체제를 의미하는 그리스어 '폴리테이아'에서 유래한 말로서, 폴리테이아가 발전한 곳이 바로 고대 그리스였다. 그리스 지역에서는 호메로스가 『일리아드』와 『오디세이아』에서 읊은 영웅들의 시대가 끝난 후, 소위 암흑시대(기원전 약 1100년~기원전 약 800년)를 거쳐 기원전 8세기 무렵 이곳저곳에 폴리스[10]가 들어섰

---

10 폴리스는 '아스티'라고 불린 도시지역과 '코라'라고 불린 주변 지역으로 이루어져 있었고, 중심 지역에는 대체로 아크로폴리스라고 불리는 언덕과 상점, 공공건물과 법정이 있었던 아고라가 있었다.

다. 그리스의 각 폴리스 사이에는 전쟁이 연이어 발생하는 한편, 상업 활동도 활발하게 이루어졌다. 위기가 닥쳤을 때 폴리스는 공동체 구성원들의 도움이 필요했고, 또 복잡해진 상업 활동에서 생기는 문제를 해결하기 위해, 폴리스 업무에 적극 참여하는 구성원들은 책임과 권리에 따라 군사적, 법적 보호를 받음과 동시에 토지와 특권을 부여받았다. 그렇기 때문에 고대 그리스인은 일부의 사람들을 시민으로 구별했고 그에 관한 법률을 제정했을 뿐만 아니라, 플라톤과 아리스토텔레스 등 여러 사상가는 시민권에 대한 이론화 작업을 진행했다.

정치에 참여했다는 명확한 의미에서 시민권은 그리스의 테라Thera인들이 북아프리카의 식민도시인 키레네Cyrene를 건설했을 때 한 맹세에서 처음으로 언급되었다.[11] 그러나 우리가 고대 그리스에 대해 가지고 있는 대부분의 사료는 아테네와 스파르타에 대한 것이다. 따라서 시민권에 대한 설명도 이 두 폴리스를 중심으로 설명할 수밖에 없다.

1) 스파르타

굉장히 엄격한 훈련을 '스파르타식 훈련'이라고 하고, '과묵한'이라는 영어단어인 '라코닉'laconic이 스파르타인들이 거주하던 라코니아에서 유래되었다는 사실 때문에, 우리는 민주주의를 연상시키는 시민권이 스파르타와 무관하다고 생각하기 쉽다. 그러나 스파르타의 시민권은 프랑스에서 18세기 후반 시민혁명이 발발하기 이전까지 유럽 사상

11　Alan L. Boegehold and Adele C. Scafuro(1994), *Athenian identity and civic ideology*, Baltimore: Johns Hopkins University Press, p. 47.

가들에게 아테네의 경우보다 더 큰 영향력을 가졌다.

스파르타의 구성원인 도리아인들은 미케네 왕국이 멸망하던 시기에 발칸반도 북쪽에서 남쪽으로 이동하여 펠로폰네소스 반도 남부의 라코니아 혹은 라케다이몬이라 불리는 평야에 정착했다. 이후 스파르타는 다른 폴리스와 현저히 다른 상황에 놓이게 되었다. 즉 인구가 증가하고 토지가 부족하게 되자, 기원전 735년 서쪽의 타이게토스 산맥을 넘어 그곳에 살고 있던 원주민인 메세니아인들과 전쟁을 벌였다. 제1차 메세니아 전쟁으로 알려진 이 충돌은 20년가량 지속되었지만, 결국 스파르타가 승리하고 패배한 메세니아인들은 농업 노예가 되고 말았다. 메세니아인들은 약 1세기 뒤인 기원전 650년 제2차 메세니아 전쟁으로 알려진 봉기를 일으켰다. 30년이나 걸린 군사작전 끝에 스파르타는 마침내 메세니아인들의 봉기를 완전히 진압했다.

스파르타의 사회구조를 결정짓고, 이로써 시민권을 성립시킨 배경은 바로 스파르타가 메세니아인들과 벌인 전쟁이었다. 두 차례에 걸친 이 전쟁은 매우 격렬하게 진행되었는데 스파르타인들로서는 농업 생산물을 메세니아인들에게 의존하고 있었기 때문에, 생존을 걸고 싸울 수밖에 없었다. 이 시기에 스파르타의 정치제도를 만든 인물은 리쿠르고스라고 알려져 있다. 이 사람에 대해 우리가 알고 있는 정보는 대부분 플루타르코스에게서 얻은 것인데, 플루타르코스는 리쿠르고스가 델포이에서 신탁을 받았고, 이 신탁을 '레트라'라고 한다고 말했다. '레트라'는 수사학을 의미하는 '레토릭'rhetoric에서도 알 수 있듯이 '말'과 관련되는데, 리쿠르고스가 수립한 법체계를 의미한다. 우리가 알고 있는 스파르타의 국가 질서는 기원전 675년경 실시된 것으로 알려진 리쿠르고스 체제를 말한다.

리쿠르고스의 개혁은 스파르타의 기본 질서를 확립하고 스파르타인들의 삶 전체에 영향을 미쳤다. 그리스의 다른 폴리스처럼 스파르타에도 신분적인 구분이 있었다. 심지어 스파르타에는 두 명의 왕도 있었는데, 이들은 사실상 귀족 출신으로서 군사 지도자들이었다. 그렇지만 리쿠르고스 체제가 수립되면서, 스파르타에서 신분적인 구분은 희미해지고 모든 스파르타인이 사실상 시민이 되었다. 이들 스파르타 시민은 '동등자'라는 뜻을 지닌 '호모이오이'라고 불렸다. 호모이오이는 말하자면 스파르타 시민이었는데, 리쿠르고스가 개혁을 실시할 무렵에 그 수가 약 9천 명 정도였고 스파르타 전체 인구의 약 10%를 차지했다. 이들 시민은 모두 전사 신분을 가진 사람들로서, 아리스토텔레스에 따르면 노동에 종사하지 않는다는 의미에서 머리를 길게 길렀다. 반면에 피정복자인 메세니아인들은 스파르타 시민들을 위해 생산을 담당했던 국가 노예로서 '헤일로타이'라고 불렸다.

스파르타의 시민은 그리스 전체로 보아서도 매우 독특한 존재였다. 그들의 삶은 철저히 폴리스에 의해 통제받았고, 개인적으로 생활 방식을 선택할 수 있는 자유가 이렇다 하게 주어지지 않았다. 스파르타는 메세니아인들과의 긴장 관계 때문에 시민권 제도를 도입했고 국가 안보라는 목적을 달성하기 위해 모든 스파르타 시민을 대상으로 서양 고대 세계 최초로 공교육을 실시했다.

스파르타 시민들의 자녀는 태어난 직후에 레스케라는 곳에서 검사관으로부터 건강 상태를 확인받고, 정상인 경우에만 양육할 수 있었다. 아이들은 7세까지 집에서 양육하다가 그 나이가 되면 본격적으로 국가 관리에 맡겨졌다. 그로부터 소년들이 20세가 될 때까지 생활하던 단체는 '아고게'agoge라고 불렸다. 스파르타 소년들은 아고게 과정을 마치고, 다시 10년 동안 공동생활을 해야 했다. 이 기간에 청년들은 아직 완전한 시민은 아니었으므로, 군사적인 의무를 졌으나 시민적인 권리나 책임을 부여받지는 않았다. 교육 기간에 스파르타 소년들은 읽기와 쓰기, 음악과 무용 등을 배웠다.[12] 그러나 이 시기에 소년들의 교육에서 무엇보다도 강조된 것은 전사로서의 정신자세였다. 플루타르코스는 스파르타의 어떤 소년이 여우 새끼를 훔쳐서 옷 속에 감춰왔는데, 여우에게 내장을 물어뜯겨 죽은 일도 있었다고 전하고 있다. 스파르타의 교육과정에는 보통 인간들의 윤리와 배치되는 내용도 있었는데, 그중 가장 악명높은 것은 소위 크립테이아라고 하는 특수훈련이었다. 이 훈련을 위해 행정관은 청년 가운데 아주 유능한 자들을 선발하여 단도와 식량만 가지고 나라 안을 돌아다니게 했다. 이들은 낮에는 남의 눈에 띄지 않게 숨어 있다가 밤이 되면 밖으로 나가서 사로잡은 헤일로타이를 살해했다. 교육 중 스파르타 청소년들은 "훌륭한 시민이란 어떤 사람을 말하는가?"라는 질문을 받기도 했는데,[13] 스파르타인들에게서 훌륭한 시민의 기준은 보편적인 윤리가 아니라 자기 폴리스의 안전이었다.

스파르타인은 30세가 되었을 때 드디어 공식적으로 시민으로 인정받을 수 있었다. 즉 시민으로서의 권리를 부여받고 의무를 담당하게 되었다. 그중 중요한 것은 민회에 참석할 수 있는 권리였다. 그 외에도 시민들은 가정을 이루고, 시장에 다닐 수 있는 등 부수적인 권리도 부여받았다. 그리고 스파르타 시민들은 국가로부터 클레로스라는

---

[12] 김창성 편저(2014), 『사료로 읽는 서양사』 1, 책과함께, 139쪽.
[13] 플루타르코스(2000), 『플루타르크 영웅전 전집』 I, 이성규 역, 현대지성사, 105쪽.

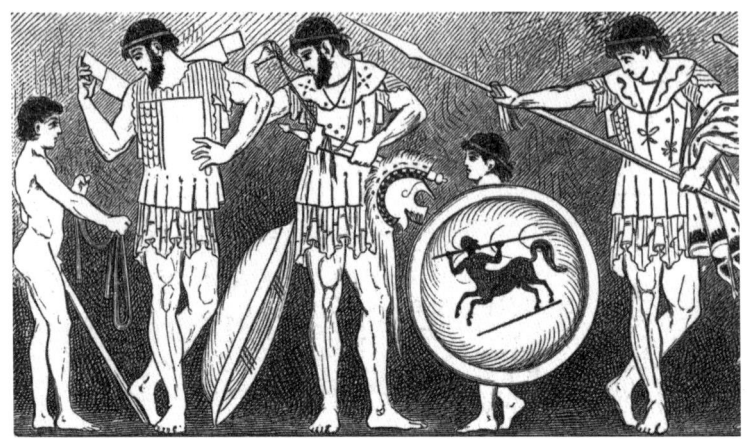

스파르타에서 태어난 남자아이는 7세가 되면 부모와 떨어져 '아고게'라는 소년학교에 들어가 혹독한 훈련을 받았다.

토지를 할당받아 생활할 수 있었다. 노동은 헤일로타이가 담당했으므로 시민들은 대부분의 시간을 체육관이나 레스케라 불리는 얘기 나누는 장소에서 보냈다.[14] 그렇다고 해서 스파르타 시민들이 완전히 자유로운 생활을 했던 것은 아니다. 그들은 60세가 될 때까지 '피디티온' phidition이라 불린 공동식사에 참여해야 했다. 하나의 공동식사팀 구성원의 숫자는 총 15명이었는데, 이들은 함께 식사하고 군사훈련을 했다.[15] 따라서 피디티온의 목적은 동지애를 가지고 단결시키는 데 있었다. 이 조직에 가입하기 위해서는 해당팀 구성원들의 만장일치 동의를 얻어야 했다. 투표는 시중드는 사람이 가지고 있는 그릇에 빵 조각을 넣는 식으로 진행되었는데, 반대하는 사람은 빵을 꼭 쥐어 찌그

---

14   같은 책, 111쪽.
15   박재욱(2022), 「고전기 스파르타의 폴리테이아와 공동식사」, 『서양고대사연구』 제63집, 45~46쪽.

러뜨리는 방식으로 자기 의사를 표시할 수 있었다. 만약 공동식사에 가입하지 못하거나 공동식사의 회비를 내지 못하는 스파르타인이 있다면, 그는 시민의 지위를 잃게 되었다. 공동식사팀은 일종의 군사 조직이었으므로 거기에 포함되지 않는 사람은 시민으로서의 가장 중요한 의무를 이행할 수 없었다.

평화 시에 이렇게 생활하던 스파르타 시민들은 전쟁이 벌어지면 당연히 국가를 위해 기꺼이 목숨을 바쳐야 했다. 스파르타의 어떤 어머니에 관한 일화는 국가를 위한 스파르타인들의 정신자세를 잘 보여준다. 그 어머니는 전투에 나서는 아들에게 방패를 건네주며, 승리하여 방패를 들고 오든지, 아니면 죽어서 방패에 실려 돌아오라고 충고한 것이다. 가족보다 국가에 대한 충성심이 강했던 것은 페르시아가 침공해 왔을 때 테르모필레 협곡에서 레오니다스와 그의 휘하에 있던 300명 전사가 결사적으로 저항한 모습에서도 확인할 수 있다.

스파르타에는 시민권에 대해 설명해 줄 수 있는 플라톤이나 아리스토텔레스 같은 사상가가 없었다. 그 대신 티르타이오스라는 시인이 있었는데, 그는 다음과 같은 시로 전사—시민의 이상을 문학적으로 잘 표현했다.

그대는 결코 정복당하지 않는 헤라클레스의 혈통,
용감할지어다, 아직도 제우스 신의 눈은 그대를 응시하고 있노라.
적의 수가 많음을 두려워하지 말라, 주춤거리지도 말라.
방패를 들고 맨 앞 열에 곧바로 서서
적을 무찔러 그대의 생명을 지켜야 하고,

죽음의 어두운 그림자도 태양의 광선처럼 맞아야 할지니.[16]

60세가 되면 스파르타 시민은 전사로서의 군 복무 의무에서 해방되었다. 그렇지만 시민 역할이 완전히 끝난 것은 아니었다. 그들은 원로로서 신생아의 신체검사를 담당하고, 아고게의 훈육을 감독하고, 두 명의 왕과 함께 게루시아라는 원로원을 구성하여 정치와 재판에 참여했다.[17]

스파르타인들 사이에 여성은 시민에 포함되지 않았으나, 국가에 대한 의무는 여성도 예외일 수 없었다. 스파르타에서는 여성이 건강하고 튼튼한 아이를 출산하도록 운동을 장려하고 훌륭한 식사를 하도록 배려했다. 플루타르코스에 따르면, 스파르타의 시민은 어떤 유부녀가 마음에 드는 경우 그녀 남편의 허락을 받아 자기 집에 데려와서 자식을 낳게 하는 일도 있었다고 한다. 여자 입장에서는 남편으로부터 허약한 아이를 낳는 것보다는 다른 남자에게서 건강한 아이를 낳는 것이 국가를 위해 더 바람직하다고 생각하는 경우도 있었기 때문이다.[18] 결혼하지 않고 독신으로 남아있는 스파르타 시민은 겨울에 나체 상태로 거리에서 자신을 조롱하는 노래를 부르는 등 수모를 당해야 했는데, 이 또한 결혼제도가 개인의 행복이 아니라 국가를 위한 의무였음을 잘 보여준다.[19] 스파르타 여성들은 시민인 남편이 군사적 의무를 수행하는 동안, 재산을 관리하고 가정을 꾸리는 책임을 맡는

---

16 허승일(1998), 『스파르타 교육과 시민생활』, 삼영사, 111쪽.
17 김창성 편저(2014), 『사료로 읽는 서양사』 1, 142쪽.
18 플루타르코스(2000), 『플루타르크 영웅전 전집』 I, 103쪽.
19 같은 책, 102쪽.

등 전근대의 많은 국가에서 살았던 여성들보다 더 큰 권한을 가지고 있었다.

이처럼 스파르타는 전사로서의 시민 모델을 제시했다. 스파르타에서 아이는 출생할 때부터 국가의 필요에 부합하는지 검사받아야 했고, 시민으로서의 덕목을 갖추기 위한 교육을 장기간 받아야 했다. 그럼으로써 스파르타는 메세니아인들을 비롯한 내외부의 위협으로부터 대처했고, 그리스어 단어로서 '에우노미아', 즉 '선한 질서'를 수립하고자 했다. 리쿠르고스 체제가 수립된 이후 스파르타는 적어도 300년 이상 건재했을 뿐만 아니라 페르시아 전쟁과 펠로폰네소스 전쟁이라는 엄청난 위기를 극복해 낸 것을 보면, 그 체제의 목표가 상당 부분 달성된 것으로 평가할 수 있다. 그렇지만 시간이 지날수록 스파르타의 '동등자들'호모이오이은 '동등'하지 않게 되었다. 즉 스파르타 시민들 사이에 빈부 차이가 벌어지기 시작한 것이다. 빈곤한 스파르타 시민이 심지어 공동식사의 회비를 내지 못하는 경우도 발생했고, 이는 시민 자격의 상실을 의미했다. 이윽고 스파르타 시민의 숫자는 기원전 7세기에 비해 계속 줄어들기 시작해 헤로도토스에 따르면 기원전 480년에 8천 명, 투키디데스에 따르면 418년에 3,500명, 그리고 크세노폰에 따르면 371년에 1,500명에 불과할 정도로 급속하게 감소했다. 이것은 시민공동체로서의 스파르타의 멸망으로 이어졌다.

2) 아테네

아테네 폴리스에서 시민권의 발전 과정은 스파르타와 상당히 달랐다. 무엇보다도 아테네에서는 스파르타에서의 메세니아인들처럼 생존 자체를 위협하는 세력이 없었다. 그러나 아테네가 위치한 기원전 7세기에 발칸반도 남부의 상황은 빠르게 변화하고 있었다. 아테네에서 시민권이 발전된 배경을 이해하기 위하여, 우리는 우선 기원전 6세기 초에 솔론이 실시한 개혁에 대해 알아보아야 한다.

솔론의 개혁이 있기 전인 기원전 7세기 지중해 동부 소아시아 지역에서는 엄청난 변화가 일어나고 있었다. 소아시아의 교통 요지에 위치한 고대 왕국인 리디아에서는 경제가 활성화되어 기원전 630년에 최초의 화폐가 등장했고, 리디아와 활발한 교역을 진행했던 그리스에서도 기원전 624년에 화폐가 도입되었다. 이런 변화는 한편으로는 경제 발전을 가져오기도 했지만, 다른 한편으로는 체제의 불안정을 초래할 수 있는 위험 요인이 되었다.

헤로도토스는 이 무렵 아테네에서 발생한 킬론 사건과 킬론 일파의 정권 장악 시도에 대한 이야기를 전해주고 있다.[20] 그에 따르면, 올림픽 우승자로서 명성을 얻은 킬론은 참주가 되기 위해 동년배의 사람들을 모아 성채를 점령하고자 시도했다. 이 시도는 결국 실패로 돌아갔고, 킬론과 그 지지자들은 살육당하고 말았다. 소위 "먹을 사용하지 않고 피를 사용"하여 기록했다고 할 만큼 가혹했던 드라콘 법이 제정된 것은 킬론 사건이 일어난 지 11년 뒤의 일이었으므로[21] 이 두 사건은 연관성이 있음에 틀림없다. 이처럼 경제적 변화로 인한 사회적 긴장이 고조되었고, 이는 곧 권력 투쟁의 양상을 띠게 되었다. 상황의 심각성은 아르콘인 솔론이 기원전 594년에 조정자^{diallektes}라는 별

---

20 헤로도토스(1989), 『역사』, 박광순 역, 범우사, 389쪽.
21 김창성 편저(2014), 『사료로 읽는 서양사』 1, 46쪽.

도의 직함을 받은 데서도 알 수 있다. 아리스토텔레스는 『아테네 정치제도사』에서 솔론 당시 아테네의 위기를 빈부 차이, 그로 인한 채무노예의 발생으로 설명하고 있다.[22] 전후 상황을 살펴보면, 이런 아테네의 위기는 솔론 시대에 발생한 것은 아니었다. 기원전 621년 제정된 그리스 최초의 성문법인 드라콘 법도 이런 위기를 극복하기 위한 극단적인 조치였다고 할 수 있는데, 그 엄격한 법은 모든 범죄자에게 오직 사형 한 가지만 언도할 정도로 가혹했기 때문에[23] 반발이 없을 수 없었다. 그래서 아테네인들은 솔론으로 하여금 문제 해결을 요청하게 되었다.

  솔론의 개혁의 핵심은 당시의 근본적인 문제를 해결하고, 그 이후의 국가체제를 제시한 데 있었다. 문제란 일부 아테네인들이 생산한 곡물의 6분의 1에 해당하는 지대를 내지 못하고 채무노예 상태에 빠지게 되었다는 것이다. 솔론은 채무노예를 해방함으로써 빈민들의 신분 문제를 해결했다. 솔론의 개혁의 중요성은 아테네에서 시민과 시민이 아닌 사람을 구분시켜 주었다는 데 있었다. 솔론은 자신의 시에서 '헤메레트 폴리스', 즉 '우리의 폴리스'를 노래했는데, 이것은 아테네에서 '시민의 탄생'을 의미했다. 이제 모든 아테네 시민에게는 동등한 지위가 인정되었고, 공동체의 정치에 대한 참여 권한이 부여되었다. 그렇지만 솔론은 모든 아테네 시민들이 동등한 권리를 가지도록 했던 것은 아니었다. 아리스토텔레스가 저술했다고 알려진 『아테네 정치제도사』에는 솔론이 시민들을 분류한 내용을 다음과 같이 기술하

---

22 최자영, 최혜영 편(2003), 『고대 그리스정치사 사료』, 신서원, 56~57쪽.
23 김창성 편저(2014), 『사료로 읽는 서양사』 1, 50쪽.

고 있다.

솔론은 100년 동안 불변하는 법을 만들었다. 그리고 다음과 같이 정치체제를 정비했다. 그는 재산을 기준으로 전과 같이 4가지 계층으로 나누었다. 500메딤노이·기사·제우기타이·테테스이다. 여러 관직은 500메딤노이·기사·제우기타이로부터 나온다. 9명의 아르콘과 재정관·경매인·11인·보수지급관 등, 각기 재산 정도에 따라 관직을 맡는 것이다. 테테스 계층은 민회와 재판정에만 관여하도록 했다.[24]

메딤노이는 부피의 단위로서 오늘날의 기준으로는 1메딤노이가 약 50킬로그램 정도인데, 500메딤노이라면 약 2만 5천 킬로그램의 곡물을 생산할 수 있는 사람들로서 이 생산물에는 마른 곡물과 포도주, 올리브유 등의 액체가 포함되었다. 같은 책에 따르면, 두 번째 계층은 300메딤노이의 곡물을 생산하는 기사층으로 불렸는데, 이들은 말을 기를 수 있을 정도의 재산을 가지고 있었기 때문에 그러한 명칭을 얻었다고 한다. 세 번째 계층인 제우기타이는 200메딤노이의 수입을 가졌으며, 마지막인 테테스 계층은 그 이하의 생산만을 한 빈민층에 해당한다. 솔론의 조치는 생산물의 양에 따라, 즉 재산의 정도에 따라 상위 3계층에게는 관직을 가질 권리를 부여했고, 최하층에게는 민회와 재판에 참석할 수 있는 권리만 허용했다. 이로써 서양 역사에서 19세기까지 지속된 재산에 따른 정치적 권리의 구분이라는 전통이 생겨났다. 솔론의 개혁은 한편으로는 재산의 정도에 따라 시민들을 구분

---

24 최자영, 최혜영 편(2003), 「고대 그리스정치사 사료」, 57쪽.

하기는 했지만, 다른 한편으로는 시민이라고 하면 최소한 가질 수 있는 권리를 명시했다. 솔론이 시민으로 규정한 부류는 원래부터 아티카 지방에 거주하던 사람들로서 혈연적인 관련성을 가졌다고 볼 수 있지만, 다른 지역에서 이주해 온 이들 중 자기 출생 도시에서 영원히 추방되었거나, 장사를 위해 모든 가족을 아테네로 데리고 온 사람들이 시민으로 인정받기도 했다.[25] 이것을 보면 솔론이 생각한 시민이란 공동체에 애착심을 가진 자들이었다.

솔론이 취한 조치로써 당시에 소위 '스타시스'라고 불렸던 위기가 완전히 해결된 것은 아니었다. 부자들은 개혁으로 인해 자기들이 피해를 입었다고 생각했고, 빈농들은 여전히 자기들이 처한 가난한 현실에 분개했다. 기원전 6세기의 아테네는 귀족들의 선동과 분열, 그리고 해안과 평야, 언덕 사람들 사이의 갈등으로 여전히 불안정한 상태에 빠져 있었다.

이런 혼란을 배경으로 권력을 장악한 인물이 페이시스트라토스였다. 그는 자신을 민중의 지도자로 선언하고, 몇 차례의 실패 끝에 마침내 아테네의 권력을 장악할 수 있었다. 그는 참주로서 독재적인 권력을 행사했지만, 아테네의 시민공동체적 성격을 강화했다. 그중 그가 도입한 디오니소스 제전이 중요했다. 디오니소스는 소아시아 지역에서 유입된 신으로서 '자유로운 디오니소스'디오니소스 엘레우테레우스라는 별명으로 불릴 정도로 대중에게 인기를 끌었다.[26] 따라서 페이시스트라토스는 디오니소스 제전을 개최함으로써 정치적인 이익을 얻을 수

---

25 플루타르코스(2000), 『플루타르크 영웅전 전집』 I, 163쪽.
26 김헌 외(2021), 『나는 시민이다: 그리스와 로마 시민들』, 아카넷, 40~41쪽.

있었다. 아테네 시민들은 이 제전, 특히 비극 공연을 통해 시민으로서의 일체감을 느낄 수 있었으므로, 이 행사는 아테네 시민들을 위한 시민교육의 장이기도 했다. 페이시스트라토스는 비록 참주로서 권력의 정통성을 가지고 있지는 않았지만, 솔론 체제를 유지하고 아테네인들이 공동체 안에서 살아간다는 느낌을 갖도록 했다.

페이시스트라토스 사후의 혼란을 극복하고 민주주의적인 시민공동체로서의 아테네의 토대를 놓은 인물은 클레이스테네스였다. 솔론은 채무노예 상태로 전락한 아테네인들을 해방하여 시민으로 만들었으나, 부족적, 혈연적 권리를 건드리지는 않았다. 클레이스테네스 이전에 시민이 되려면, 원칙적으로 네 개의 부족 중의 하나에 속해야 했다. 클레이스테네스는 이러한 혈연 조직을 폐기하고 '데모스'^{demos}라는 새로운 지역 단위를 창설했다. 클레이스테네스가 지정한 데모스는 약 139~40개 정도였는데, 각 데모스는 관할 구역 내에서 시민권을 부여받은 남성들의 명부를 관리했다. 당시 아테네 인구를 추산해 보면, 하나의 데모스에는 약 300명 정도의 시민이 등록되어 있었다. 아테네 사람들은 이제 부족보다는 어느 데모스에 속하느냐가 더 중요해졌다. 이와 관련하여 아리스토텔레스는 『아테네 정치제도사』에서 다음과 같이 썼다.

그리고 각각의 데모스에 사는 사람들을 서로 동료(데모테스)로 만들었다. 그리고 아버지 이름을 대는 사람이 그런 것을 대지 못하는 새 시민들과 차이나지 않도록 하기 위해, 공적으로 데모스 이름을 사용하도록 했다. 그래

서 아테네인들도 서로 간에 데모스 이름을 썼다.[27]

민주주의라는 용어도 아테네에서 유래했는데, 'democracy', 즉 데모스demos에 권력kratia이 부여되었다는 말이다.

클레이스테네스는 데모스를 기반으로 도심, 내륙, 해안을 포함하여, 이전에 존재하던 네 부족을 10개의 행정부족phylai으로 개편했다. 또한 각 행정부족에서 50명씩 추첨으로 선출하여 도합 500명이 500인 협의회를 구성하고 민회의 업무를 준비하게 했다. 그리고 클레이스테네스는 참주가 될 가능성이 있는 사람을 대상으로 하는 도편추방제라는 제도를 도입했다. 그 대상이 된 인물은 10년 동안 아테네에서 추방되어야 하지만, 시민의 지위를 상실하지는 않았다.

기원전 5세기 초에 세 차례에 걸친 페르시아의 침공을 물리치면서 아테네에서는 시민의 지위가 공고해졌으며, 이는 아테네 민주주의가 완성 단계에 이르렀음을 의미했다. 페리클레스는 이 시기에 민회와 재판에서 수당을 지급하는 제도를 도입함으로써 빈곤한 시민들도 시민권의 핵심인 참정권을 행사할 수 있게 되었다. 소크라테스는 민회를 "세탁소 사람들, 구두장이들, 목수들, 대장장이들, 농민들, 상인들, 점원들의 집합"이라고 비아냥거린 적이 있는데, 그만큼 수당은 빈곤한 아테네 시민들의 생존에 큰 도움이 되었음에 틀림없다. 생계를 위해 일했다는 기록을 남기지 않은 소크라테스도 이러한 수당이 있었기 때문에 생활이 가능하지 않았을까 추정할 수도 있다.[28] 배심원 참

---

27 최자영, 최혜영 편(2003), 『고대 그리스정치사 사료』, 72쪽.
28 김헌 외(2021), 『나는 시민이다: 그리스와 로마 시민들』, 94쪽.

석자들은 3오볼로스[29]를 챙길 수 있었고, 민회 참석자들은 이보다 더 많은 수당을 받았다. 수당에 매력을 느낀 시민들이 많았다는 점은 희극작가인 아리스토파네스가 기원전 422년 발표한 작품인 「벌」에서도 실감 나게 묘사하고 있다. 작품의 주인공인 필로클레온의 노예인 크산티아스는 "그러면 우리 주인의 병이 무엇인지 내가 여러분에게 말해주겠소. 그분은 세상에 둘도 없는 재판관이라오. … 그리고 저녁 식사를 마치자마자 그분은 구두를 가져오라고 소리 지르고 나서 시내로 내려가, 마치 조개처럼 문설주에 들러붙어 법정 앞에서 새벽잠을 잔다오."[30]라고 말하며, 자기 주인이 배심원 일에 얼마나 강한 애착심을 갖는지 설명했다. 필로클레온 자신은 "배심원보다 더 행복하고, 더 부럽고, 더 즐겁고, 더 두려운 존재가 세상에 또 있을까?"[31]라고 읊조렸다.

한편 수당제도가 도입됨으로써 시민의 수가 증가하자 아테네의 재정적 부담도 커졌다. 그러자 기원전 5세기 중반 아테네의 지도자로 있던 페리클레스는 부친만이 아니라 모친들의 적법한 아들로만 시민의 지위를 제한시키는 조치를 취했다. 아이러니하게도 페리클레스 본인은 이러한 시민 수 축소 정책으로 낭패를 겪었다. 자신의 적자들은 아테네를 휩쓴 역병으로 사망하고, 소아시아의 정부(情婦)에게서 태어난 그의 자식들은 아테네의 시민이 되지 못하는 황당한 결과를 초래했기 때문이다.[32]

기원전 5세기 아테네의 시민권을 민주주의와 결부시켜 보면, 우리

---

29 3오볼로스는 0.5드라크마로서, 대략 일반 노동자들의 하루 임금 정도였다.
30 아리스토파네스(2010), 『아리스토파네스 희극 전집』 1, 천병희 역, 도서출판 숲, 189~190쪽.
31 같은 책, 216쪽.
32 Derek Heater(2004), *A Brief History of Citizenship*, New York: New York University Press, p. 23.

는 아테네가 참정권을 통해 평등과 자유라는 가치를 구현했음을 알 수 있다. 평등은 시민들의 민회와 추첨을 통한 공직 참여로 실현되었다. 18세 이상의 모든 남성 아테네 시민들은 에클레시아[33]라고 불린 민회에 참석하여 상정된 법안을 수락, 수정하거나, 거부할 수 있었다. 기원전 5세기 아테네 시민 인구는 3만 명 정도였는데, 아크로폴리스 서쪽 언덕인 프닉스에서 개최된 민회 참석자의 수는 대략 6천 명 정도였다. 민회에서는 장군을 선출하고, 법을 제안하며, 모든 관리가 직무에 대해 보고했다. 민회에서는 각 사람이 한 표씩을 행사할 수 있었다. 아테네 시민들의 평등한 권리는 재판정에서도 보장되었다. 30세 이상이 된 아테네 시민은 배심원으로 복무할 수 있었는데, 매년 각 행정 부족에서 600명씩 총 6천 명 정도의 시민들이 추첨으로 배심원 패널에 등록되었다. 기원전 5세기에 아테네 관리들의 수는 약 1200명 정도였다. 시민들은 이 직책에도 추첨을 통해 참여할 수 있었다.

아테네 시민들은 자유^{eleutheria}를 향유할 수도 있었다. 이들이 누린 자유 가운데 특히 '파레시아'^{parrhesia}는 발언의 자유를 의미했다. 아테네 시민들은 민회에서 자신의 생각을 말할 자유가 있었고, 이로써 민주주의의 구현에 참여할 수 있었다. 그들은 민회만이 아니라 아고라에서도 다른 시민들과 어울려 갖가지 주제로 토론을 벌였다. 이런 연유로 민주주의가 발달하던 시기에 아테네에서는 수사술의 수요가 늘어나, 소위 소피스트라 불린 수사술 전문가들이 활약할 수 있는 무대가 마련되었다. 파레시아가 자신의 의견을 가감 없이 진솔하게 말하는 것이었다면, 수사술은 상대방을 설득하고 회유할 수 있는 연설 기

---

33 에클레시아(ekklesia)는 '불러 모으다'라는 뜻이다.

술로서³⁴ 정치 모임에서 아주 요긴하게 사용될 수 있었다. 물론 아테네에 거주한 모든 사람이 시민권을 가질 수 있었던 것은 아니다. 메토이코스라고 불렸던 외국인 거주자, 노예, 여성, 그리고 매춘 남성은 아리스토텔레스가 말한 티마이, 즉 정치적 지위를 부여받지 못했다.³⁵

 서양의 전통에서 민주주의의 기원을 아테네에서 찾는 주요한 이유 중의 하나는 페리클레스가 행한 연설에 서양 사람들이 감동을 받았기 때문이다. 이 유명한 연설은 기원전 431년에 발발한 펠로폰네소스 전쟁 초기에 사망한 사람들을 추도하는 행사에서 페리클레스가 한 것인데, 투키디데스의 『펠로폰네소스 전쟁사』에 기록되어 있다. 이 연설에서 가장 유명한 구절은 소수가 아니라 다수의 손에 권력이 있다는 민주주의에 대한 정의이지만, 연설 전체를 통해 아테네 시민들의 삶이 매우 구체적으로 기술되어 있다. 페리클레스는 아테네 시민들이 가난으로 인해 정치적으로 빛을 보지 못하는 일은 없다고 단언하면서, 국가에 봉사할 능력만 있다면 자유롭게 정치에 참여할 수 있다고 주장했다. 페리클레스의 연설 내용은 사실 상당 부분 스파르타와 아테네의 비교에 할애되어 있는데, 페리클레스는 그중 어릴 때부터 힘들게 군사훈련을 받으며 살아가는 스파르타 시민들과 달리 자유롭게 살아

---

34 김헌 외(2021), 『나는 시민이다: 그리스와 로마 시민들』, 105쪽.
35 Peter Riesenberg(1992), *Citizenship in the Western Tradition: Plato to Rousseau*, pp. 27~29. 아테네에서 시민으로 인정받기 위해서는 다음 세 가지 정신적 조건도 충족해야 했다. 첫째, 시민은 공동체 구성원들 사이에서 받아들여질 수 있는 가치 체계를 공유하고 있어야 한다. 둘째, 시민은 삶을 영위하면서 직면하는 다양한 상황과 관련하여 올바름에 대한 지적・정의적 능력을 갖추어야 한다. 셋째, 시민은 개인뿐만 아니라 자신이 속한 공동체의 이익에 부합하는 삶을 영위해야 한다. 정철민(2019), 「시민성에 대한 교육학적 탐구: 역사적 기원을 중심으로」, 『교육문화연구』 25권 2호, 87쪽.

펠로폰네소스 전쟁 초기에 사망한 사람들을 추도하는 행사에서 페리클레스가 연설하는 장면.

가면서도 자연스러운 용기를 가진 아테네 시민들에 대한 찬사를 아끼지 않았다. 페리클레스는 아테네가 '그리스의 교육장'이라는 자부심을 가질 수 있었다.

  펠로폰네소스 전쟁이 기원전 404년 아테네의 패배로 끝날 무렵, 그리스의 폴리스는 혼란에 빠졌을 뿐만 아니라 시민권의 의미도 퇴색하고 있었다. 이때 사적인 생활과 공적인 생활의 상충하는 요구를 조정하고 공익을 위해 봉사하는 시민의식을 이론화한 이들이 바로 플라톤과 아리스토텔레스와 같은 사상가들이었다.

2. 사상가들

1) 플라톤

플라톤Platon은 기원전 428/427년 아테네의 귀족 가문에서 태어나 기원전 348/347년까지 살았다. 그의 유년 및 청년 시절에 아테네는 스파르타와 펠로폰네소스 전쟁을 벌이고 있었다. 플라톤은 20세 무렵에 소크라테스의 제자가 된 이후 그의 사상에 매료되었다. 플라톤이 소크라테스를 얼마나 존경했는지는 대화편으로 구성된 그의 저술 대부분에서 소크라테스가 등장하고 있는 것을 보면 잘 알 수 있다. 기원전 399년 소크라테스가 사형당했을 때 플라톤이 받은 충격은 이루 말할 수 없었다. 그는 시칠리아와 남부 이탈리아 여행을 한 이후, 기원전 387년 아테네에서 아카데미로 알려진 교육기관을 설립하고, 나머지 생애를 교육자이자 저술가로 보냈다.

화이트헤드가 "서양철학의 전통은 플라톤에 대한 각주로 이루어져 있다."라고 평했을 정도로 플라톤은 서양철학의 기본이 되는 다양한 주제의 저술을 남겼다. 그러나 그의 대표작이 『국가』[36]로 알려져 있을

---

36 이 책의 제목은 '공화국' 또는 '정체'로 번역되기도 하는데, 원제목은 이상적이고 정의로운 정치체제 혹은 공화국을 의미하는 '폴리테이아'이다.

만큼 그의 사상의 핵심은 바람직한 정치 질서에 대한 집요한 추구에 있었다. 이런 노력은 『국가』의 부제가 '정의^{正義}에 대하여'인 것만 보아도 알 수 있다.

플라톤이 아카데미에서 활동하면서 사망한 시기에 그리스의 각 폴리스는 패권을 장악하기 위해 서로 투쟁을 벌이는 격동기에 있었다. 특히 펠로폰네소스 전쟁에서 아테네를 제압한 스파르타는 기원전 378년 다시 아테네를 공격했고, 이에 격분한 아테네인들은 제2차 아테네 동맹을 체결하고 테베와 합세하여 기원전 371년에 벌어진 레우크트라 전투에서 스파르타를 격퇴했다. 그러나 테베를 두려워한 아테네인들은 다시 스파르타와 평화조약을 체결했는데, 그리스 지역의 패권은 그 이후 한동안 에파미논다스가 통치했던 테베에게 있었다. 플라톤은 이런 혼란기에 저술을 구상하고 집필했다.

정치학과 관련하여 플라톤이 집필한 책은 『국가』, 『법률』, 『정치가』 등 세 권이다. 플라톤은 이 중 『국가』에서 이상적인 국가상을 제시했다. 무엇보다도 안정되고 질서 잡힌 국가를 꿈꾸었던 플라톤이 그린 국가는 현실적으로 존재하는 스파르타와 상당 부분 유사했다. 스파르타의 시민이 전사층을 구성하고 헤일로타이가 생산을 담당했듯이, 그의 폴리테이아에서도 수호자층과 생산자층을 구분했다. 수호자층은 다시 군사적인 임무에 전념하는 보조자층과, 정치에 종사하는 통치자층으로 분리했다. 플라톤은 이들 각각을 세 가지 심리적 동력과 연결하고 있는데, 통치자층은 이성^{지성}, 보조자층은 기개, 그리고 생산자층은 욕망이라는 심리적 동력을 가진다. 이는 각각 지혜, 용기, 절제라는 덕성^{아레테}을 의미하고, 이들 각 계층이 자신의 역할을 담당하는 공동체가 바로 정의롭다는 것이다. 플라톤이 말한 지혜, 용기, 절제,

정의는 4주덕으로서 스토아주의를 거쳐 토마스 아퀴나스의 사상에까지 영향을 미치게 되었다.

한편 플라톤이 그린 국가는 스파르타 체제보다 더 극단적인 성격을 띤다. 스파르타에서는 시민들이 '클레로이'라는 토지를 분배받았지만, 플라톤이 그린 국가에서 수호자층은 사유재산을 가질 수 없었다. 플라톤은 『국가』 제5권에서 소크라테스의 입을 빌려 "수호자가 되려면 어떤 재물도 사사로이 취해서는 안 되며, 국가에서 지급하는 보수만으로 살아가야 한다."고 말하면서, "재물은 물론 가족까지도 공동으로 소유해야" 한다고 덧붙였다. "그것이 '내 것'과 '네 것'을 없애고 분열을 막는 길이며, 행복과 불행을 공유하는 길"이기 때문이다.[37]

문제는 이런 사람들을 어떻게 배출해 낼 수 있느냐는 것이었다. 따라서 플라톤은 자신의 『국가』 제3권을 '수호자들을 위한 교육'에 할애하면서 음악과 체육을 강조한다. 그는 음악이 '마음에 빛'을 줄 수 있다고 보며, 리듬과 하모니의 유익함을 말한다.[38] 아울러 건강한 신체와 함께 훌륭한 영혼을 지니기 위해서는 체육 교육이 필요하다고 말한다. 이러한 시민들의 결속을 위해 플라톤은 스파르타의 피디티온같은 공동식사 제도를 도입하고 있다.

플라톤은 생애 최후의 저술인 『법률』노모이에서 정치공동체의 기본에 대해 아주 자세히 논하고 있다. 이 책에서도 플라톤이 그린 시민들은 스파르타에서처럼 생산 노동에서 면제되거나 배제되었다. 경작은 농노계급이 담당하도록 하고 사업과 산업은 외국인 거주자들에게

---

37 플라톤(2014), 『국가론: 이상국가를 찾아가는 끝없는 여정』, 이환 편역, 돋을새김, 157쪽.
38 같은 책, 93~94쪽.

맡겼는데 이들은 시민이 아니었다. 플라톤은 이 책에서 페리클레스의 정책과 마찬가지로 부모 양쪽 다 시민이어야 당사자가 시민의 지위를 갖게 된다고 규정했다. 플라톤은 『법률』에서 자신이 구상한 국가의 규모를 명확하게 설정하여 땅을 할당받을 사람 수, 즉 시민의 수를 5,040명으로 정한다. 왜 5,040명이어야 하는가에 대해 플라톤은 "5,040은 오직 59개의 약수를 갖고 있고 1에서 10까지 연속적인 약수를 갖기도 하는 수로서, 전쟁을 위해서도 평시의 모든 계약과 거래를 위해서도, 그리고 세금과 배당을 위해서도 쓸모가 있습니다."[39]라고 설명하고 있다. 이처럼 그가 시민의 수를 정할 때 숫자에 신경 쓴 것은 젊은 시절에 시칠리아와 남부 이탈리아를 여행할 때 피타고라스학파와 교유한 데서 영향을 받은 결과라고 볼 수 있다. 이로써 플라톤은 나중에 루소에 이르기까지 이상적인 국가 모델의 규모가 비교적 크지 않았던 첫 번째 전통을 세운 셈이 되었다.

『국가』와 마찬가지로 『법률』에서도 플라톤은 시민교육에 많은 관심을 내비쳤다. 그는 아테네인의 입을 통해 소매업이나 조선업 등 직업교육을 교육의 범주에 포함하지 않았다. 그 대신 "정의롭게 다스리고 다스림을 받을 줄 아는 완전한 시민이 되고자 하는 욕구와 사랑을 가진 자로 만드는, 어릴 때부터의 덕 교육을 교육"이라고 말하면서, "교육은 가장 훌륭한 사람들에게 주어지는 최상의 것들 가운데서도 으뜸가는 것"[40]이라고 정의한다.

플라톤은 자신이 구상한 국가에서 5,040명의 시민에게 땅과 집을

---

39 플라톤(2018), 『법률』 1, 김남두 등 역, 나남, 258쪽.
40 같은 책, 56~57쪽.

공평하게 할당하지만, 재산의 크기에 따라 네 등급을 구분했다. 이런 재산상의 불평등은 사람들이 새로운 국가에 이주해 올 때 가지고 오는 재산의 차이 때문일 수도 있고, 부의 변동 때문일 수도 있기 때문이라는 것이다. 그러므로 플라톤은 『국가』에서와는 달리 『법률』에서는 시민들 사이에서 가족관계나 사유재산제를 부활시킨 셈이다. 결국 『국가』가 이론적인 국가 모델을 제시하는 저술이라면, 『법률』은 현실 정치의 구현을 목표로 한 책이라고 평가할 수 있다.

『국가』와 『법률』에서 플라톤이 구상한 공동체의 모습에 약간의 차이가 있지만, 플라톤이 일관되게 추구한 것은 안정되고 조화로운 정치 체제였다. 이것은 스파르타의 시인 티르타이오스가 말한 에우노미아, 즉 '좋은 질서'와 일맥상통한다. 플라톤은 "분쟁^{stasis}이라기보다는 분열이라고 불리는 것이 더 옳음 직한 최대의 질병에 걸리지 않고자 하는 나라에서는 어떤 시민들도 너무 가난하거나 너무 부유해서는 안 된다."[41]는 취지에 맞도록 법률을 제정해야 한다고 말한다. 이렇듯 플라톤의 국가에서는 무엇보다도 덕성 있는 시민들의 역할이 중요했다.

2) 아리스토텔레스

아리스토텔레스^{Aristoteles}는 발칸반도 동부의 스타게이라에서 기원전 384년에 태어났다. 부친인 니코마코스가 마케도니아 왕실의 주치의였던 덕분에, 그는 어린 시절부터 훌륭한 교육을 받았고, 17세에 아테네의 아카데미로 옮겨와 약 20년 동안 플라톤의 제자로 있으면서 다

---

41 같은 책, 272쪽.

방면의 자료를 수집하는 한편 강의를 맡기도 했다. 아테네 시민의 지위를 갖지 못했던 아리스토텔레스는 스승의 사망 직후에 신분상의 안전이 염려되어 아테네를 떠났다가, 50세 가까이 된 기원전 335년에 다시 아테네로 돌아와서 리케이온에서 12년 동안 제자들을 가르쳤다. 그러다가 자신이 40대 초반에 가르쳤던 알렉산드로스가 323년에 사망한 후 아테네에서 반마케도니아 정서가 확산하자 다시 신변의 위협을 느끼고, "아테네가 철학에 두 번 죄짓게 할 수 없다."[42]는 말을 남기고는 에비아섬에 있던 모친 집에 갔다가 그곳에서 기원전 322년에 62세를 일기로 사망했다.

아리스토텔레스가 살았던 시기에는 플라톤 때보다 아테네의 위상이 더 추락하고 있었다. 아리스토텔레스는 아테네 시민의 지위도 가지지 못한 채 이곳저곳을 떠돌아다닌 탓에 당시 그리스 지역을 비롯한 지중해 지역의 여러 정치체제를 비교하는 일에 관심을 두게 되었다. 플라톤이 20여 권이 넘는 다작의 저술가였듯이, 박학다식했던 아리스토텔레스도 그에 못지않게 다방면의 저술을 남겼다. 오늘날까지 전해져오는 그의 저술은 『논리학』, 『자연학』, 『형이상학』, 『윤리학』, 『정치학』, 『시학』, 『수사학』 등이지만, 훨씬 많은 저술 활동을 한 것으로 알려져 있다. 현재까지 남아있는 저술의 양도 그렇거니와 그가 활용한 자료 역시 매우 방대하다. 플라톤의 저술이 대화편으로 집필된 데 반해, 아리스토텔레스는 논문 형식으로 된 저술을 남겼다. 그의 저술이 후대에 미친 영향에 대해 슈퇴릭히는 그의 제자인 알렉산드로스가 세계를 정복했다면, 아리스토텔레스는 "정신의 힘으로 세계를 정복한

---

42   첫 번째 죄는 소크라테스를 사형시킨 일을 가리킨다.

것"이라고 평가했다.[43]

시민권과 관련한 아리스토텔레스의 저술은 『정치학』과 『니코마코스 윤리학』이다. 앞의 책은 아리스토텔레스의 사상 전체를 통틀어 대표작이기도 하며, 원제목은 플라톤의 '국가'처럼 폴리스에서 유래된 단어인 '폴리티카'이다. 뒤의 책은 그의 다른 두 윤리학 저술과 구분하기 위해 그의 부친의 이름을 따라 『니코마코스 윤리학』이라고 불린다.

국가란 시민들로 구성되었음을 전제한 아리스토텔레스는 자기 스승과는 달리, 이상적인 공동체를 제시하기보다 현실적인 정치체제에 대한 체계적인 분석을 시도했다. 아리스토텔레스는 시민이 누구인지, 시민공동체의 특징이 무엇인지, 그리고 바람직한 정치체제가 무엇인지에 대해 스승인 플라톤보다 훨씬 세밀하게 분석했다. 그는 인간에 대한 규정으로부터 이런 문제들에 대한 답을 찾고자 했다.[44] 아리스토텔레스는 인간을 "폴리스를 형성하며 살아가기에 적합한 동물" politikon zōon[45]이라고 말한다. 그에 따르면, 짐승이나 신이 폴리스에서 살 필요가 없는 것은 그들이 이미 자족적이기 때문에 정치적 교제의 혜택을 공유할 필요가 없기 때문이고, 반면에 신도 짐승도 아닌 인간은 폴리스라는 공동체에서 살아가면서 자신의 본질을 실현하며 좋은 삶을 영위해 나갈 수밖에 없다는 것이다.

물론 아리스토텔레스는 신분과 젠더의 구분을 당연시하고 있던 당시의 사회적 가치 체계를 통해 시민권을 분석했기 때문에 그가 생각

---

43   H. J. 슈퇴릭히(1976), 『세계철학사』 상권, 임석진 역, 분도출판사, 227쪽.
44   많은 사상가는 시민권을 비롯한 정치체제 연구를 인간 본성에 대한 탐구에서 시작했다. 아리스토텔레스만이 아니라 근대의 마키아벨리, 홉스, 로크 등도 마찬가지였다.
45   아리스토텔레스(2017), 『정치학』, 김재홍 역, 길, 33쪽. 이 구절은 '정치적인 동물'이라고 번역되기도 한다.

하는 시민은 당연히 아테네에서의 규정대로, 자유로운 성년 남성들이었다. 아리스토텔레스는 여기서 나아가 시민의 역할을 다음과 같이 명확하게 규정한다.

> 그렇다면 이것들로부터 누가 시민인지가 명백하다. 우리는 숙고하고(심의 의결하고) 판결하는 관직에 참여할 자격이 있는 자를 '그' 폴리스의 시민이라고 이제 말하게 되는데, 단적으로 말하자면 폴리스는 삶의 자족을 위해 충분한 만큼의 그러한 사람들의 집합(다중)인 것이다.[46]

이처럼 아리스토텔레스에게 있어서 시민은 공동체의 통치에 참여하는 자이다. 심의 의결한다는 말은 일반적으로 민회와 공직에 참여하는 것이고, 판결한다는 말은 배심원으로서 재판에 참여한다는 뜻이다. 이 점에서 아리스토텔레스는 자신이 설명하는 폴리스 국가를 군주가 절대권력을 행사하는 국가와 구분하고 있다. 폴리스에서의 시민은 통치의 대상이면서 동시에 통치의 주체인 반면, 일반 군주국가에서의 신민은 오로지 통치의 대상에 머물러 있기 때문이다.

아리스토텔레스가 『정치학』에서 설명하고 있는 국가에서는 요즈음 용어로 표현하여 직접 민주주의가 구현되고 있는 셈인데, 이런 국가에서는 시민이 직접 정치에 참여해야 하므로 그 규모가 커서는 안 된다. 시민들은 서로를 잘 알아야 하고, 공동체의 업무에 대해서도 서로 긴밀히 토의할 수 있어야 하기 때문이다. 아리스토텔레스의 말에 따르자면, "재판의 사안에 대해 판단하고 가치$^{공적, axia}$에 따라 관직을 분

---

46 같은 책, 181쪽.

배하기 위해서 시민들 각자는 다른 시민들이 어떤 종류의 사람인지를 알아야만 한다."[47]

아리스토텔레스는 어느 정도가 폴리스의 적절한 규모라고 보았을까? 플라톤은 『법률』에서 5,040명의 시민이 있는 국가를 가정했다. 아리스토텔레스는 이처럼 명확한 숫자를 제시하지는 않지만, "너무 적은 사람으로 구성된 폴리스는 자족적이지 못하지만(그렇지만 폴리스는 자족적이어야만 한다.), 지나치게 많은 사람으로 구성된 폴리스는 하나의 민족ethnos인 것처럼 필수품의 조달에서는 자족적이지만, 그럼에도 폴리스는 아니다."[48]라고 말한다.

아리스토텔레스는 인간을 폴리스적 동물이라고 규정하고 폴리스 밖의 인간을 부정했기 때문에, 폴리스에서 훌륭한 시민은 훌륭한 인간과 동일하다고 보았다. 시민은 훈련된 지성을 가지고 있어야 하므로, 그에게서 인간에게 요구되는 덕성과 시민에게 요구되는 덕성은 다르지 않다. 아리스토텔레스 역시 고대에 일반적으로 받아들여졌던 덕성, 즉 아레테를 강조하면서 스승과 마찬가지로 네 가지 덕성, 즉 지혜, 용기, 절제, 정의라는 인간의 덕성을 중시한다. 이런 덕성을 가진 훌륭한 사람은 통치하고 통치받을 수 있는 훌륭한 시민이 될 수 있다는 것이다.

아리스토텔레스는 체제에 따라 다양한 시민이 있을 수 있다고 보지만, 이런 훌륭한 시민이자 인간은 자연적으로 생겨나는 것이 아니라고 말한다. 그렇기에 그도 플라톤과 마찬가지로 시민교육에 커다란

---

47 같은 책, 503쪽.
48 같은 책, 502쪽.

관심을 두면서 스파르타의 체계적인 공교육 제도를 지지했다. 다만 그는 스파르타의 정치체제에 대해서는 비판적이었기에 『정치학』에서는 스파르타의 정체政體와 관습에서 군국주의적 특징을 세세히 분석하고, 그 속에 담긴 공산주의적 측면에 대해서도 비판했다. 그에 따르면 스파르타에서는 리쿠르고스가 도입한 토지 배당과 공동식사 제도가 있음에도 불구하고, 일부는 지나치게 많은 재산을 소유하고 다른 사람들은 아주 적은 재산을 소유하고 있었다.[49] 또 아리스토텔레스는 시민들의 일상생활이 지닌 중요성을 다음과 같이 강조했다.

> 왜냐하면 우리는 일을 할 수 있어야만 하고, 또 전쟁에 출전할 수 있어야만 하지만, 오히려 심지어 평화를 유지하거나 여가를 즐길 수도 있어야만 하며, 또 필수적인 일과 유용한 일을 행해야만 하지만, 오히려 심지어 고귀한 것을 해야만 하기 때문이다. 따라서 이와 같은 목표를 위해서 우리는 여전히 어린이들과 또한 교육이 필요한 다른 나이대의 시민들을 반드시 교육해야만 하는 것이다.[50]

아리스토텔레스의 시민권 개념은 스토아 철학 지지자들을 거쳐 그 주제에 대한 로마의 사상가들, 특히 키케로에게 전수되었다. 이와 같은 사상의 흐름은 비록 로마제국의 몰락 이후에 잊힌 듯했지만, 중세에 아리스토텔레스가 저술한 대전집이 발견됨으로써 다시 중요성을 획득했다. 그 결과 시민권에 대한 그의 사상은 토마스 아퀴나스와 파

---

49 같은 책, 139~152쪽.
50 같은 책, 546쪽.

두아의 마르실리우스를 포함한 수많은 정치철학자의 저술에 커다란 영향을 끼쳤다.

국가와 시민에 대한 그의 해석은 오늘날의 아주 다양한 국가 형태에 대한 이론과도 무관하지 않다. 많은 정치 논평가와 사상가들은 아리스토텔레스에게서 영감을 받아 시민의 덕성, 의무, 공동체의 이상들이 현재의 복잡한 시민권 논의 속에서 어떤 의미를 지니는지 파악하고자 노력하고 있다.

제2장

헬레니즘 시대와 로마의 시민권

1. 헬레니즘 시대

아테네, 스파르타, 테베 등 내분을 벌이던 그리스의 폴리스들은 기원전 338년에 벌어진 카이로네이아 전투에서 마케도니아의 필리포스 2세에게 패배함으로써 정치적인 자유를 상실했다. 이후 필리포스 2세의 아들인 약관의 알렉산드로스가 동방 원정을 단행하여 방대한 영토를 가진 헬레니즘 국가들이 생겨났다. 알렉산드로스의 정복 활동은 그 자체로 그리스와 오리엔트 지역의 국가 질서를 바꾸어놓았을 뿐만 아니라 수백 년 동안 폴리스 형태로 유지되어 오던 그리스의 정치 지형을 근본적으로 변화시켰다.

알렉산드로스가 기원전 323년 갑자기 사망한 이후 헬레니즘 국가의 등장으로 이제 비교적 소규모 영토를 가진 폴리스의 자율성은 사라지고, 광대한 영토를 통치하는 국가가 생겨났다. 안티고노스와 그의 아들인 데메트리오스는 마케도니아와 그리스를 차지했고, 셀레우코스는 시리아와 과거의 페르시아 제국의 영토, 그리고 프톨레마이오스는 이집트를 차지했다.

그러나 이 왕국들은 정통성을 결여한 탓에 오랜 분쟁을 겪으면서 국경의 변화는 빈번했다. 그 과정에서 셀레우코스 왕조는 찬드라굽타에게 코끼리 500마리를 받는 대신 동쪽 끝의 서부 인도 지역을 할양했으며, 대부분의 페르시아 땅은 북부 이란 부족인 파르티아인들에게 빼앗겼다. 또 셀레우코스 왕조는 이집트의 프톨레마이오스 왕조와 팔레스타인과 시리아를 놓고 빈번한 영토 분쟁을 벌였다. 이들 세 왕조 외에도 소아시아의 페르가몬 왕국처럼 소규모 지역 왕국들도 있었다. 원래의 그리스 지역에는 연맹 체제가 성립되어 그리스 서부 지역과 중부에는 아이톨리아 연맹이, 그리고 펠로폰네소스 지역에는 아케아 연맹이 결성되었다.

일부 연맹 지역도 있었지만, 그리스와 알렉산드로스의 정복지에 들어선 국가 형태는 대체로 군주정이었다. 이들 국가는 지리적으로는 이전의 페르시아 왕국의 영토 대부분을 차지했고, 기존의 군주정 성격을 일부 유지하면서도 새로운 요소들을 가미했다. 이들 지역에서 군주정 체제가 유지된 것은 기본적으로 국가 구성원들의 다양성 때문이다.

헬레니즘 국가에서는 공통점이 거의 없는 수많은 민족이 포함되어 있었는데, 이들의 구심점이었던 왕은 단순히 정치적인 권위만 가진 것이 아니라 종교적 권위도 일부 포함했으므로, 통치자 숭배 관행이 생겨났다.

헬레니즘 국가의 그리스적 성격이 무시되는 일은 없었다. 무엇보다도 그리스의 도시들이 널리 확산되었고, 알렉산드로스는 정복지에 70개 이상의 도시를 건설하거나 그리스 정무관들의 관할 구역을 설치했기 때문이다. 이들 도시에는 그리스인이 다수 유입되었고, 이들을 통해 그리스 폴리스에서 발전된 여러 제도가 도입되었다. 당시 그리스인의 물결은 기원전 7세기에 지중해 유역에서 그리스어를 사용하도록 한 아르킬로코스 시대 이후 가장 대규모의 민족 이동이었다.[51] 이 국제적인 시대에는 상인들만이 아니라 지식인, 시인, 교사, 연설가, 그리고 다양한 사람들이 빈번하게 이동한 결과, 헬레니즘 국가에서는 그리스로부터 전해진 도시와 도시 생활이 중요해졌으며, 각 도시에는 그리스의 폴리스처럼 아고라, 체육관, 극장, 신전, 관공서 등이 들어섰다. 2세기에 지리학자인 파우사니아스는 "분수대噴水臺로 흘러내리는 물" 없이는 어떤 장소도 도시라고 부를 수 없다고 주장할 정도였다.[52] 이처럼 헬레니즘 국가의 통치자들은 도시를 그리스 문화 유입의 도구이자 행정의 도구로 활용했다.

헬레니즘 국가에 끼친 그리스의 영향은 교육제도에서도 드러난다. 아테네에는 기원전 4세기 후반에 에페비아라는 시민 교육제도가 있었다. 이것은 10대 중후반의 남성 시민들을 대상으로 한 것으로서 여러 헬레니즘 국가에도 도입되었다. 에페비아는 아테네에서 실시될 때 성지 순례를 포함했는데, 이때 젊은 전사 시민들에게 순종과 헌신의 맹세를 요구했다. 아테네가 쇠퇴함에 따라 에페비아는 모든 계층을 포괄하는 시민 교육제도로서의 성격을 상실하게 되었지만, 헬레니즘 국가에서 상층민을 위해서는 존속했다. 이 제도는 헬레니즘 시대에 시민권의 권리와 의무에 관한 도덕적 훈련 시스템으로서 일종의 시민 입문 과정으로 기능했다.[53] 또한 헬레니즘 국가의 교육기관에서 가르친 내용은 폴리스 시대 그리스에서 실시된 것과 유사했다. 헬레니즘 시대의 학생들은 호메로스, 헤시오도스, 핀다로스, 소포클레스, 아이

---

51 J. P. McKay and others(2008), *A History of Western Society*, New York: Bedford, p. 100.
52 Peter Riesenberg(1992), *Citizenship in the Western Tradition: Plato to Rousseau*, p. 50.
53 *Ibid.*, pp. 49~51.

스킬로스, 아리스토파네스, 메난드로스 등의 문학작품과 헤로도토스와 투키디데스 등 역사가들의 저술을 배웠다.

이처럼 도시를 중심으로 한 그리스의 문화적인 영향 때문에, 헬레니즘 국가가 군주정 체제를 가졌다고 할지라도 시민권 사상이 완전히 소멸하지는 않았다. 헬레니즘 시대의 시민권은 소규모 공동체에 대한 권리와 의무를 강조한 폴리스의 시민권 사상보다 복합적인 성격을 지녔다. 출생을 기반으로 한 폴리스의 시민권이 해당 지역에 대한 충성만을 대상으로 했다면, 헬레니즘 국가의 도시에서는 출신지만이 아니라 시민권 보유자가 당시에 거주하고 있던 도시의 시민권도 중요했다. 폴리스 시기와 마찬가지로 시민권은 권리와 연계되어 있었기 때문에 도시 이주민들은 토지를 소유하고, 결혼하고, 교역할 수 있는 권리를 부여받았다. 따라서 기원전 1세기에 헬레니즘 국가에서는 한 남성이 여러 시민권을 소유하는 일도 드물지 않았다. 이와 관련하여 '프록세니'proxeny라는 제도가 있었는데, 이것은 자신의 고향에서 다른 도시를 대표할 수 있게끔 한 것으로서,[54] 오늘날로 말하자면 명예 영사와 비슷한 것이었다.

헬레니즘 시대에는 시민권과 관련하여 이른바 '세계시민주의'나 '세계시민권 사상'으로 번역되는 코스모폴리타니즘이라는 독특한 사상이 출현하기도 했다. 이 사상은 키니코스학파에 기원을 두고 있었는데,[55] 이 학파의 영향을 받아 코스모폴리타니즘을 발달시킨 사상가들은 스토아학파였다. 스토아학파의 창시자인 제논기원전 335년경~기원전 263

---

54 *Ibid.*, p. 52.
55 '코스모폴리탄'이란 말은 키니코스학파의 대표자인 디오게네스가 처음 사용했다고 알려져 있는데, 원래 어느 국가에도 속하지 않음을 뜻했다.

년경으로 키프로스 남쪽 해안에 있는 키티온 출신으로서 아테네로 이주하여 학생들을 가르쳤다. '스토아'라는 말은 제논이 강의하던 건물에서 지붕 아래에 그림이 그려진 회랑의 복도를 가리키는 단어인 '스토아 포이킬레'stoa poikile에서, 코스모폴리타니즘은 그리스어인 '코스모폴리테스'kosmopolites에서 유래했다. 이 말은 '코스모스'와 '폴리테스', 즉 '코스모스의 시민'이라는 의미이다. 디오게네스 라에르티우스에 따르면, 스토아철학자들은 '코스모스'cosmos라는 용어를 다음과 같이 세 가지 의미로 사용했다.

> 하나는 모든 실체로부터 이루어진 독자적인 질을 가지고 있는 것으로서 소멸하지 않고 생성되지 않으며 질서의 장인이며 특정한 시간의 순환에 따라 자신으로 모든 실체를 흡수하고 다시 자신으로부터 낳는 신 자체이니, 그리고 그들은 천체들의 모든 질서 자체를 또한 세계(코스모스)라고 말한다. 그리고 세 번째로는 양쪽으로부터 구성된 것, 그리고 세계(코스모스)는 우주의 실체들이 갖는 독자적인 질, 또는 포세이도니오스가 『기상학 요강』에서 말하듯이 하늘과 땅과 그 사이에 있는 자연물들로 된 체계, 또는 신들과 인간들과 이들을 위해 생성된 것들로 이뤄지는 체계이다.[56]

스토아학파가 주로 관심을 가진 것은 국가에 대한 헌신의 자세와 공적 의무였기 때문에 스토아주의자들은 시민적 덕성을 존중했다. 다만 그리스의 폴리스 시민들과 달리 스토아주의자들의 충성의 대상은

---

[56] 디오게네스 라에르티오스(2021), 『유명한 철학자들의 생애와 사상』 2, 김주일·김인곤·김재홍·이정호 역, 나남, 98쪽.

국가이기도 하고 세계이기도 했으며, 이들은 덕 있는 정치적 존재인 인간이 자신이 속한 국가와 아울러, 보편적인 자연법에도 충성을 바쳐야 한다고 생각했다. 따라서 세계시민권 사상은 폴리스 중심의 시민권 사상과 정면으로 대치되었다. 아리스토텔레스는 오직 폴리스의 시민만이 사회적으로나 도덕적으로 덕성(아레테)을 달성할 수 있다고 했으나, 세계시민권 사상은 이런 입장과 상반되는 주장을 한 것이다. 즉 코스모폴리타니즘은 폴리스 위의 또 다른 기준이 있음을 전제로 했다. 이 점에서 코스모폴리타니즘은 자연법사상과 연결된다.

코스모폴리타니즘을 주장하는 사람들이 국가에 항거하는 일은 없었다. 스토아주의는 각 사람이 세계의 불꽃이나 영혼의 작은 부분을 소유하고 있고, 근본적으로 태양 아래 모든 사람은 서로 형제이며 시민이라고 주장했다. 그러므로 스토아학파는 모든 인간이 도덕적으로 평등하다고 말했지, 결코 정치적인 의미에서나 사회적인 의미에서 혁명을 주창하지는 않았다. 이런 입장은 얼마 후 생겨난 기독교에서도 재차 수용되었다.

2. 고대 로마

1) 고대 로마의 성립부터 공화정 시기까지

그리스어로 시민에 해당하는 단어인 폴리테스polites는 라틴어로 키비스civis이다. 시민권에 해당하는 키비타스[57]만이 아니라 영어에서 문명을 뜻하는 'civilization', 시민인 'citizen', 도시를 뜻하는 'city' 등도 키비스로부터 파생되었다. 그리스 폴리스에서 시민권이 발명되었다고 한다면, 로마에서는 시민권이 확산했다고 말할 수 있다. 정치 현실에 대한 그리스인들의 이론적인 분석을 접하게 된 로마인들은 그리스에서 창안된 시민권 개념이 자기들에게도 적용될 수 있음을 깨달았다. 그러나 로마인들은 그리스의 시민권 이론을 그대로 수용하지 않고, 자기들의 상황에 맞게 변형시켰다. 그리스인들은 다른 폴리스의 구성원들과의 시민권 공유를 거부했던 반면에, 로마인들은 이탈리아 반도의 인근 민족들에게 시민권을 부여했고, 심지어 속주 사람들에게도 시민권을 확대했다. 시민권과 더불어 로마인들은 정부 체계와 법

---

[57] 키비타스(civitas)는 도시 또는 도시국가, 혹은 시민권 등의 뜻을 지니고 있다. 키비타스는 로마 제국 시대에는 지방의 행정단위를 지칭했으며, 로마제국 말기와 프랑크 왕국에 이르러서는 교회의 교구 및 주교좌와 거의 일치했다. 월터 울만(2000), 『서양중세정치사상사』, 박은구·이희만 역, 숭실대학교 출판부, 198쪽.

을 발전시킴으로써 지중해 전역을 자기들의 호수로 만들고, 나아가 북쪽으로까지 확장된 세계 제국을 완성할 수 있었다. 그러므로 그리스의 시민권과 로마의 시민권은 서로 다른 역사적 배경을 가지고 발달했다.

우리에게 남겨진 로마 역사 초기의 사료는 많지 않지만, 그중 무엇보다도 리비우스의 『로마사』는 가장 기본적인 사료이다. 그에 따르자면, 로마는 늑대 젖을 먹고 자란 로물루스와 레무스가 기원전 8세기 중반에 건국했다. 초창기 로마 북쪽에는 로마인들보다 먼저 이탈리아반도에 정착한 에트루리아인들이 있었다. 이들은 로마라는 작은 나라를 지배한 것으로 보이는데, 이때 그리스인들로부터 채택된 문자와 아치 형태의 건축술을 로마인들에게 전해주었다. 에트루리아 출신으로서 전설적인 왕이었던 세르비우스 툴리우스는 로마 최초의 돌담길을 건설하고, 평민을 군대에 포함했다고 알려져 있다.

리비우스의 설명에 따르자면, 로마인들이 에트루리아의 통치를 벗어난 것은 기원전 509년이었다. 이때 에트루리아 계통의 왕인 타르퀴니우스 수페르부스의 조카인 섹스투스 타르퀴니우스가 정숙한 로마 여성인 루크레티아를 성폭행한 일로 로마인들이 봉기를 일으켜서 결국 로마가 에트루리아인들의 왕정을 종식하고 공화정을 수립했다. 이 사건의 진위 여부는 확정할 수 없지만, 이 무렵 로마인들은 주변 민족들을 제압할 정도로 힘을 키워가고 있었음은 분명하다. 이때 로마에서는 귀족과 평민이라는 신분적인 구분이 있었으나, 공화정이 수립된 지 불과 15년밖에 되지 않은 기원전 494년 로마인들 사이에 소위 신분 투쟁이 시작되었다. 로마 평민들은 로마 외곽에 있는 성산이라는 곳으로 퇴거하여 군 복무를 거부하는 집단 파업을 일으켰고, 그 결과 평민들만의 민회를 구성할 수 있다는 양보를 얻어냈다. 물론 신분 투쟁은 그 이후로도 200여 년 이상이나 진행되었고, 결국 로마는 귀족과 평민의 신분적인 구분을 희미하게 만들 수 있었다. 이처럼 로마의 시민권 발달의 역사에서는 그리스에서처럼 리쿠르고스나 솔론 같은 입법자들이 없었으나, 신분 투쟁을 통해 로마 시민이 형성되었다는 특징이 있었다. 이제 로마의 평민들은 더는 열등한 시민으로 취급되지 않고 국가 봉사에 대한 대가로 귀족과 동등한 대우를 받게 되었다. 이로써 로마는 민회와 재판소와 같은 정치 기구를 통해 대표성을 강화한 국가 형태를 갖출 수 있었다.

로마는 시민권을 획득한 사람들을 정치적, 도덕적 공동체로 끌어들임으로써 영토를 팽창시키는 데 시민권의 유용성을 활용하는 뛰어난 정치적 기술을 보여주었다. 로마의 시민권은 그리스처럼 전통이나 인종에 구속되지 않고, 법률에 의해 이탈리아반도에 거주하던 다른 민족들에게 확산되었다.[58] 이 일은 이탈리아반도 중부의 작은 국가에서 시작한 로마가 확대되는 과정과 관련된다. 기원전 381년에 이탈리아반도 중부에 있던 투스쿨룸은 로마와 갈등 관계에 있었는데, 로마가 그 시민들에게 로마의 시민권을 부여함으로써 평화적인 방법으로 갈등을 해소했다. 로마의 시민권은 기원전 340년부터 2년 정도 진행된 라틴 전쟁으로 더욱 확대되었다. 이 전쟁에서 로마는 남쪽에 있던 라티움 및 캄파니아 지역민들과 잔혹한 전쟁을 벌인 끝에 승리를 거두었다. 그러나 로마는 일곱 개 도시의 시민들에게 '참정권 없는 시민권' civitas sine suffragio을 부여했다. 준準시민권으로도 번역되는 이 시민권을

---

58 김복래(2000), 「아테네 민주주의와 시민권에 대한 고찰」, 『유럽연구』 12호, 16쪽.

에피루스의 왕 피로스는 기원전 279년 수많은 병사와 코끼리를 이끌고 로마를 침공해 아스쿨룸에서 승리를 거두었으나 막대한 피해를 입었다.

가진 자들은 로마인들과 동등한 자격으로 교역을 하거나 로마인들과 결혼을 할 수는 있었으나^{ius connubii}, 문자 그대로 정무관을 선출하는 등의 참정권은 가질 수 없었다. 아테네에서는 재산에 따라 시민적 권리에 차등이 있었으나, 로마는 이웃 민족들을 통합하는 과정에서 시민권의 차등을 두었다는 특색을 보여주었다.

그 이후에도 로마의 이탈리아반도 정복은 계속되었다. 로마인들은 삼니움을 정복하여 동맹국으로 만들었다. 로마의 팽창에 놀란 이탈리아반도 남부의 그리스인 도시 타렌툼은 그리스 서부에 있던 에피루스의 왕인 피로스에게 도움을 요청했다. 플루타르코스의 『영웅전 전집』에도 소개된 피로스는 치아가 한 덩어리로 된 것처럼 외모부터 특이한 영웅이었다. 알렉산드로스 대왕의 친척이기도 했던 그는 두 차례에 걸쳐 로마군을 격파했으나, '피로스의 승리'^{Pyrrhic victory}라는 말이 있을 정도로 그 자신의 군대가 입은 피해도 엄청났다. 그래서 그는 "로마 군과 한 번만 더 이렇게 싸웠다가는 우리는 완전히 망할 거요."[59]라는 말을 남기고, 기원전 275년 이탈리아반도 남부에서 물러나고 말았다. 그 직후인 기원전 264년부터 로마는 서부 지중해의 패권을 두고 카르타고와 생사를 건 중대한 전쟁을 시작했다. 3차에 걸친 이 포에니 전쟁 중 특히 한니발이 이탈리아반도를 공략했던 제2차 포에니 전쟁에서 로마는 거의 파국적인 상황을 맞이했다. 기원전 217년에 벌어진 칸나이 전투에서 로마는 약 4만 명의 사상자를 낼 정도로 위기에 처했다. 그러나 로마는 스키피오 아프리카누스의 군단 효율화와 카르타고 본토에 대한 공략 작전으로 카르타고를 제압할 수 있었다.

로마가 국가 존망의 위기를 하나씩 넘길 수 있었던 것은 시민권을 부여해 준 동맹국의 민족들이 적극적으로 로마 편을 들었기 때문이다. 특히 한니발이 이탈리아반도를 유린하고 있을 때, 라티움, 에트루리아, 삼니움 등 로마를 둘러싸고 있던 강력한 방어선이 진가를 발휘했다. 그 덕분에 로마는 포에니 전쟁을 승리로 이끌 수 있었다. 그러나 로마는 지중해 세계를 거의 석권하게 되었을 때 시민권 부여에 소극적이었다. 기원전 2세기 후반에 그라쿠스 형제가 로마 사회의 위기를 극복하고자 했을 때, 동생인 가이우스 그라쿠스는 곡물법만이 아니라 모든 이탈리아인에게 완전한 로마 시민권을 부여할 것을 촉구했다. 하지만 이 법안은 엄청난 반대에 직면하여 통과되지 못했다. 그 결과, 시민권 문제를 둘러싼 위기는 시민권을 받을 것을 기대하다가 지친 많은 이탈리아인이 기원전 91년에 봉기로 폭발하는 상황으로 치

---

59 플루타르코스(2000), 『플루타르크 영웅전 전집』 I, 671쪽.

달았다. 기원전 88년까지 지속된 이 전쟁은 '동맹국 전쟁'으로 알려져 있는데, 30만 명이나 사망할 정도로 매우 격렬한 양상을 띠었다. 결국 로마는 기원전 90년 '율리우스 법'$^{lex\ Julia}$을 공포하여, 이탈리아반도 전체에서 수십만 명에게 시민권을 부여했다. 그리고 전쟁이 끝난 후에 로마 원로원은 결국 모든 이탈리아인에게 로마 시민권을 부여함으로써 로마 시민권 제도를 로마시에만 국한하지 않고 이탈리아반도 전체에 적용했다. 그렇지만 이로써 로마 시민들의 시민권 문제가 완전히 해결된 것은 아니다. 속주민들을 시민이 아니라 신민으로 간주했던 로마 상층 시민들은 피정복민들에게 시민권을 부여한 데 대한 적개심을 율리우스 카이사르의 암살로 드러냈다.[60]

    로마에서 시민권을 가진 사람은 출생 때부터 관리되었다. 시민인 부친은 아이를 인정한다는 의미에서 사람들 앞에서 갓 태어난 자신의 아이를 집어 들었다. 모든 시민의 아이들은 출생 30일 이내에 관리의 입회하에 등록해야 했으며, 이 사실은 두 개의 널빤지로 된 시민권 증명서에 기록되어 관리되었다.

    그리스와 마찬가지로, 로마에서 시민이 된다는 것은 여러 가지 의무와 권리를 수반한다. 로마 시민에게는 신들의 인도, 군대 복무, 공직 생활 등 세 가지가 불가분의 관계를 이루었기 때문에, 이와 관련된 의무는 매우 중요했다. 또한 로마 시민은 재산세와 상속세 등 세금을 납부하는 의무를 졌는데, 시민이 아닌 사람도 세금을 납부해야 했지만, 보통 로마 시민은 더 많은 세금을 내야 했다. 그리스 시민이 교육

---

60 Thomas Dynneson(2001), *Civism: Cultivating Citizenship in European History*, New York: Peter Lang Publishing, pp. 60~61.

으로 덕성^{arete}을 획득하고자 노력했다면, 로마 시민은 시민의 의무를 이행함으로써 덕성^{virtus}을 실천에 옮기고자 했다.

로마의 시민은 부담해야 할 의무만큼이나 다양한 권리도 인정받았다. 그런 권리는 정치적 권리, 경제적 권리, 사회적 권리로 구분할 수 있다. 우선 정치적 권리로서 로마 시민은 민회에 참석할 수 있는 권리를 가지고 있었다. 로마의 민회는 아테네보다 복잡하여 여러 종류가 있었다. 친족 집단에 기반을 둔 쿠리아 민회, 군단 단위로 구성된 켄투리아 민회, 평민들만이 참석한 평민회, 그리고 트리부스 민회가 있었다. 트리부스 민회는 부족 구분에 기반했는데, 이들은 구역^{wards} 단위로 투표했고, 기원전 241년 그 수는 35개였다. 이들 각각의 민회는 그 역할도 달랐는데, 가장 고위 정무관을 선출하는 곳은 켄투리아 민회였다. 활동적인 시민이라면 1년에 20회 이상 다양한 투표에 참여하곤 했다. 또 로마 시민은 민회에서 선출하는 정무관으로 일할 수 있는 권리도 가졌다. 물론 시기에 따라 정무관 직급을 맡을 수 있는 권리는 신분적인 제약과 관련되기도 했다. 경제적 권리는 다양한 방식으로 재산을 증여할 수 있는 권한을 의미하고, 사회적 권리는 사도행전 16장에서 사도 바울이 주장한 바처럼 신체적 처벌에 대한 면책권이 대표적이었다. 즉, 로마에서 시민권을 가졌다는 것은 군대, 언어, 법, 생활 방식 등의 측면에서 우월함을 명시적으로 보여주는 증표였다.

로마가 이탈리아반도를 통일하던 기원전 3세기 중반 무렵에 로마 시민의 수는 수십만 명에 달했다. 아테네는 면적이 넓지 않았기 때문에 시민들이 민회에 참석할 수 있었지만, 이탈리아반도를 넘어 지중해 너머로까지 영토를 확대한 로마에서는 시민들이 모든 민회에 참석하는 것이 물리적으로 가능하지 않았다. 그러나 제정 시기에도 로마의 시민권은 국가를 하나로 결속시키는 수단으로 사용되었을 뿐만 아니라 국가에 대한 책임을 제시하는 도덕적 요구로 남아있었다.

2) 원수정부터 서로마제국의 멸망까지

두 차례의 삼두정치를 거치며 로마의 공화정은 몰락의 길을 걷고, 마침내 옥타비아누스가 기원전 31년 악티움 해전의 승리로 일인자가 됨으로써 로마 체제는 원수정으로 넘어갔다. 원수정에 해당하는 'Principatus'는 'princeps'에서 유래했는데, 이 말은 원수元首, 즉 '첫 번째 시민'이라는 뜻이다. 옥타비아누스는 스스로 '시민'이라고 칭함으로써 당시에 로마 시민이 가지고 있던 중요한 의미를 충분히 보여주었다. 기원후 14년 사망할 때까지 권력을 장악한 옥타비아누스는 시민들의 숫자를 늘리는 정책을 취했다. 특히 비非시민으로서 군 복무를 마친 사람들에게는 제대할 때 시민권을 부여했고, 남성 성년 시민들만이 아니라 그 가족도 시민단에 포함함으로써 이탈리아반도 대부분의 속주에서 시민권을 획득한 사람은 백만 명 이상에 달했다. 옥타비아누스의 후계자 시기에도 로마 시민권은 확대되었다. 클라우디우스재위: 기원후 41~54와 하드리아누스재위: 117~138 치세에도 많은 비이탈리아 사람들이 로마 시민권을 획득했다. 레피두스와 아우구스투스의 친구인 아그리파는 거대한 규모의 투표소Saeptus를 건축했는데, 그 규모는 가로세로 1천 피트에 35줄의 투표자들을 수용할 수 있을 정도였다.[61]

---

61   Peter Riesenberg(1992), *Citizenship in the Western Tradition: Plato to Rousseau*, p. 81.

제정 시기의 로마 시민권 확대와 관련된 일 중 가장 잘 알려진 법은 카라칼라 재위: 기원후 211~217 시기에 공표되었다. 카라칼라는 사실상 제국 내의 모든 자유민에게 시민권을 부여하는 조치를 취했다. 카라칼라 이전에도 속주의 일부 엘리트들에게는 시민권이 부여되었지만, 카라칼라는 이 조치를 극단까지 확대했다. 이는 향후 로마에 적지 않은 영향을 미쳤다. 당시 로마에서는 오직 시민들만 상속세 납부 대상이었다. 따라서 카라칼라의 정책으로 시민들의 숫자가 급증함으로써 로마는 조세 수입을 상당히 늘릴 수 있었다. 한편 모든 자유민이 시민권을 갖게 됨으로써 로마 시민권은 더는 특별한 지위를 의미하지 않게 되었고, 이전부터 희미해져 오던 시민과 자유로운 비시민 사이의 구분은 사라지게 되었다. 그렇지만 시민권이 확대되었다고 하더라도, 로마인들 사이에 완전한 평등이 구현되었다고 할 수는 없다. 카라칼라의 칙령이 공표될 때까지, 호네스티오레스honestiores라 불리던 상층과 후밀리오레스humiliores라 불리던 하층 사이의 신분적인 구분은 여전히 강하게 남아있었다. 하층에 속한 시민들은 법적으로 열등한 권리를 가졌을 뿐만 아니라 그 이전 시기에 비시민들이 받았던 징벌을 당했다.[62] 그러나 로마의 확대된 시민권은 로마 영토 전역에서 법과 행정적인 분야에서의 로마화 과정을 촉진하고 있었으며, 이러한 시민권 사상은 키케로와 마르쿠스 아우렐리우스에 의하여 명확하게 제시되었다.

---

62 Derek Heater(2004), *A Brief History of Citizenship*, p. 37.

3. 사상가들

1) 키케로

키케로^{Cicero}는 기원전 106년 이탈리아반도의 아르피눔에서 태어나 카이사르와 비슷한 시기를 살았다. 그는 탁월한 법률가, 연설가이자, 자연법과 시민적 의무에 대한 중요한 저술을 남긴 사상가로서 율리우스 카이사르가 기원전 44년 암살당한 후에, 제2차 삼두정치의 한 축인 안토니우스가 공화정적 가치를 파괴한다고 생각하고 그를 격렬하게 비난했다. 이에 그는 기원전 43년 안토니우스의 명령에 따라 피살당했고, 잘린 그의 머리와 손은 안토니우스와 그의 아내에게 보내졌다.

키케로는 스스로 스토아주의자를 표방하지는 않았지만, 자신의 여러 저술에서 스토아주의를 표현했다. 시민권에 대한 아리스토텔레스의 개념은 스토아주의자들을 거쳐 키케로에게 전수되었다. 스토아주의는 자신의 의무, 책임, 그리고 책무를 이행하는 데 불평하지 않고 헌신하는 태도와 정신을 중시했다. 스토아주의가 생기기 전에도, 이러한 가치를 몸소 실천한 대표적인 사례는 기원전 5세기에 위기에 처한 로마를 구원한 이후, 권력과 부를 내려놓고 다시 농부의 삶으로 돌아간 킨키나투스[63]에게서 찾아볼 수 있다. 그러나 키케로가 살던 기원전 1세기에는 이러한 덕은 쇠퇴하고, 로마는 내전 상태에 빠져 있었다. 그는 『의무론』, 『국가론』, 『법률론』 등의 저술에서 로마인들에게 공동체의 보존을 위한 선한 사람의 역할에 대한 비전을 제시하고자 노력했다. 키케로에 따르면 인간은 도덕적이며 이성적인 동물인 동시에, 사회적 동물이다. 만약 시민이 개인적인 생활의 안락함에 매몰되어 동료나 공동체, 국가의 공적 업무에 참여하지 않는다면 그는 사회적 동물로서의 본성을 거역하는 것이다. 키케로는 이성을 가지고 있는 인간이 공공 봉사에 헌신하는 것을 당연하게 생각했다. 이런 맥락에서 그는 『의무론』에서 다음과 같이 강조한다.

> 신중하고 용감하며 국가의 최고 지위에 합당한 시민은 … 국가를 위해 자기 자신을 온전히 바치고, 재력도 권력도 추구하지 않으며, 국가 전체를 보호해서 모든 사람을 돌볼 것이다. 그는 또 누군가를 무고해서 증오나 반감을 사는 일을 하지 않으며, 정의와 훌륭함을 완전히 고수해서 그것들을 지키는 한 아무리 큰 손실이라도 감수하고 내가 말한 것들을 버리기보다는 죽음을 불사할 것이다.[64]

시민권에 대한 키케로의 생각은 아르키아스라는 시인에 대한 그의 변론 연설에서 잘 드러난다. 아르키아스는 시리아의 안티오키아 출신으로서 로마 시민권을 획득했다고 주장했으나, 그의 시민권을 부정하

---

63 루키우스 퀸크티우스 킨키나투스는 기원전 519년경에 태어나 기원전 439년에 사망했다. 미국 오하이오주에 소재한 신시내티의 명칭은 킨키나투스에서 유래했다.
64 키케로(2024), 『의무론』, 임성진 역, 아카넷, 69~70쪽.

는 소송이 제기되었을 때 키케로는 공개적으로 그를 위해 변론했다. 그는 아르키아스가 불멸의 시 작품으로 로마 인민 자체를 높이고 찬양하며 로마국가에 큰 유익을 끼쳤으므로 그에게 시민권을 부여하는 것이 정당하다고 주장했다.[65]

키케로에게 로마 시민은 로마의 구성원 자격과 권리를 가졌기 때문에, "나는 로마 시민이다CIVIS ROMANUS SUM."라는 말은 공화정 시기 로마 시민들의 자부심을 한껏 표현하는 발언이었다. 이것은 키케로가 30대 중반에 시칠리아의 부패한 총독인 베레스에 대한 수사를 맡았을 때 가비우스라는 로마 시민이 자신의 억울함을 호소하며 한 말인데,[66] 키케로에게 강한 인상을 남긴 듯하다. "나는 로마 시민이다."라는 말은 키케로에게 로마의 시민권이 다른 무엇과도 비교될 수 없었음을 의미했다. 그러므로 그가 이중국적에 대해서 강하게 반대한 것은 당연했다. 이 점은 다음 사례에서 잘 드러난다. 폼페이우스가 코르넬리우스 발보라는 가데스의 시민에게 로마 시민권을 부여했을 때, 키케로는 다른 도시의 시민권이 로마 시민권과 양립될 수 없다고 주장하면서 다음과 같이 썼다.

이제 다른 모든 국가는 주저함 없이 자기들의 시민권을 우리 시민들에게 부여하곤 했다. 만약 우리가 그들의 것과 동일한 법체계를 가지고 있다면, … 그리하여 우리는 아테네, 로데스, 스파르타, 그리고 다른 나라들의 시민들이 그리스 국가들의 시민으로 등록되고, 동일한 사람들이 많은 국가의

---

65 김덕수(2019), 「시민권과 로마 정치-키케로, 「시인 아르키아스 변론」(기원전 62년)을 중심으로」, 『수사학』 제36집, 52쪽.
66 김헌 외(2021), 『나는 시민이다: 그리스와 로마 시민들』, 160~161쪽.

시민들이라는 것을 안다. 그리고 나 자신은 어떤 무지한 우리 시민들이 이 것에 의해 잘못 오도되어 아테네에서 배심원들과 아레오파고스(장로 시민들 협의회)에 앉아 있는 것을 보았다. … 왜냐하면 그들은 자기들이 그곳 시민권을 획득하면 그들이 이곳에서 그것을 박탈당한다는 것을 몰랐기 때문이다.[67]

이처럼 아리스토텔레스의 시민공화주의는 키케로를 거쳐 근대의 마키아벨리와 루소를 지나 프랑스혁명과 미국독립혁명으로까지 이어지게 될 터였다.

2) 마르쿠스 아우렐리우스

오현제 시대의 마지막 황제인 마르쿠스 아우렐리우스Marcus Aurelius, 기원후 121~180는 대표적인 스토아주의자로 알려져 있다. 조숙했던 그는 이미 12살의 나이에 철학 공부에 헌신하겠다고 결심했다. 아우렐리우스는 59세로 사망할 때까지 황제직을 성실하게 수행하면서 저서인 『명상록』으로 스토아 사상을 탁월하게 표현했다. 그가 생존했던 시기에 로마는 이미 공화정에서 제정으로 넘어간 상태였다. 키케로는 로마 시민들의 조국patria에 대한 헌신적 태도를 고양하고자 했지만, 제정 치하에서는 조국이 무엇인지 불명확했다. 제국의 주민은 대부분 자신의 고향 마을이나 도시를 자신들의 진정한 조국이라고 생각했다. 아우렐리우스는 제정 시기의 시민권에 대한 주요 흐름을 대변했고,

---

[67] Derek Heater(2004), *A Brief History of Citizenship*, p. 35

나아가 서구 고대사회의 세계시민주의와 세계 시민교육의 사상사적 토대를 완성한 인물로 평가할 수 있다.[68] 그는 스토아 철학의 원칙 중 하나로서 코스모폴리스가 존재한다고 생각했으며, 선한 인간은 그에 따른 의무를 다해야 한다고 주장했다. 코스모폴리타니즘은 오직 폴리스의 구성원들에게만 사회적, 도덕적 덕성^{아레테}이 성취될 수 있다는 아리스토텔레스의 주장을 넘어, 그보다 높은 보편적인 기준이 있음을 암시했다. 아우렐리우스는 우주의 도시인 코스모폴리스가 스토아 철학의 주요 개념이라는 것을 논리적으로 주장했으며, 선한 사람은 스토아 철학의 원칙에서 제시된 행동강령을 끊임없는 의무로서 준수해야 한다고 말했다. 그는 『명상록』 4장에서 인간이 이성적인 능력을 공통으로 갖고 있는 세계시민이라는 점을 다음과 같이 설명했다.

> 사고 능력이 인간에게 공통된 것이라면, 우리를 이성적 존재로 만드는 이성 또한 우리 인간에게 공통된 것이며, 우리에게 해야 할 일과 해서는 안 되는 일을 명령하는 실제적인 이성 또한 우리 인간에게 공통된 것이다. 바꿔 말하면 우리는 같은 시민이며, 공통된 시민권을 갖고 있으며, 따라서 우주는 하나의 국가인 것이다. 모든 인간이 함께 주장할 수 있는 공통된 시민권이 달리 또 있겠는가? 인간의 정신과 이성과 법률은 바로 이 세계의 국가로부터 나오는 것이다.[69]

아우렐리우스는 자신이 시민으로서는 로마에, 그러나 인간으로서

68　장지원(2020), 「서구 세계시민교육의 기원」, 『교육사상연구』, 34권 1호, 221쪽.
69　마르쿠스 아우렐리우스(2010), 『명상록』, 원혜정 역, 매월당, 4장 4절. e-book.

는 우주에 속한다고 믿었다. 그러나 이 두 종류의 시민권이 각각 어떻게 해당 시민의 충성심을 끌어낼 수 있는지에 대한 설명은 하지 않았다. "가이사의 것은 가이사에게, 하나님의 것은 하나님께 바치라."[70]는 예수의 발언에서 알 수 있듯이, 두 종류의 시민권에 대한 사상은 기독교에서도 핵심적인 문제가 되었다.

---

70 마태복음 22장 21절.

제3장

로마로부터 중세로의 전환기의 시민권

1. 기독교와 시민권

애초부터 기독교인과 로마 시민권은 공존하기 어려웠다. 로마의 통치 구조에는 종교적 성격이 내포되어 있었기 때문이다. 아우구스투스를 비롯한 로마의 통치자는 대제사장 지위도 가지고 있었다. 더구나 기독교는 본질적으로 이 세상의 종교가 아니었다. 기독교는 내세를 지향했고 정치적 영역 속에 한정될 수 없었다.[71]

기독교와 시민권의 관계를 이해하기 위해서는 먼저 기독교의 국가관을 알아볼 필요가 있다. 물론 기독교의 국가관은 신학자들 사이에서 매우 복잡한 논쟁을 불러일으키는 주제이므로, 간단하게 결론을 내릴 수는 없다.[72] 여기서는 이 주제를 복잡한 신학적인 관점이 아니라 성경에 나와 있는 내용 그대로 살펴보고자 한다.

우선 국가와 교회의 관계에 대한 예수의 언급은 아주 유명하다. 율법을 엄격하게 준수해야 한다고 주장하던 바리새인들이 세금을 납부하는 행위가 옳은지의 여부를 예수에게 질문했을 때, 예수의 대답은 데나리온 동전을 보여주며 "가이사의 것은 가이사에게, 하나님의 것

---

71 따라서 로마 공화정을 존중한 마키아벨리와 루소는 기독교보다 시민 종교에 자신들의 호감을 아주 강력하게 표현했다.
72 교파별 국가관에 대해서는 다음 논문들을 참조하시오. 이인우(1997), 「일반 은총으로서의 기독교적 국가관」, 『신앙과 학문』 제2권 2호, 109~130쪽; 김유준(2017), 「로마제국과 초대교회와의 관계사」, 『대학과 선교』 35집, 183~212쪽.

은 하나님께 바치라."는 것이었다. 예수의 답변은 세상의 권력과 신의 권력이 동일할 수 없다는 의미이다. 신약성서의 절반가량을 집필한 바울 사도는 로마서 13장에서 세상의 권세가 신으로부터 유래하기 때문에, 거기에 복종해야 한다고 적었다. 예수의 수제자인 베드로도 세상의 제도에 복종하고 황제와 총독에게도 복종하는 것이 신의 뜻이라고 했다.[73]

그러나 고대의 시민권 제도는 초대 기독교인에게 강한 인상을 남겼다, 이에 따라 기독교인도 시민이라는 용어를 사용하게 되었는데, 기독교인 시민은 로마 시민과 두 가지 공통점을 가지고 있었다. 첫째, 이 둘은 다른 사람들과의 구분을 강조하고 있다는 것이고, 둘째, 이 둘은 반드시 도시 혹은 조직에 속했다는 점이다. 그러나 신약성경은 기독교인 시민에 대하여 세속적인 것과 구분되는 새로운 의미를 부여했다.

> 그러나 우리의 시민권은 하늘에 있는지라 거기로부터 구원하는 자 곧 주 예수 그리스도를 기다리노니[74]

> 그러므로 이제부터 너희는 외인도 아니요 나그네도 아니요 오직 성도들과 동일한 시민이요 하나님의 권속이라.[75]

사실 '동일한 시민'이라는 어구는 신분제도를 부정하는 혁명적인 의

---

73 베드로전서 2장 13절~17절.
74 빌립보서 3장 20절.
75 에베소서 2장 19절.

미로도 해석될 수 있다. 봉건 중세에는 신분적인 구분이 오히려 강화되었으나, 장기적으로 유럽에서 신분적인 차등이 부정되고 보편적인 시민권이 인정된 데에는 이러한 성경 구절이 적지 않은 역할을 했음도 사실이다.

   신약성경에서 정치와 종교에 대하여 언급한 구절을 살펴보면, 이 둘의 관계가 구분된다는 점은 분명해 보인다. 일반적으로 기독교인은 세속 권력에 복종해야 하지만, 악한 권세에 대해서 그렇게 해서는 안 되었다. 가령 데살로니가 후서 2장 3절에서 나와 있듯이, 기독교인은 적그리스도에 대한 신격화나 찬양은 거부했다.[76] 바로 이 점 때문에 기독교와 정치권력은 오늘날까지 긴장 관계를 유지하고 있다. 시대에 따라 기독교는 정치에 순응하기도 했다가, 또 어느 때에는 강력히 저항하기도 했다. 기독교 역사 초기에 로마 당국은 기독교인을 수차례에 걸쳐 박해했다. 박해의 이유는 시기별로 달랐으나, 그중 1세기 후반의 기독교인 박해는 로마 황제 숭배가 주원인이었다. 가장 강력한 박해로 평가받고 있는 4세기 초의 디오클레티아누스의 박해도 전통적인 종교 의례를 강조하던 로마 당국에 대한 기독교인들의 저항에서 비롯되었다.[77] 기독교인에게는 배교가 강요되었고, 모든 로마 시민에게 로마의 신들에게 드리는 제사에 참여하라는 명령이 내려졌다. 로마의 시민 종교를 거부한 기독교인 수천 명이 이런 정책에 반대하여 순교를 당했다. 이처럼 로마의 시민 종교와 기독교는 충돌할 수밖에 없었다.

---

76   이삼열(1987), 「기독교와 국가」, 『기독교사상』 제5집, 54쪽.
77   박윤덕 외(2022), 『서양사강좌』, 아카넷, 97~102쪽.

그러나 콘스탄티누스가 313년 기독교를 공인한 이후 권력과 기독교인의 관계는 정반대가 되어 박해받던 기독교인이 오히려 특권을 향유하기에 유리한 입장에 섰다.[78] 콘스탄티누스는 기독교 성직자들을 시민의 의무, 즉 병역 의무와 납세 의무로부터 면제해 줌으로써 성직자들은 면책특권과 아울러 다양한 명예 칭호를 통해서 고위 공직자와 같은 대우를 받을 수 있었다. 콘스탄티누스는 나아가 교리 문제에도 직접 개입하여 325년 니케아 공의회에서 아타나시우스의 삼위일체 교리가 정통으로 채택되도록 해주었다. 이후에 로마 전통 종교 신봉자들의 반발이 있기는 했지만, 테오도시우스 황제는 391~392년 이교도를 억압하는 칙령을 발표함으로써 기독교를 국교로 만들었다. 기독교는 이제 로마제국의 유일한 공식 종교로 선포된 것이다.

로마 시민권을 떠받치고 있던 전통 종교가 기독교로 대체됨으로써 시민권 문제에서도 중대한 변화가 일어날 수밖에 없었다. 이제 기독교인의 시민권은 로마의 시민권과 유사한 구도를 갖게 되었다. 기독교 신학은 로마의 개념에서 차용하여 자연과 신앙의 구분을 표현했다. 로마의 시민처럼 기독교인은 신자들로 구성된 공동체에 속했다. '키비스/키비타스'civis/civitas는 '피델리스/피델리타스'fidelis/fidelitas에 비유되었다. '피델리스'fidelis, 즉 '기독교인 개인'은 단지 '신앙을 가진 사람들의 조합'인 '피델리타스'fidelitas에 의해서만 존재했으며, 피델리타스는 그것을 구성하는 사람들의 통일성 안에서 인식되었다. 나중에 아우구스티누스가 기독교인들의 공동체를 '신의 도시'civitas dei로 불렀던 것은 이러한 맥락에서 이해할 수 있다. '신의 도시'의 유대와 목적은 '지

---

78   염창선(2006), 「4세기 교회와 국가의 '교회정치적' 차원」, 『한국교회사학회지』 제18집, 97~126쪽.

상의 도시'와 달랐지만, 기본 틀은 로마의 경우에서 차용했다고 볼 수 있다.

그러나 기독교가 제시한 시민권 모형은 고대의 시민권 개념과 구분되는 현저한 차이점도 가지고 있었다. 그 핵심은 현세에 대한 관점이 달랐다는 데 있다. 고대인은 덕성 있는 삶이 현세의 동료들과의 공동체에서 구현되어야 한다고 생각한 반면, 기독교는 현세가 돌이킬 수 없을 정도로 타락했다고 가르쳤다. 이 세상에서의 삶은 오직 내세에서의 좋은 삶을 위한 준비라는 것이다. 따라서 로마의 시민적 지위와 기독교인으로서의 삶은 잠재적으로 긴장 관계에 있을 수밖에 없었다.

로마 공화정 시기와 마찬가지로 교회는 신자들의 충성도가 여러 구성원 사이에서 분열되는 문제에 직면하곤 했다. '피델리타스'의 구성원은 세속적 공동체 안에서도 살았기 때문에 여기서 기인한 관계는 기독교가 공인된 이후부터 중세 내내 논란거리가 되었다. 성경의 가르침은 명료한 듯이 보였다. 즉, 신과 카이사르가 분리되었다는 것이며, 로마 시민인 사도 바울은 그리스도인들에게 세속적 권력에 복종할 것을 권고했다. 그러나 실제로는 이 문제가 그렇게 간단하지 않았다. 기독교 교회는 세속 권력보다 우위에 있다는 신학적 입장을 취하고 있었다. 현세의 권력은 섭리의 한 가지 표현일 뿐, 자율성을 가지고 있지 않았다. 신학자들은 "하나님에게서 오는 것 외에는 어떤 권능도 없다."Nulla potestas nisi a Deo 라고 생각했다. 그럼으로써 기독교 공인 이후 국가와 교회 사이의 관계, 달리 말해 '세속 권력'regnum과 '성직 권력'sacerdotium 사이의 관계는 중세 정치사상의 핵심적인 논란거리였다. 로마 공화정 시기에는 '자연법'이 도시 개념에 내재해 있었기 때문에 종교 권력과 세속 권력의 문제가 발생하지 않았다. 그런데 기독교 교회가 공화정으로부터 더 많은 자율성을 주장한 순간부터, 또 종교가 어떤 의미에서 다른 인간 활동과 분리되어 우선권을 주장하는 특수한 '기능'이 된 순간부터 갈등은 불가피해졌다.[79]

세속 권력에 대하여 종교적 권위의 우위를 주장하던 기독교 사상가들은 세속 권력의 존재를 기독교 전체론적 우주론의 필수적인 부분으로 해석하려고 노력했다. 기독교 공인 이후 이런 문제에 대한 해결책은 기독교인과 로마인을 동일시하고, 제국을 하나님이 기독교 전파를 위해 섭리적으로 창조하신 도구로 보는 데 있었다. 테오도시우스 때 기독교가 국교로 선포된 것도 이런 이유 때문이었다. 새로운 종교를 받아들인 세속 세력은 자신을 섭리의 실현으로 내세워 권위의 근거로 삼으려 했다. 이러한 조건에서 정치와 종교는 두 개의 상반된 구조가 아니라 불가분한 단일 실체가 되었다. 이로써 기독교는 '고전적 자연법'을 대체했지만, 기본적인 틀은 로마의 정치사상 안에 남아있었다. 그러나 공교롭게도 기독교가 로마 국교가 된 전후의 로마 상황은 매우 좋지 못했다.

---

79 Paul Magnette(2005), *Citizenship: The history of an idea*, translated by Katya Long, Colchester, UK: ECPR Press, pp. 31~32.

2. 서로마제국의 몰락과 그 이후

　시민권은 고대 그리스와 로마 세계에서 정부 형태의 핵심적인 특징이었다. 고대 그리스와 로마에서는 시민과 비시민의 권리와 의무가 달랐으며, 국가의 존속은 국가에 대한 시민들의 충성심에 달려 있었다. 그러나 3세기 이후 로마가 쇠퇴하자, 시민권의 중요성도 아울러 줄어들었다. 더욱이 카라칼라 황제가 212년에 모든 로마 자유민에게 시민권을 부여하면서 시민권의 특권적 지위도 퇴색했다. 로마제국이 동로마와 서로마로 분할되고 게르만족의 이동으로 상황이 불안정해지자, 시민권은 의미 있는 기능을 상실하고 말았다.

　4세기 후반에 이르러 로마가 동서로 분리되면서 서로마제국이 약화하고 시민권 문제가 중요성을 상실해 간 과정은 도시의 쇠퇴 및 게르만족의 이동과 긴밀하게 연관되었다. 게르만족이 로마제국을 위협한 것은 일시적이거나 단기적으로 이루어진 것이 아니라 수백 년에 걸쳐 파상적이고도 지속적으로 진행되었다. 게르만족은 기원후 180년에 사망한 마르쿠스 아우렐리우스의 치세 이후에 끊임없이 로마제국을 압박했다. 알라만족과 프랑크족 등 게르만족은 이미 276년에 갈리아, 이베리아반도, 그리고 이탈리아반도 북부를 휩쓸었다. 중앙아시아의 유목민이었던 훈족이 흑해 북쪽에 거주하던 고트족을 압박하자, 376년에 고트족 연맹은 제국 영토 내로 이동했다. 5세기에 접어

오도아케르에게 왕위를 양도하는 로물루스

들면서 로마에 대한 야만족의 침입은 더욱 빈번하고 일상적인 일이 되었다. 특히 410년 알라리쿠스와 그 휘하의 서고트족이 로마를 포위하고 약탈한 사건은 로마인들에게 큰 충격을 안겼으며, 이어서 반달족, 알라니족과 수에비족은 이베리아반도를 유린했다. 게르만족 중에 유일하게 함대를 보유하고 있던 반달족은 북아프리카 쪽으로 향해 튀니지와 동부 알제리 등 로마의 아프리카 속주를 정복했다. 468년에는 에우리쿠스 휘하의 서고트족이 10년에 걸쳐 이베리아반도를 공격하여 결국 그곳에 정착했다. 테오도리쿠스가 지휘한 동고트족은 487년에 콘스탄티노플을 공격한 다음, 493년에는 이탈리아반도로 방향을 돌려 그곳을 점령했다.[80]

---

80   자크 르고프(2008), 『서양중세문명』, 유희수 역, 문학과지성사, 63쪽.

서로마제국을 침략한 이들은 게르만족만이 아니었다. 아틸라 휘하의 훈족은 5세기 중반에 파두아, 베로나, 밀라노 등 이탈리아반도 북부를 무자비하게 파괴하여 '신의 채찍'이라고 불렸다. 아틸라가 교황 레오 1세와 만난 후 회군하지 않았더라면, 서고트족에 이어 로마가 다시 한번 약탈당했을 가능성이 높았다.

이민족들이 침입해 오는 혼란한 상황에서 훈족 왕인 아틸라의 측근이자 로마인인 플레비우스 오레스트가 황제 율리우스 네포스를 폐위시키고, 475년에 자신의 어린 아들인 로물루스를 황제로 옹립했다. 이듬해인 476년에는 오도아케르라는 용병대장이 오레스트를 살해한 다음에 서로마제국의 마지막 황제인 로물루스를 폐위시킴으로써 서로마제국은 마침내 멸망했다.

서로마제국의 마지막 황제인 로물루스가 폐위된 이후, 서로마제국 영토에는 동고트족, 서고트족, 롬바르드족 등이 세운 여러 국가가 들어섰고 게르만족 국가들 사이에는 군주정 체제가 수립되었다. 이탈리아반도에는 오도아케르 왕국이 성립되었고, 이베리아반도에는 서고트 왕국이, 북아프리카에는 반달왕국이, 갈리아 지방에는 롬바르디아 왕국과 프랑크 왕국이 각각 들어섰다. 그러나 게르만족의 왕국들은 과거 로마에 비해 통치 역량이 부족했다.

이 시기에 국가로서의 행정 기능을 담당한 것은 교회였다. 원래 기독교에서 성직자 제도가 생겨났을 때, 그것은 국가의 행정조직처럼 발달했다. 교회는 사도 시대 Apostolic Age 부터 주로 도시를 중심으로 교구라는 신자들의 조직을 갖추었다. 로마가 멸망하기 전에 알렉산드리아, 안티오키아, 콘스탄티노플, 예루살렘, 그리고 로마에는 교구 중 가장 큰 단위로서 총대주교구가 있었다. 476년에 서로마제국이 멸망하자, 로마의 총대주교는 이탈리아반도, 북아프리카, 골 지역, 이베리아반도에서 로마제국의 상속자와 유사한 지위를 확보할 수 있었다. 총대주교 아래의 주요 도시들에는 주교들이 있었다. 5세기의 혼란 속에서 국가권력이 붕괴하고 행정이 마비되자 도시를 지키던 행정관청이 무기력해진 반면, 주교는 키비타스의 막강한 후원자가 되었다.[81] 이들은 종교적인 권한만이 아니라 정치적 지도력도 행사함으로써 교구에 속한 도시와 그 주변의 농촌 주민들은 그리스의 폴리스처럼 일종의 공동체로 결합하게 되었다.

이런 상황에서 로마의 시민권 개념은 점차 약화할 수밖에 없었다. 로마가 쇠퇴함에 따라 로마는 이제 신의 보호 안에 있다고 간주할 수 있는 국가가 아니었으므로, 기독교 사상가들은 변화된 상황에 맞는 논리를 찾아야 했다.

---

81 에디트 엔넨(1997), 『도시로 본 중세유럽』, 안상준 역, 한울, 31~32쪽.

3. 사상가들

1) 요하네스 크리소스토무스

'황금의 입'이라는 별명으로 알려진 요하네스 크리소스토무스^{Joannes} $^{Chrisostomus,\ 349\sim407}$는 대표적인 교부철학자 중의 한 사람으로서 콘스탄티노폴리스 대주교였다. 그는 이교도 수사학자로서 배교자라 알려진 율리아누스 황제의 친구인 리바니우스의 제자였으나, 기독교를 받아들이고는 자신의 스승과 논쟁을 벌였다. 리바니우스에게 이교는 문명, 폴리스, 훌륭한 삶을 위한 최고의 배경이었다. 그는 도시의 공간 구조가 사회적, 지적 삶에 어떤 영향을 미쳤는지 살핀 다음, 스토아와 아고라에 대한 세부적인 기록을 남겼다. 또한 동료 시민에 대한 교육이 지역사회에 대한 자신의 적절한 봉사활동이라고 생각했다. 반면에 크리소스토무스는 올바른 행동이란 로마인들의 개종을 더욱 진전시키는 것이었고 이교 및 이단에 대항하여 싸우는 것이 자신의 임무였다.

크리소스토무스는 소위 '조각상^{彫刻像}에 관한 설교'에서 기독교적인 시민권 이론을 전개했다. 이 일은 황제가 자신의 조각상을 파괴한 안티오키아를 처벌하기 위해 그 도시를 철거하라는 명령을 내린 사건에서 초래되었다. 크리소스토무스는 안티오키아에 있던 경마장, 극장, 공중목욕탕이 파괴되는 것을 그다지 유감스럽게 생각하지 않았다. 스승인 리바니우스와는 대조적으로, 그는 그러한 장소를 악의 화신이자 '죄악의 샘'이라고 간주했다. 크리소스토무스가 보기에 도시의 품위는 크고 아름다운 건물에 있지 않고, 넓은 현관과 산책로에 있는 것도 아니었다. 신약성경 사도행전에 따르면, 최초로 그리스도인이라는 명칭이 부여된 사건이 일어났던 안티오키아는 그리스도인 형제들에 대한 사랑으로 인하여 품위를 더했다. 크리소스토무스는 "네가 그리스도인이라면, 세상 어느 도시도 네 것이 아니다. … 우리가 온 세상을 소유한다고 할지라도, 우리는 그 모든 것을 가지고도 나그네이자 거류민일 따름이다. 우리는 하늘에 등록되어 있으며, 우리의 시민권은 그곳에 있다."라고 썼다. 그렇다고 하여 크리소스토무스가 현세를 완전히 부정한 것은 아니었다. 그는 선한 시민이란 충성스러운 신민으로서 세속 권위에 적절하게 순종하는 사람이라고 생각했다.[82] 이처럼 크리소스토무스는 기독교가 공인되고 국교가 된 시기에 시민권이 기독교인들에게 어떤 의미가 있는지 교리적으로 설명하고자 한 기독교 사상가였다.

2) 아우구스티누스

기독교 초기의 대표적인 교부철학자는 아우구스티누스Augustinus, 354~430라고 해도 과언이 아닐 것이다. 그는 지금의 알제리 영토인 타가스테에서 태어나 밀라노 주교인 암브로시우스를 만난 후 마니교에서 기독교로 개종하고 성직자가 되어 북아프리카에서 활동했다.

---

82 Peter Riesenberg(1992), *Citizenship in the Western Tradition: Plato to Rousseau*, pp. 80~90.

아우구스티누스는 410년 로마가 서고트족의 왕인 알라리쿠스에게 약탈당하자, 기독교인에 대한 이교도들의 비난에 응답할 목적으로 10여 년 동안 자신의 대표작인 『신국론』^{De Civitate Dei contra Paganos}을 저술했다. 이 책은 전체 22권으로 구성되어 있는데, 1~5권에는 시민의 안전과 평화를 위해 이교 신들을 경배해야 한다고 주장하는 사람들에 대한 반론이, 6~10권에는 과거 로마 신들을 섬기는 철학자들에 대한 반박이 담겨 있다. 11~14권에서는 두 도시, 즉 신의 도시와 지상의 도시의 기원에 대하여, 15~18권에서는 신의 도시의 형성 시기와 역사적 과정에 대하여, 그리고 19~22권에서는 신의 도시의 최종적 완성과 영원에 대하여 기술했다.

이 책은 제목에서 드러나 있듯이, 키비타스 즉 도시에 관한 내용을 담고 있다. 그는 우주에 두 개의 도시, 즉 지상의 도시^{civitas terrena}와 신의 도시^{civitas dei}가 있다고 상정했다. 신의 도시는 선과 영성에 대한 은유적 표현이고, 인간의 도시는 인간의 죄악 된 성향과 물질적 관심사를 가리킨다. 천상의 도시와 지상의 도시라는 개념은 과거 로마인이 가졌던 개념이기도 했다. 로마인은 천상과 지상이 분리된다고 생각했지만, 이 둘을 불가분의 전체로 인식했다. 그러나 이 두 경우 모두에서 인간의 법은 또 다른 법의 표현이었는데, 로마인은 이것이 '자연법'이라고 생각했던 반면에, 기독교인은 '신의 법'이라고 기술했다. 또한 기독교는 키비타스^{civitas}라는 은유로 로마 공화정에서 기독교의 보편성을 차용했다. 로마 공화정의 정신이 혈연적인 민족을 배제한 것처럼, 기독교도 스스로를 민족적 요소와 무관한 의지와 원칙의 공동체라고 주장한 것이다.

아우구스티누스는 두 도시를 구분함으로써 권위의 관계를 자연스럽게 역전시킬 수 있었고, 로마의 쇠퇴를 기독교와 분리할 수 있었다. 여기에서 그는 세속 권력에 대한 기독교의 도덕적 우월성을 언급했을 뿐만 아니라 세속 도시는 천상의 이상에 대한 희미한 이미지일 따름이라는 점을 강조했다. 이 두 도시에서 시민은 각각 기독교인들과 세상 사람들이다. 기독교와 로마는 둘 다 도시라는 공통점을 가지고 있지만, 도시 안에서 구성원을 묶어주는 연결고리와 구성 원리는 달랐다. 세상 도시의 시민들에게 의무를 규정하는 것은 법이지만, 신의 도시의 경우에 그것은 사랑이었다. 그에게는 좋은 인간의 증표가 로마인의 생각처럼 시민적 의무를 다하는 것이 아니라 기도에 참여하는 것이었다.

그렇지만 이 두 도시의 관계에 대한 설명은 아우구스티누스에게도 간단한 일은 아니었다. 신의 도시는 가치 공동체이자 문명이었으며, 정치적 집단을 초월하면서도 정치적 견해 차이를 유지할 수 있는 여지를 남겨두기도 했다. 아우구스티누스는 지상의 도시가 비록 죄로 더럽혀져 있지만, 신의 도시와 완전히 대립하는 것은 아니라고 생각했다. 지상의 도시는 불완전하지만, 신의 목적을 구현하는 데 이바지하기도 했다. 아우구스티누스는 인간의 법을 천상의 질서 자체로 간주할 수 없지만, 섭리에 응답하고 악의 영향을 억제하려고 노력하는 데 필요한 도구라고 말했다. 그에 따르면 인간의 법은 두 가지 목적을 가지고 있다. 한편으로 그것은 지상의 불행에 대한 책임을 신에게서 제거할 수 있었는데, 불행은 신의 직접적인 행위가 아니었기 때문이다. 다른 한편으로 인간의 법은 지상의 도시에 대한 목적론적 목표를 규정하고, 천상의 도시의 관점에서 스스로 조직하도록 명령할 수 있었다. 이것은 인간의 법이 선택한 정치적 형태가 무엇이든 그것이 기독교 도덕에 종속되었음을 의미했다. 인간의 법에 대한 아우구스티누스의 이러한 재해석은 종교적 교리를 강화했다. 즉 자체적으로 지상의 도시의 결점을 판단하고 올바른 길을 보여줄 수 있게 했다.

따라서 아우구스티누스는 세속적인 것과 천상의 것이 대립적이거나 이원론적이지는 않다고 본다. 그는 이 두 도시의 '궁극적인 사랑'은 근본적으로 반대된다고 할지라도, 세속적 인간과 신을 사랑하는 인간이 공존할 수 있는 연결고리로서의 '중간적 사랑'이 세상 사회에 하나의 기반을 다지는 기초적인 역할을 할 수 있다고 생각했다. 그리스도인은 평온과 평화에 대하여 세상 사람들이 보여주는 열정에서 감동을 받거나 물질적 생존과 안전을 수호한다는 공동의 목표에 동의할 수도 있었다. 그러므로 이런 것들에 기반을 두고 지상의 도시를 건설할 수 있는 것이다. 아우구스티누스가 보기에 그리스도인은 진정한 고향 땅에서 멀리 떨어져 살면서 고향을 그리워하는 이방인, 즉 페레그리니 peregrini 로서 지상의 도시를 통과해 가는 신의 도시의 시민들이다. 따라서 지상의 도시는 여전히 불완전하지만, 하늘의 목적이 점진적으로 도래하는 데 이바지한다. 아우구스투스는 이 점을 다음과 같이 설명한다.

> 따라서 천상의 도성(도시)도 순례 도중에 있는 동안 지상 평화를 이용하며, 신앙과 경건을 해롭게 하지 않으면 생활필수품을 얻는 문제에서 할 수 있는 대로 세상 사람들과 합의하고자 하며, 지상 평화가 천상 평화에 이바지하게 된다. 천상 평화만이 참으로 이성적 피조물의 평화라고 부르며 존중할 수 있기 때문이다. 그것은 완전한 질서와 조화를 유지하면서 하나님을

즐기며, 하나님 안에서 서로를 즐기는 것이다.[83]

아우구스티누스는 로마의 언어를 사용함으로써 자신이 보편적이라고 생각하는 바를 재확인했다. 아우구스티누스가 기독교 시민권을 개념화하고 있을 때, 시민권 제도를 확산시킨 로마는 점점 더 쇠퇴하고 있었다. 그렇지만 서로마제국의 몰락과 함께, 로마의 시민권 유산의 명맥이 완전히 끊어진 것은 아니었다. 로마의 법적 유산은 비잔티움 제국의 유스티니아누스 대제가 편찬한 『시민법 대전』에 정리되어 유럽 중세도시의 시민권 개념의 근간을 형성할 터였다.

---

83 아우구스티누스(2016), 『하나님의 도성: 신국론』, 조호연, 김종흡 역, 크리스천다이제스트, 946쪽.

제4장

중세의 시민권

1. 민족의 이동

서로마제국이 멸망한 후 초래된 혼란기의 직접적인 결과로서 도시는 그 기능이 약화하거나 소멸했다. 게르만족은 로마의 도시를 공격할 때 정복만 한 것이 아니라 시설을 파괴하고 물건들을 약탈했다. 식료품을 농촌에서 공급받고 있던 도시 주민들은 더는 도시에 거주하지 못하고, 그나마 식량을 얻을 가능성이 컸던 농촌으로 탈주할 수밖에 없었다. 5세기 초 오로시우스는 "대도시가 남긴 잔해들의 한가운데에 뿔뿔이 흩어진 비참한 주민들의 무리와 지나간 재난의 증거만이 우리에게 아직도 옛 이름들을 증언해 주고 있다."라고 썼다. 이런 상황에서 도시민은 구매력을 상실했고 상업도 쇠퇴했다. 혼란기의 약탈로 인한 도시의 농촌화 현상은 사회 신분의 변화도 초래했다. 농촌으로 내몰린 사람들은 유력자들의 영지로 들어가게 되었고, 이로써 그들은 신분적인 자유를 상실하고 예속 상태에 놓이게 되었다. 중세 초의 법전들을 검토한 결과, 르고프는 서로마제국의 멸망 이후에 게르만 출신과 로마 출신 사람들이 유력자들 potentiores 과 무력자들 humiliores 의 두 집단으로 급속히 분화했다고 설명한다.[84]

여기서 서로마제국 말기와 중세 초의 인구가 얼마나 되었는지 살펴

---

84 자크 르고프(2008), 『서양중세문명』, 76쪽.

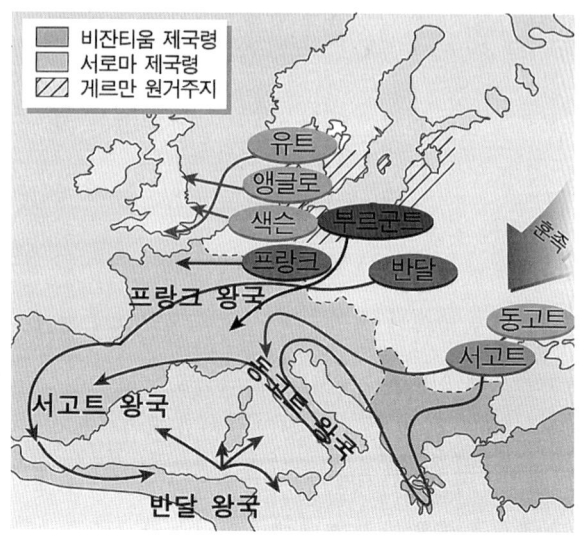

서로마제국의 멸망과 게르만족의 대이동

보자. 로마가 전성기를 맞이한 소위 '로마의 평화'^{Pax Romana} 시기에 로마제국 전체의 인구는 5천만 명 정도로 추산된다. 아우구스투스 시대에 대대적으로 인구조사를 한 바 있었기 때문에 이 시기 인구에 관하여 어느 정도 자료가 남아있다. 성경에 나오는 마리아와 요셉이 조상의 고향인 베들레헴으로 간 것도 호구조사에 응하기 위함이었다. 그러나 서로마제국이 멸망했을 당시에 로마 인구가 얼마였는지는 불명확하다. 더구나 서로마제국을 멸망시킨 게르만족의 인구가 얼마였는지는 추산에 의지할 수밖에 없다. 르고프는 429년에 가이세릭의 지휘하에 아프리카에 상륙한 반달족의 주민 수가 8만 명 정도였다고 보았다. 그에 따르면, 서고트족과 프랑크족 등 여타의 게르만 집단도 10만 명을 초과하지 않았다. 서로마제국에 정착한 후에 게르만족의 인구는

전체 주민 수의 5퍼센트 정도였다는 것이다.[85]

서로마제국의 몰락 이후 서로마제국 영토에는 여러 게르만족 왕국이 들어섰다. 6세기 초를 기점으로 보자면, 앵글-색슨족은 잉글랜드에, 프랑크족은 갈리아 지방에, 부르군트족은 사부아에, 서고트족은 이베리아반도에, 반달족은 북아프리카에, 동고트족은 이탈리아반도에 정착했다. 이들 게르만족의 왕국에는 과거 로마인들도 게르만족과 함께 뒤섞여 거주했다. 이런 상황은 법의 적용에서 반영되었다. 르고프에 따르면, 중세 초에 게르만 왕국들의 주민들은 자신이 속한 민족 집단의 관습에 따라 재판을 받았다. 프랑크족은 프랑크족의 전통, 특히 살리Salii 프랑크 부족의 전통에 따라서, 부르군트족은 부르군트족의 관습에 따라서, 로마인은 로마법에 따라서 재판을 받았다는 것이다.[86] 이런 관행은 법률적인 혼동을 초래할 우려가 있었으므로 테오도리쿠스는 로마인들과 게르만인들에게 동일한 법률을 적용하라는 칙령을 내렸다. 한편 516년에 사망한 부르군트족의 왕 군도바드가 공포하고 라틴어로 작성한 '군도바드법'은 부르군트족과 로마인들의 관계를 규정했다. 심지어 12세기에도 모데나 지방의 법률에서는 로마법의 지배 아래 사는 토착민들과 살리 프랑크 부족법의 지배 아래에 사는 주민들이 구분될 정도로 게르만인들과 로마인들은 서로 거리감을 가지고 있었고 융화되기가 쉽지 않았다.

중세 초에는 로마의 도시가 사라지거나 약화했으나, 그렇다고 도시라고 부를 수 있는 지역 자체가 없어진 것은 아니었다. 게르만 왕국들

---

85   같은 책, 78쪽.
86   같은 책, 79쪽.

에는 수도가 존재했다. 서고트 왕국에는 툴루즈, 바르셀로나, 메리다, 톨레도, 프랑크 왕국에는 투르네, 수아송, 파리, 부르고뉴 왕국에는 리옹, 동고트 왕국에는 라벤나, 롬바르디아 왕국에는 파비아 등이 있었다. 그러나 게르만족의 왕들은 도시의 궁정에 거주하기보다는 장원에 있기를 더 좋아했다. 그리고 그들은 한곳에 머물러 있기보다는 이곳저곳 다니면서 세금을 징수했기 때문에 수도의 역할은 제한적이었다. 이런 상황에서 도시에 기반을 둔 시민들은 설 자리를 찾지 못했다.

서로마제국이 쇠퇴하면서 로마 시민권의 위상이 추락한 반면, 수도원은 세속 도시의 대안으로서 일종의 종교적인 시민권을 부여했다. 성도들의 자치 공동체politeuma인 수도원은 숙소와 학교는 물론이고 경제활동을 위한 시설도 갖추었다. 키비스civis가 고대 로마의 이상적인 인간이었다면, 수도사는 이론상 이 사회에서 최고의 인간이었다. 로마에서 시민들이 의무를 다해야 했듯이, 수도원에 소속된 수도사들은 지상에서 신의 도시에 접근할 수 있도록 명상 및 기도 생활에 전념해야 했다. 수도원 시민권은 더는 개인들의 합리적인 타산이나 참여를 의미하지 않았고, 오히려 순종의 법칙에 따라 수도원장의 도덕적 지성에 복종하는 것을 의미했다. 고대 시민권의 특징은 이러한 규율이 중시된 사회에서 종교적인 형태를 띠고 살아남았다.[87]

---

87 Peter Riesenberg(2002), *A History of Citizenship: Sparta to Washington,* New York: Anvil Series, p. 32.

2. 프랑크 왕국 시기

서로마제국이 멸망한 후, 이탈리아반도에는 오도아케르 왕국이 세워졌지만, 테오도리쿠스의 동고트 왕국이 그것을 대체했다. 그리고 6세기에는 이탈리아반도의 남부와 북동부가 비잔티움 제국의 영향력 아래에 들어갔다. 게르만족의 일파인 롬바르드족은 이탈리아반도 북부로 이동하여 568년부터 774년까지 약 2세기 동안 왕조를 유지했다. 현재 이탈리아반도 북부의 롬바르디아 지역은 롬바르드족에서 그 명칭이 유래했다. 이베리아반도에는 서고트 왕국이 들어섰다가 8세기 초 이슬람 세력에게 멸망했다. 아프리카 북부에 정착했던 반달족도 이슬람 세력에 패배하여 민족 자체가 소멸당했다. 라인강 하류에 거주하던 프랑크족은 5세기 후반 클로비스 1세 하에서 왕국을 세우고 점차로 영토를 넓혀갔다. 메로빙거 왕조의 프랑크 왕국은 그다지 안정적이었다고 볼 수 없었으나 투르와 푸아티에에서 이슬람 세력을 물리친 이후로 갈리아 지방에서 확고한 토대를 확립할 수 있었다. 이 전투에서 활약한 궁재majordomus, 宮宰 카롤루스 마르텔루스의 아들인 피피누스(714~768)는 메로빙거 왕조를 이어 카롤링거 왕조를 열었다. 피피누스는 로마 교황이 로마 인근의 이탈리아반도 지역에 대해 세속적인 권력을 장악하도록 인정했고, 교황은 그에 대한 대가로서 751년에 피피누스의 왕권을 승인했다. 교황은 피피누스를 축성하기 위해 754년에 프랑크 왕국으로 왔는데, 이 해에 성 베드로의 세습령으로서 교황령 국가가 출범할 수 있었다. 나중에 교황령의 근거가 된 소위「콘스탄티누스 기진장」(Donatio Constantin)은 그 직후인 756년과 760년 사이에 교황청 상서국이 허위로 조작한 문서로서 르네상스 인문주의자인 로렌초 발라에 의해 위조문서임이 밝혀졌다.

  카롤링거 왕조 때 프랑크 왕국은 영토를 크게 확장했다. 특히 카롤루스(742~814)는 롬바르드족을 완전히 정복했고 지금의 보헤미아와 오스트리아, 그리고 헝가리와 발칸반도의 일부까지 정복하여 동쪽 국경선을 엘베강까지 확장했다. 이로써 그의 통치 시기에 프랑크 왕국은 브리튼 섬과 이베리아반도 및 북아프리카, 그리고 이탈리아반도 남부와 시칠리아를 제외한 과거의 서로마제국의 영토 대부분을 회복했다. 카롤루스는 이탈리아반도 북부의 혼란을 정리하기 위해 로마를 방문했다가, 프랑크 왕국의 보호가 필요했던 교황 레오 3세(재위 795~816)로부터 로마제국 황제의 관을 받았다. 그러나 프랑크 왕국은 루이 경건왕의 사후에 체결된 베르됭 조약(843)과 메르센 조약(870)에 의해 오늘날의 프랑스, 독일, 이탈리아의 기원이 되는 영토로 분할되었다.

  오늘날의 프랑스 지역에서는 카롤링거 왕조의 마지막 왕인 루이 5세의 사후에 봉건귀족과 고위 성직자들에 의해 위그 카페(재위 987~996)가 국왕으로 선출되어 카페 왕조를 열었다. 반면에 프랑크 왕국의 동부인 독일 지역의 상당 부분은 원래 로마 영토가 아니었고, 프랑크 왕국의 통치도 뿌리내리지 못했다. 그리하여 10세기 초에 동프랑크 왕국에서는 카롤링거 왕조의 혈통이 단절되자 프랑켄, 작센, 슈바벤, 바이에른 등 제후Herzog들이 과거의 독립적인 지위를 회복하고자 시도했다. 여기서는 마지막 동프랑크 왕국의 후계자로서 프랑켄의 콘라드와 그의 뒤를 이어 작센공인 하인리히 1세가 왕으로 선출되었다. 하인리히의 아들인 오토 1세가 961년에 이탈리아 왕인 베렝가리오를 굴복시키고 962년에 로마에서 교황 요하네스 12세로부터 황제의 관을 받음으로써 신성로마제국이 출범했다. 그러나 그 이후에 독일의 왕과 신성로마제국의 황제 자리는 슈타우펜 집안과 벨펜 집안의 경쟁에 달려 있게 되었고, 이탈리아반도 내에서 이 두 집안의 반목은 황제파인 기벨린파와 교황파인 겔프파의 대립을 낳게 되었다. 이 탈리아반도에서 남부의 왕국들과 중부의 교황령은 신성로마제국의 영향력에서 벗어났고, 북부에 대해서는 신성로마제국 황제들이 계속해서 종주권을 주장하고 있었다. 그럼으로써 신성로마제국 황제 바르바로사는 1153년과 1158년 이탈리아반도 북부 원정을 단행했고, 롬바르디아 지방의 14개 도시는 바르바로사의 국왕으로서의 대권을 승인하지 않을 수 없었다. 특히 1162년 밀라노 사람들은 항복의 표시로서 스스로 목을 묶고 맨발로 바르바로사 앞에 나타나서 군기를 건넸다고 전해지고 있다.[88]

서양 중세에 세속적인 것과 영적인 것 사이에 경계가 없거나 어느 한쪽이 다른 쪽보다 우선권이 명확하지 않은 상황에서 그 둘의 특권은 갈등의 대상이 되었다. 근본적인 공리는 논쟁의 여지가 없었다. 신에게서 나오지 않은 권력은 없으며 인간의 유일한 권리는 신에게 순종하는 것이었다. 기독교 교리는 정치가 현세 권력자들이 채택한 모든 것을 포괄하는 우주론에 포함된다고 보았다. '폴리티쿠스'politicus라는 단어가 사라지고 권력이 더는 '국가', '공화국' 또는 '시'市라고 불리지 않았으며

---

[88] 기구치 요시오(2010), 『결코 사라지지 않는 로마, 신성로마제국』, 이경덕 역, 다른세상, 93~99쪽.

단순히 행정 및 사법 사무실과 관련이 있지만, 이제는 별도의 직책이 아닌, '레그눔'regnum 또는 '구베르나티오'gubernatio로 불렸다는 것은 의미심장하다. 방법이 무엇이든, 정치는 종교 안에서 희석되었다.

그러나 중세 초에 시민 개념이 완전히 사라진 것은 아니었다. 7세기와 8세기에 왕의 연설은 때때로 시민civis들에게 전달되었다. 그러나 이때 '키비스'civis라는 용어는 극히 모호하고 예외적으로 사용되었다. 국민주권popular sovereignty 개념에서 벗어나 정치공동체에서 남성의 구성원만을 의미하는 키비스civis의 새로운 의미가 등장하지 못한 이유는 무엇이었을까? 기독교 지배에 대한 로마 어휘의 모델로서 아우구스티누스가 말한 키비타스는 존재했다. 그러나 교회는 다른 모든 것을 완전히 종속시킬 정도로 자신의 공동체를 강요하지 못했다. 수 세기에 걸쳐 시민들의 기준틀은 복제되었고 그들의 충성심은 분열되었다. 확고한 정치적 결속이 존재하지 않던 반면에 다양한 결속 관계가 존재했기 때문에, 시민은 마치 여러 다른 공동체에 속한 것과 같았고 시민권 개념은 아포리아가 되었다. 중세 초의 신학자와 법학자의 저술에서 시민 개념은 사용되지 않았다. 기독교에서는 유기체 개념이 지배적이었으므로, 이것은 시민권 개념의 소멸에 일차적인 원인을 제공해 주었다. 기독교에서 모든 권력은 신성한 데서 유래했다고 간주되었고 사람들의 자유는 축소되었다. 저명한 중세 전문가인 울만Walter Ullmann은 기독교의 확산으로 그 권위가 시민단에서 나온다고 생각했던 로마 공화정의 '상향적 정부론'이, 신에게서 유래하는 모든 권력이 인간들에게 부과되는 '하향적 정부론'으로 대체되었다고 설명한다.[89]

---

89 월터 울만(2000), 『서양중세정치사상사』, 박은구 역, 숭실대학교출판부, 177~178쪽.

3. 도시의 쇠퇴와 피렌 테제

프랑크 왕국 시기에는 로마적 의미의 시민은 거의 사라진 것이나 다름없었다. 그러다가 시민권 개념은 10세기 이후 도시가 성장함으로써 중요성을 되찾았다. 물론 10세기 이전의 유럽 도시의 쇠퇴와 10세기 이후 도시의 성장 원인에 대해서는 도시사 연구자들 사이에 많은 논란이 벌어졌다.

우선 10세기 이전 도시의 쇠퇴에 대해서는 소위 '피렌 테제'Pirenne Thesis로 알려진 유명한 명제를 둘러싸고 연구자들 사이에 다양한 의견이 제시되었다. 앙리 피렌은 서로마제국에서 도시의 소멸 및 그 이후 상업의 부활에 대해 영향력 있는 주장을 제기했다. 그가 집필한 『마호메트와 샤를마뉴』[90]는 이슬람교도가 아프리카와 이베리아반도를 정복하여 지중해의 교역로를 폐쇄함으로써 서양은 고대에서 중세로 넘어갔다고 설명했다. 이런 주장은 소위 게르만족의 침입으로 서로마제국이 멸망했고 로마적 전통이 단절되었다고 보는 전통적인 견해와 매우 다른 것이었다. 피렌은 자신의 주장을 입증하기 위해 『(중세 유럽의) 도시』에서 다양한 사료를 제시했다. 그에 따르면, 게르만족들에 의해 건설된 새로운 왕국들에서 교회조직은 도시적 성격을 그대로 보존했으

---

90 앙리 피렌(2010), 『마호메트와 샤를마뉴』, 강일휴 역, 삼천리.

며 상업 활동도 지속했다. 특히 피렌은 메로빙거 시대에 마르세유에서 많은 양의 화폐가 주조된 사실을 주목했으며, 마르세유가 중개지의 역할을 한 덕분으로 메로빙거 시대에 진정한 대규모 상업이 존재하고 있었다는 결론을 내렸다.[91]

그런데 피렌은 메로빙거 시대와 달리 카롤링거 시대에는 이슬람교도에 의하여 지중해가 폐쇄되었고 이로써 카롤루스의 제국은 본질적으로 내륙 국가의 성격을 띠었다고 주장했다. 마르세유의 상업도 이슬람교도의 지중해 진출로 7세기 중엽 이후 서서히 쇠퇴했고, 카롤링거 왕조의 지배자들은 이슬람교도의 침략으로부터 해안기지를 방어하는 데 성공하지 못했다. 카롤링거 시대에는 포도주, 소금 같은 생활필수품의 운송이나 약간의 불법적인 노예무역, 그리고 유대인의 중개를 통한 동방 상품의 소규모 거래 이외에 상업이 대단히 위축되었다는 것이 피렌의 결론이었다. 교역이 사라지자 상인들과 도시민들도 사라졌고, 9세기는 이른바 '폐쇄적 가내 경제', 더 정확하게 말하자면 '시장 없는 경제'의 황금시대였다고 피렌은 주장했다.

이처럼 중세 초 도시의 쇠퇴에 대해서는 그 원인이 게르만족의 이동에 있느냐, 아니면 이슬람 세력의 침입에 있느냐에 따라 의견이 갈리지만, 도시의 쇠퇴 사실에 대해서 이의를 제기하는 학자는 별로 없다. 그런데 여기서 말하는 도시는 상업 활동이 활발하게 전개된 곳을 말하는 것이지, 행정중심지와 요새를 가리키는 것은 아니다. 중세 초 가톨릭교회의 교구는 행정중심지로서 역할을 담당했으며, 6세기 초부터는 키비타스라는 로마제국의 통치 단위가 주교도시 혹은 교구 중

---

91 앙리 피렌느(1997), 『(중세 유럽의) 도시』, 강일휴 역, 신서원, 20~25쪽.

심지라는 의미를 지녔다. 주교들은 교회법규에 따라 이러한 키비타스에 거주해야 했고, 이런 곳에서 종교적인 역할을 담당했다. 이러한 주교도시에는 주교만이 아니라 주교 이외의 성직자들, 종교 행사를 위해 일하는 종복들과 직인들이 거주했다. 그리고 이곳에서는 소규모 교역이 이루어졌으며, 사제와 성당 참사회원들로 구성된 참사회도 존재했고, 부주교archidiacre가 관장하는 법정이 있어서 결혼, 유언 등 세속적인 사항들도 다루어졌다.[92] 이런 소규모 도시에서는 '콘벤투스'conventus ante ecclesiam라는 기관도 있어서 자유민 남성들이 성당 앞에서 공적 문제를 논의했다.

  시민권 문제는 신분과 밀접하게 관련된다. 그리스-로마 시대의 신분제에서는 초기에 귀족과 평민의 신분 구분이 존재했으나 시간이 지날수록 이 두 신분의 경계는 불명확해지고 결국 자유민과 부자유민으로 양분되었다. 시민권은 자유민만이 누릴 수 있는 권리이자 의무였다. 민족 이동으로 대혼란이 발생했던 중세 초에는 신분의 구분보다는 생존이 중요했다. 따라서 도시가 쇠퇴하자 시민권이라는 용어는 중요성을 상실했고, 도시에 거주하던 주민 중 다수는 농촌으로 이주했다. 더구나 상업이 쇠퇴함에 따라 중세 초의 신분 질서는 소수의 지배층인 왕과 제후들과 귀족, 그리고 농노화 과정에 있던 농민들과 노예들로 구성되었다. 그러나 상업이 부활함에 따라 시민권 개념도 다시 제기되었다. 고대 그리스에서 상업이 발달함에 따라 시민권 개념이 생겨났듯이, 중세의 시민권 개념도 상업과 밀접하게 관련된다. 상업의 주요 무대는 당연히 도시였다.

---

92 앞의 책, 61~62쪽.

4. 도시의 발달과 코뮌 운동

중세의 도시에는 여러 가지 특징이 있다. 우선, 도시는 인구가 밀집된 지역이다. 이런 의미에서 중세 초의 도시들은 로마 시대와 비교하여 도시의 성격을 상당 부분 상실했다. 주교도시에는 종교 행사와 관련된 사람들만 남아있었고, 과거의 많은 도시민은 농촌으로 이주했다. 농촌화가 진행된 상황에서 유럽의 인구는 그다지 증가하지 않았다.

인구 밀집 이외에 도시의 또 다른 특징은 방어 기능을 갖춘 요새였다는 점이다. 그리스와 로마의 도시들에는 성벽이 큰 역할을 하지 않았지만, 중세 초 이래로 도시에서는 방어시설이 아주 중요했다. 로마 제국 말기부터 로마의 도시는 게르만족의 침입에 대응하기 위하여 성벽을 쌓기 시작했다. 나아가 이슬람교도들과 노르만인들의 침입기에도 성벽은 안전을 위해 매우 중요했으므로, 도시의 행정을 맡은 주교들은 성벽 관리에 만전을 기했다. 도시의 성채에는 보통 탑들이 둘러싼 장방형 성벽과 4개의 성문이 있었다. 성벽으로 둘러싸인 도시의 공간의 한쪽 끝에서 다른 쪽 끝까지의 길이가 400~500미터를 넘는 경우는 드물었다. 이런 도시들의 인근 지역 주민들은 외부의 침입이 있을 때 성벽 안으로 피신했다.

피렌은 외부 침입 시에 도시가 방어 역할을 한 사례로서 885년 노르만인들이 파리를 포위공격 했을 때를 들고 있다. 방어시설은 외부의 적들에 대비한 용도에 국한되지 않았다. 카롤루스 대제 이후 프랑크 왕국이 혼돈기에 접어들자, 제후들 사이에 권력 투쟁이 빈번하게 벌어졌다. 그래서 9세기에는 프랑크 왕국 지역에 많은 요새가 만들어졌다. 이러한 요새는 사료에서 카스텔룸castellum, 카스트룸castrum, 오피둠oppidum, 우르브스urbs, 무니키피움municipium 등으로 불리다가, 부르구스burgus라는 명칭이 널리 사용되었다. 피렌에 따르자면, 주교도시인 키비타스의 주민은 2~3천 명 이하, 그리고 기사와 성직자, 그리고 이들에 봉사하기 위해 고용된 사람들로 구성된 부르구스의 주민은 불과 수백 명에 불과했다. 중세 초에는 키비타스와 부르구스에서 상업 활동이 행해지지 않았으나, 그 이후 상업이 부활하자 도시로 발전하게 될 중요한 디딤돌 역할을 했다.

10세기 무렵에는 신분 질서에 변화가 생겼다. 근본적인 원인은 상업의 발달로 도시가 성장했기 때문이다. 우리는 서양 중세도시의 발달 과정을 일률적으로 설명할 수 없다. 서양의 도시는 각 지역의 역사와 여건에 따라 다양한 과정을 거쳐 발달했다. 그렇지만 대체로 유럽의 많은 도시에서는 코뮌 운동이라는 일종의 공동체 운동이 전개되었다. 코뮌 운동은 더 많은 자유를 얻고자 하던 상인들이 주교의 종교적인 통제를 거부함으로써 시작되었다. 그러므로 코뮌 운동은 주로 경제적으로 발전하고 있던 이탈리아반도 북부 지역, 프로방스, 플랑드르, 프랑스 북부, 독일의 서부와 남부에서 시작되었다. 각 도시는 주교나 왕 혹은 귀족으로부터 자유 혹은 특권immunity을 획득하고자 시도했다.[93]

---

93 중세 여러 지역의 코뮌 운동에 대한 상세한 분석을 위해서는 다음 자료를 참조하시오. 슐츠 크

중세의 도시에서 시민권이 발달한 근본적인 이유는 고대 세계와 동일하다. 즉, 도시는 잠재적인 유용성에 따라 누가 시민이며, 누가 시민이 아닌지를 결정해야 했다. 재산에 대한 법적인 판결, 포로가 된 상인의 몸값을 어느 정도 지불해야 하는지의 결정, 전리품이나 정복된 땅의 배분에서 시민권의 보유 여부는 중요했다. 나아가 납세 문제도 시민권과 관련되었다.[94] 그러나 고대의 시민권 개념을 이어받았고 또 이민과 귀화가 허용되고 제도화되기는 했지만, 중세에서는 로마에서처럼 시민권이 외교의 도구가 되지는 않았다. 이것은 중세가 처한 상황이 고대와는 달랐기 때문이다. 중세의 시민권은 고대의 경우보다는 수동적인 개념이었다. 고전적 개념인 '활동적 삶'vita activa은 모든 사회 구성원이 적극적인 참여가 거의 없이 위계질서 속에서 자신이 처한 위치를 받아들여야 하는 '관조적 삶'vita contemplativa으로 변화했다.[95] 또 봉건제가 확산된 중세에는 지역적 특수성이 부각되었다. 이로써 중세의 시민권의 성격은 제한적이었고 지역에 따라 그 의미가 달랐다.

각 도시는 상위 주군으로부터 다양한 권리를 얻어냈는데, 도시의 권리는 크게 세 가지 범주 안에 포함되었다. 첫째, 도시는 자체적으로 과세를 할 수 있었다. 둘째, 도시는 자체적으로 선출한 정무관들과 관리들을 통해 자치행정을 실시할 수 있었다. 셋째, 도시는 자체 법정에 의하여 법과 질서를 유지했다. 중세도시의 발달에는 특히 이탈리아반도 북부, 프랑스 지역, 독일 지역, 잉글랜드 지역이 중요했다.

누트(2013), 『중세 유럽의 코뮌 운동과 시민의 형성』, 박흥식 역, 길.
94　Peter Riesenberg(2002), *A History of Citizenship: Sparta to Washington*, p. 38.
95　Gonçalo Matias(2016), *Citizenship as a Human Right: The Fundamental Right to a Specific Citizenship*, London: Palgrave Macmillan, p. 32.

5. 주요 지역의 시민권

이탈리아반도 북부의 도시는 상업이 부활함에 따라 신성로마제국의 황제와 그의 세속 및 종교적 주군들로부터 해방되었다. 이로써 이탈리아반도의 도시는 자체적으로 사법적인 권한을 가진 코뮌이 되었다. 이런 도시에서 행정권은 콘술^{Consul}이 가지고 있었는데, 이 직책의 이름은 고대 로마의 집정관에서 유래한 것이다.

이탈리아반도 북부에서 도시가 자치권을 갖게 된 것은 12세기 초 무렵이었고, 이 과정은 12세기 중반에는 대체로 완료되었다. 이때 도시에서는 '파를라멘툼'^{parlamentum} 혹은 독일어인 '아레나'^{arena}와 연관된 '아렌고'^{arengo}라고 불린 민회가 소집되었다. 도시의 규모가 확대됨에 따라 민회에 모든 시민이 참여할 수는 없었기 때문에 참석자 규모가 제한되기도 했지만, 민회를 향한 시민들의 요구는 무시할 수 없을 정도로 강했다. 13세기에 약 5만 명의 주민이 살고 있던 볼로냐에서는 민회 회원의 숫자가 약 4천 명이었다. 민회 이외에 좀 더 소수의 사람이 참여하는 행정기관들도 생겨났다. 가령, 베네치아에서는 소수의 카운슬, 40명으로 구성된 위원회^{Quaranta}, 원로원, 천 명으로 구성된 카운슬$^{Consigilio\ Maggiore}$이 조직되어 시의 행정을 담당했다. 이와 유사한 기구는 이탈리아반도 북부로 확대되었다.

당시 이탈리아반도 북부의 도시에는 농촌 지역도 포함되었다. 도시에 속한 이들 농촌은 '콘타디노'contadino라고 했고, 이곳의 주민을 '요 켈'yokels이라고 불렀다. 이들은 '키타디니'cittadini라고 불린 도시의 시민들과 구분되었다. 시민이 되기 위해서 가장 핵심적인 요건은 도시에서 재산을 보유하고 있는지였다. 콘타디노의 주민들이거나 외지인들은 도시에서 주택을 구매하고 세금을 냄으로써 시민 등급에 진입할 수 있었다. 일반적으로 해당 시민이 구입한 주택에 반드시 거주할 필요는 없었으나, 경우에 따라 장기간 거주함으로써 시민이 될 수도 있었다. 어떤 사람이 시민이 되었다면, 그는 법을 준수하고, 민회에 참석하고, 세금을 내고, 군 복무를 하는 등의 내용을 담은 선서를 해야 했다. 나아가 시민은 행정관리의 선출에도 참여했다. 1330년 무렵 파비아의 코뮌에 대한 다음 기록은 당시 시민들이 도시 행정에 얼마나 적극적으로 참여했는지를 증언해 주고 있다.

> 그들은 서로 잘 알아서, 만약 누군가가 주소를 문의한다면 즉각 알게 될 것이다. 심지어 그가 질문하는 사람이 도시의 아주 먼 지역에 거주하는 경우라도 그러하다. 왜냐하면 그들은 코뮌의 '법정' 혹은 인근 대성당의 광장에서 하루에 두 번이나 만나기 때문이다.[96]

도시에는 민회와 카운슬, 그리고 많은 관리가 활동하고 있었다. 시에나의 사례를 보면, 이 도시에는 1257년 세금 산정을 위한 90명의 관리를 포함하여 860명의 비군사직 임명직 관리가 있었다.

피렌체는 이탈리아반도 북부의 시민권 발전 과정을 잘 보여주는 사

---

96 Derek Heater(2004), *A Brief History of Citizenship*, pp. 51~52.

례였다. 이곳은 기원전 59년에 아펜니노 기슭에 있는 아르노강 연안의 로마 식민지로 개발되었다. 피렌체는 다른 이탈리아반도의 다른 도시들과 마찬가지로 중세에 상업 도시로 발달하다가 12세기 무렵 상위 주군으로부터 독립할 수 있었다. 그 후 이 도시에서는 12명의 콘술 집행위원회가 구성되어 도시의 행정을 담당했다. 상층 계급이 권력을 장악함으로써 피렌체는 중세와 르네상스 시기 동안 대체로 과두 공화정 체제를 유지했다. 그럼에도 불구하고 이곳의 시민은 자유를 향유하고 있었는데, 이에 대한 자부심을 1520년대 초 프란체스코 귀치아르디니는 『피렌체 정부에 관한 대화』에서 다음과 같이 표현했다.

> 이 도시는 과거에 온갖 폭정과 편협한 정부를 겪었음에도 불구하고, 고대로부터 이어온 우리의 자유의 기반은 결코 침식되지 않았다. 오히려 마치 이 도시가 줄곧 자유로웠던 것처럼 그 기반은 보존되어 왔다. 그것은 바로 시민의 평등인데, 이것은 자유를 수용하기에 절대적으로 매우 적합한 토대인 것이다.[97]

귀치아르디니가 여기서 자유롭다고 말하고 있는 시민은 물론 피렌체의 모든 거주민이 아니라 소수의 상층 시민을 의미했다. 이 시기 피렌체에서는 길드 회원을 제외한 농촌 주민들과 도시의 일반 평민들은 시민의 범주에 들지 못했다. 1500년 무렵 피렌체의 전체 주민 수는 약 10만 명으로 추정되는데, 그중 길드 회원들은 약 5천 명에 불과했다. 중세부터 이곳의 길드는 상층 계급과 중간계급 상인들로 구성된

---

[97] *Ibid.*, p. 53

메이저 길드와 수공업자 및 소상인으로 구성된 마이너 길드로 구분되었다. 13세기에 피렌체에는 7개의 메이저 길드와 5개의 마이너 길드가 있었는데, 한 세기 후에는 마이너 길드의 수가 14개로 증가했다. 메이저 길드는 관리들의 임명에서 마이너 길드들보다 더 큰 영향력을 행사했다. '프리오르'prior라고 불린 시 정부 지도자들은 메이저 길드에 의해 선출되었다. 외지인들이나 콘타디노 거주민들도 도시의 채무를 갚는 데 도움을 준다면 시민단 내에 들어올 수 있었고, 반대로 위기에 처한 도시를 돕지 않는다면 시민 지위를 박탈당할 수도 있었다. 피렌체 시민들에게는 적은 세금을 내고도 성문을 통과할 수 있는 권리가 있었기 때문에, 불법적인 방법으로 시민이 되려고 시도한 사람들도 있었다. 또 외지에서 태어난 사람들은 더 많은 세금을 내야 했다.

이탈리아반도 북부의 다른 지역에서도 유사한 과정이 진행되었다. 1143년 제노바에서 선주인 피아첸차의 오피조는 도시에 충성을 맹세했고, 그에 대한 대가로서 '제노바 시민으로서 해상 무역을 위해' 매년 100리라를 투자할 수 있는 권리를 부여받았다. 파도바 출신의 어떤 사람은 1312년 베네치아에서 그와 동일한 특권을 얻었다.[98] 사료를 보면, 만투아, 아레초, 및 오르비에토에서도 시민권과 특권이 연결된 사례를 발견할 수 있다. 이들 이탈리아반도 도시에서는 이 시기에 시민적 지위가 만들어졌고 법학자들은 시민과 관련된 '특권'과 '의무'를 규정했다.

시에나에서는 그곳에서 출생하거나 시의회에서 3분의 2 이상의 찬성표로 승인된 법령에 의해 시민이 될 수 있었다. 공식적인 라틴어 표

---

98 Peter Riesenberg(1992), *Citizenship in the Western Tradition: Plato to Rousseau*, p. 135.

현에 따르면, 법령으로 한 명 이상의 외지인이 "진정 합법적인 시에나의 시민으로 받아들여졌다." 이렇게 하여 시민이 된 사람만이 도시 내에서 정치적인 권한을 가지고 도시의 관할권에서 혜택을 누릴 자격을 갖추었다. 비시민권자들도 군 복무를 하기도 했지만, 시민은 부상당했을 때 무료 의료와 수당을 받을 수 있었다. 시에나 시의 시민은 '오래된 시민'(cives antiqui: 시에나 시에서 오래 거주한 가문 출신의 사람들), '진정한 시민'(cives veri: 법적으로 완전한 시민권을 인정받은 사람들) 및 '자연적 시민'(cives naturales: 시에나에서 태어나 자연적으로 시민권을 가진 사람들)과 '정착한 시민들'(cives assidui)로 구분되었다. 이 시에서는 1333년 제정된 규정에 따라 시민의 칭호를 얻은 사람이 '오래된 시민'과 '진정한 시민'이 되기까지는 6년이 지나야 했다. 시에나 시에서 시민의 칭호에 대한 규정은 이민 정책과 밀접하게 관련되어 있었다. 여기서는 교사, 판사, 공증인, 변호사, 물리학자 등에게 이주의 우선권을 부여함으로써 다른 직군의 사람들보다 상대적으로 시민권을 획득하기가 쉬웠다.[99]

이런 식으로 당시 이탈리아반도의 도시국가들은 당사자의 개인적인 능력이 도시국가에 도움을 줄 수 있다고 간주된 개인들에게 시민 자격을 부여했다. 한편 이탈리아반도 도시 내에서 모든 사람의 법적 지위는 점차 정교해졌다. 공화정 시기의 로마에서와 마찬가지로, 개인들은 각자의 특권과 의무가 있는 별도의 집단으로 나뉘었는데, 그들은 '디스트릭투알리스'districtualis, '무니켑스'municeps, '인콜라'incola, '숩디투스'subditus 혹은 '하비토르'habitor라고 불렸다.

---

99 Paul Magnette(2005), *Citizenship: The history of an idea*, pp. 43~44.

공동체에 대한 충성심을 고취하기 위해 행해진 카로치오 행사의 모습

    이탈리아반도 북부에서 여러 도시가 자치권을 획득함에 따라, 도시국가들은 경쟁 관계에 접어들었다. 따라서 각 도시는 자기들 공동체에 대한 충성심을 고취하기 위해 여러 가지 상징적인 행사를 진행했다. 그중 가장 유명한 것은 피렌체에서 행해진 '카로치오'carroccio였다. 이 행사에서는 코뮌을 상징하는 붉은 붓꽃 무늬와 인민을 상징하는 붉은 십자가가 새겨진 깃발을 내건 대형 수레를 소 한 쌍이 끌고 갔고, 그 뒤에는 152명의 보병과 48명의 기병이 행진했다. 또 베네치아에서도 1296년에 의회가 사순절 직전의 마지막 날을 축일로 지정함으로써 카니발이 공식적인 축제가 되었다.[100]

    알프스산맥 북쪽의 도시에서 시민권은 이탈리아반도에서만큼 명확하지는 않았다. 시민권은 존재했지만, 공화주의를 배경으로 하고 있

---

100 이기철(2002), 「베네치아 역사와 축제 문화에 관한 소고」, 『EU연구』 10호, 172~173쪽.

던 이탈리아반도와는 상황이 달랐다. 알프스 북쪽 지역에서 시민권은 군주제 및 봉건제라는 정치적 틀 안에 있었기 때문이다.[101]

프랑스에서는 1070년에 최초로 르 망Le Mans에서 자치도시가 결성되었고, 12세기 중반 사이에 라인강과 센 강 사이에 있는 20여 도시에서 자치 운동이 전개되었다. 그중 하나의 사례로서 북프랑스의 캉브레에서는 1077년 주교인 제라르 2세가 서임을 받기 위해 독일로 떠나자, 도시민들이 부유한 상인들의 주도하에 봉기를 일으키고 코뮌을 선포했다.[102] 이런 식으로 성립된 프랑스의 코뮌은 자체의 사병 조직을 갖추고 스스로 방어할 수 있다고 선언했다. 프랑스에서는 중앙집권국가가 발전된 이후인 17세기 말에서조차 코뮌의 전통이 여전히 남아있어서, 모든 성년 남성 시민이 참여하는 전국 의회가 개최되었다. 물론 이런 관행은 절대주의의 전형적인 사례라고 할 수 있는 루이 14세에 의하여 제동이 걸렸다.

중세 잉글랜드에서는 시민권보다는 신민권subjectship이 우세했다. 런던이 잠시 자치적인 특권 노선을 추구하고자 했지만, 잉글랜드의 도시들은 프랑스에서처럼 자치적인 특권을 획득하지 못했다. 그 대신 잉글랜드에서는 특허장 제도가 널리 확대되었다. 특허장은 특히 12세기 후반과 13세기 초에, 그리고 리처드 1세와 존 왕 시대에 널리 부여되었다. 특허장에는 왕이나 지방 주군으로부터 어느 정도 독립할 수 있는지와 그 권리가 열거되었다. 시민들은 구매가 가능한 특허장으로 이익을 얻을 수 있었다. 이러한 특허장을 가진 도시는 보통 버로우

101　Peter Riesenberg(1992), *Citizenship in the Western Tradition: Plato to Rousseau*, p. 113.
102　김응종(2007), 「서양 중세도시의 자유와 자치―역사인가 신화인가」, 『백제연구』 제46집, 28쪽.

borough라고 불렸고, 이곳에 사는 시민은 '버지스'burgess라고 불렸다.

버로우의 시민은 자유로운 상업 활동과 아무런 관계를 맺지 않았다. 오히려 특허장은 도시의 이익을 보호하기 위해 다른 도시에서 온 이방인들에 대해 엄격한 규제를 한다는 내용을 담고 있었다. 도시의 경제에 대한 세부적인 통제는 개별 수공업이나 교역을 관장하는 길드가 행사함으로써 시민사회를 주도하는 사람들은 길드의 상급 회원인 경우가 많았다. 대부분의 도시에서 길드 견습공이 된다거나 길드 회원이 된다는 것은 완전한 시민적 권리를 획득하기 위한 중요한 기준으로 작용했다. 그러므로 길드는 원칙적으로 경제적인 제도였으나, 자치시 문제를 해결하는 광범위한 권한과 연관되었다. 시민들은 시장을 선출하고, 시장의 주재하에 개최된 협의회에서 자치시에 관한 법을 제정했다. 법정에서는 세금과 관련된 결정을 했고, 자치시 관리들의 선출 문제를 조정했다. 그리고 자치시의 시민들은 시민권, 즉 자유를 가지고 일련의 권리와 의무를 갖게 되었다. 시민들은 시장을 비롯한 관직에 출마할 수 있었고, 관리들은 도로나 다리, 성벽의 건설과 보수 등 자치시와 관련된 업무를 담당했다.[103] 런던과 같은 일부 도시에서는 일찍이 13세기에 시민 명부가 작성되고, 특권 부여에 관한 규칙이 정교하게 마련되었다.

프랑스와 잉글랜드에서는 때때로 시민들에게 왕실로부터 헌장이 전달되기도 했다. 그러나 막스 베버가 강조한 바 있듯이, 알프스 북쪽의 도시들은 결코 국가가 아니었고, 주변 농촌에 대해 권력을 행사할 수 없었으며 정치적 특권도 제한적이었다. 이들 지역에서는 일찍이

---

103 Derek Heater(2004), *A Brief History of Citizenship*, pp. 49~50.

13세기에 왕권이 강화되고 있었고 지역의 문제가 의회에서 논의됨으로써 정치적 독립 가능성을 박탈당했다.

6. 법학의 발달

중세 유럽에서는 시민권에 대한 개념이 생겨나기 전에 시민이 이미 중요한 지위로 부상했다. 도시에 살고 있던 상인, 공증인, 성당 행정관, 장인, 의사 등은 스스로 전체 시민의 일원으로 생각했다. 도시의 인구가 증가하고 경쟁이 치열해짐으로써 도시 구성원을 시민으로 구분할 필요성도 커졌다. 구분의 근거는 우선 문자해독능력, 학력 및 직업 등이었다. 도시에서 길드가 조직되던 상황에서 누가 도시 공동체의 시민인지 아닌지를 규정하는 작업은 중요했다. 각 도시국가는 시민단에 대한 가입 규칙과 시민의 특권 및 의무를 규정했다. 그렇지만 구성원들의 이해관계를 조정하는 일은 쉽지 않았다. 따라서 시민권에 대한 체계적인 법 이론을 정립하는 것은 매우 필요한 작업이었다.

더구나 이탈리아반도 북부에서는 신성로마제국 황제와 도시 간에 갈등이 빈발함에 따라 시민법에 대한 관심이 높아졌다. 이런 상황에서 11세기 중반에 상업이 부활하던 시점에 유스티니아누스 황제 때 편찬된 『시민법 대전』 사본이 파시 도서관에서 발견되었다. 또한 1140년경에 그라티아누스가 집필한 『교령집』 Decretum, 그리고 그보다 약 1세기 후에 유스티니아누스의 『시민법 대전』을 기반으로 하여 아쿠르시우스 Accursius가 집필한 『글로사 오르디나리아』 Glossa Ordinaria 혹은 『글로사 마그나』 Glossa Magna 라 불리는 주석서가 발간되었다. 시민은 법학을 통해 정치적인 동물$^{politikon\ zōon}$로부터 법적 인간$^{legalis\ homo}$으로, 그리고 그리스어와 라틴어로 각각 시민을 의미하는 폴리테스와 키비스로부터 부르주아와 부르게르로 변모했다.

중세 유럽에서는 로마법이 재발견됨으로써 권력의 기원에 대한 문제도 새롭게 논의되었다. 로마에서 통치자의 권력은 왕의 법$^{lex\ regia}$ 덕분에 국가 구성원들의 권위에서 그 근원을 찾는 것으로 생각했다. 그라티아누스는 『교령집』에서 군주에게서 나오는 법은 "유덕하고, 공정하고, 자연과 국가의 관습에 따라야 하며, … 사적 이익이 아니라 시민들의 공통된 유익을 위해 쓰여야 한다."[104]라고 말한다. 중세에도 이제 시민들은 행정을 담당하는 관리를 선출하는 등 다양한 권리를 행사할 수 있게 되었다. 그러나 고대의 시민과 중세의 시민이 동일했던 것은 아니다. 중세의 시민은 어느 정도 신민으로서의 성격도 지녔다. 시민이 법에 의해 통치되는 공동체의 구성원이 되면서, 법을 집행하는 권력자들과 행정관리들의 신하이자 법의 신하임이 강조되었기 때문이다. 이런 도시에서 여성, 유대인, 동성애자, 이단 숭배자들은 시민의 범주에 포함될 수 없었다.

시민권 개념이 대두된 배경에는 아리스토텔레스의 저술이 유럽에 소개되어 영향을 미친 사실도 있었다. 아리스토텔레스의 『니코마코스 윤리학』과 『정치학』은 13세기 후반에 이슬람 세계로부터 유입되어 뫼르베케의 윌리엄에 의해 번역되었다. 윌리엄은 번역서에서 그리스어인 폴리테이아를 라틴어인 폴리티아로, 그리고 군주정과 폴리테이아의 구분을 군주 체제와 '정치적' 정부 사이의 대립으로 바꾸었다. 이로

---

104 Paul Magnette(2005), *Citizenship: The history of an idea*, pp. 37~38.

써 '정치적'politicus이라는 형용사는 모든 형태의 체제에 적용될 수 있는 일반적인 개념이 아니라 권리의 평등과 권력의 대중적 기원을 특징으로 하는 특정 체제, 즉 고대인들이 공화정 res publica이라고 부른 체제를 가리키게 되었다. 아리스토텔레스의 저술은 정치사상에 대한 사람들의 관심을 불러일으켰고, 결국 르네상스 시대에 이르러 공화정 체제를 선호하는 사상가들의 탄생을 가능하게 했다.

7. 사상가들

1) 존 솔즈베리

성경에서 사도 바울은 데살로니가 전서에서 '그리스도의 몸'이라는 표현으로써 신자들의 모임을 사람의 몸에 비유했다. 교회의 이러한 유기체적 이미지는 신자들이 신에게 충성하는 것뿐만 아니라 '머리', 즉 교회의 최고 권위에 복종해야 한다는 의미를 전달했다. 인체의 기관들이 생명을 유지하기 위하여 각자 정확한 임무를 완수하는 것과 마찬가지로, 신자들도 각각 맡은 바의 역할을 하도록 요청되었다. 이 은유는 모든 신체가 머리의 통제를 받는 것처럼, 교황이 집합적 인격이 되어 모든 신도가 교황으로부터 발산發散되어 나온다는 주장으로까지 해석될 수 있었다.

유기체론적인 비유는 세속적 권력에도 적용되어 교회와 왕권의 연합을 설명하기 위해서도 사용되었다. 12세기의 대표적인 인문주의자였던 존 솔즈베리John of Salisbury, 1115/20~1180는 플루타르코스가 트라야누스 황제를 위해 작성한 서신이라고 주장되기도 하는 글에서 이에 대한 아주 분명한 의견을 제시한다. 이러한 내용을 담은 그의 『정치가론』Policraticus 제5권은 다음과 같이 시작한다.

몸의 지배자인 영혼은 모든 것에 대한 지배권을 가진다. 그리하여 우리의 저자(플루타르코스)가 종교의 총책임자로 부르는 사람(성직자)들이 몸 전체를 주관한다.[105]

존 솔즈베리는 유기체를 종교만이 아니라 정치 질서에 적용하면서 다음과 같이 주장한다.

공화국(국가)이라는 몸에서 머리의 지위는 … 군주가 차지한다. 심장의 지위는 선한 일과 악한 일을 시작하는 원로원이 차지한다. 눈, 귀, 혀의 직무는 주의 재판관과 주지사가 담당한다. 손은 관리와 군인에 해당한다. 군주를 항상 보필하는 사람은 갈비뼈와 흡사하다. 재정 관리와 재정 관리자는 위장에 비유된다. … 농민은 항상 대지에 붙어있는 발에 유비되며, 머리의 매우 각별한 보호와 통찰을 필요로 한다.[106]

이처럼 존 솔즈베리가 제시한 중세의 유기체론은 영적 힘을 영혼으로 제시하고 세속적 힘을 머리로 제시함으로써 그 둘을 조화시켰다. 또한 그는 정치조직의 위계적 원칙을 설정했다. 사회라는 몸은 개인들로 구성되는 것이 아니라 인간들에게 부여된 지위와 신분들로 구성되는데, 인간의 위치, 권리와 의무, 간단히 말해 인간의 존재 전체가 이러한 지위와 신분에 달려 있다는 것이다. 사회에서 추상적 개인은 있을 수 없고, 인간은 어떠한 신분의 구성원으로만 존재할 수 있었다.

105　이희만(2010), 「존 솔즈베리의 국가 유기체론—제도화를 중심으로」, 『서양사론』 106집, 127쪽.
106　같은 쪽.

존 솔즈베리의 국가 유기체론에서는 아리스토텔레스가 강조하고 있는 시민에게 부여되는 공간은 없었다. 그러나 그의 이론은 토마스 아퀴나스의 사상에 지적 근거를 제공했을 뿐만 아니라 중세를 넘어 홉스와 루소의 이론에도 영향을 미칠 정도로 정치사상사에서 중요한 자리를 차지한다.[107]

2) 토마스 아퀴나스

중세 유럽은 가톨릭 사회였으므로 도시의 성장과 함께 새롭게 제기된 시민권에 대한 이론도 가톨릭적 관점에서 해석되어야 했다. 이런 의미에서 대표적인 스콜라 신학자인 아퀴나스Thomas Aquinas, 1224/25~1274의 입장은 아주 중요했다. 아퀴나스는 모든 삶이 신의 목적의 표현이라고 주장한다. 이 점은 세속에서의 모든 일처럼 정치에도 적용되어야 했다. 아퀴나스는 아랍어 주석과 번역본이 라틴어로 번역되면서 소개된 아리스토텔레스의 관점에서 이 문제에 접근하면서 아리스토텔레스를 우주의 기독교적 모형과 결합하고자 했다.

그러나 아퀴나스가 시도한 중세 기독교 사상과 아리스토텔레스주의의 접목은 그다지 간단한 문제가 아니었다. 우선 아퀴나스는 좋은 인간과 좋은 시민의 관계에 대해 아리스토텔레스의 입장을 따랐다. 아리스토텔레스는 시민권을 논하면서 시민적 덕성의 중요성을 인정했음에도 불구하고, "훌륭한 사람이 지니는 덕을 획득하지 않고서도

---

[107] 같은 논문, 115~116쪽.

훌륭한 시민이 될 수 있다는 것은 명백하다."[108]라고 주장했다. 아퀴나스는 이 주장을 이어받아, "어떤 사람이 훌륭한 시민이라 하더라도 훌륭한 인간으로서의 자질을 갖추지 못한 경우가 왕왕 발생한다. 따라서 어떤 사람이 훌륭한 인간인가 혹은 훌륭한 시민인가를 결정하는 자질은 동일하지 않다."[109]라고 썼다. 이런 예로서 스파르타의 청소년 훈련을 들 수 있다. 스파르타인은 반란을 일으킬 수 있는 잠재력을 가진 헤일로타이를 살해함으로써 좋은 시민이 될 수 있었다. 아퀴나스는 아리스토텔레스가 시도한 바처럼 시민과 인간의 구분을 인정함으로써, 구원과 선함을 연결한 기독교적 관점을 부인하는 결과를 초래했다. 또한 아퀴나스는 아리스토텔레스의 저술에 주석을 달면서 국가사상을 부활시켰다. 그래서 그는 군주의 명령에 수동적으로 굴복하는 신민이 아니라 국가사에 적극적으로 참여하는 시민의 존재를 부각했다. 이것은 기독교 사상과는 관련이 적은 고전 개념의 부활이라고 할 수 있었다.

아퀴나스는 『신학대전』에서 아리스토텔레스의 도시와 시민 개념을 자기의 목적에 맞게 적용했다. 그는 인간이 본성적으로 사회에서 살아가는 존재이며, 자기들보다 앞서 생겨난 도시의 일부이며, 도시는 스스로 제정한 법에 의하여 정의된다고 보았다. 그렇지만 아퀴나스는 인간 존재를 자신의 기독교적 관점으로 해석했다. 그에게 있어서 도시를 만든 끈으로서의 법은 인간의 법이었을 뿐만 아니라 영원한 법과 자연법을 포괄하는 매우 폭넓은 개념이었다. 달리 말해, 법은 어떤

---

108 아리스토텔레스(2017), 『정치학』, 189쪽.
109 월터 울만(2000), 『서양중세정치사상사』, 198쪽.

형태로든지 신의 의지의 표현이었다. 그러므로 아퀴나스는 시민이 만드는 인정법이 정의로우려면, 양심의 법정의 원천인 영원법에 의하여 구속력을 가져야 한다고 주장했다.[110]

토마스 아퀴나스는 네 가지 종류의 법, 즉 영원법the Eternal Law, 자연법the Natural Law, 신법the Divine Law, 그리고 인간법Human Law이 있다고 보면서, 법의 성격에 대하여 다음과 같이 설명한다.

> 법은 완전한 공동체를 다스리는 군주의 실천적 이성의 어떠한 지시에 지나지 않는다. 그러나 세계가 신의 섭리에 의해 통치된다는 것을 감안한다면, 우주의 모든 공동체는 신의 이성에 의해 다스려진다는 것이 분명하다. 그러므로 만물이 우주의 통치자이신 신에 의해 다스려진다는 바로 그 사상은 법의 정의에 부합된다. 그리고 "만세 전부터, 태초부터, 땅이 생기기 전부터 내가 세움을 받았나니"라는 잠언서 8장 23절의 말씀에서 읽을 수 있듯이, 신의 이성이 사물을 구상하는 것은 영원하며, 시간에 종속되지 않으므로, 이러한 법은 영원한 법이라고 불릴 수 있다.[111]

자연법사상은 고대 헬레니즘 시대 이후로 법질서의 근본으로 인정을 받았다. 고대에 인간의 법은 자연의 법과 일치되어야 했다. 인간은 정치제도로써 자연법을 반영하는 법을 만드는 것이다. 아퀴나스에게 있어서 인간의 법은 신의 계율에 종속되었다. 그의 견해로는, 오직 신

---

110 이진남(2017), 「법과 공동선―아퀴나스의 법 개념을 중심으로」, 『가톨릭철학』, 한국가톨릭철학회, 28권, 111쪽.
111 https://origin-rh.web.fordham.edu/Halsall/source/aquinas2.asp (검색일자: 2025년 2월 22일)

학자만이 신성한 율법을 해석할 수 있는 권위를 가지고 있었다. 민법으로 자연법을 밝히는 것은 더는 폴리스가 아니라 자연법을 진술하고 그것을 세속적 권리에 부과하는 신학을 정교화하는 것을 목표로 하는 현명한 인간 공동체이다. 그렇기 때문에 아퀴나스에게 있어서 시민권은 신학자들이 법으로 세운 성경적 교훈을 따르는 것으로 축소되었다.

3) 마르실리우스

중세 유럽의 시민권 이론은 마르실리우스$^{Marsilius,\ 1275\sim1342}$에 이르러 기독교 교리와 완전히 분리되었다. 이탈리아반도 북부의 파두아 출신인 마르실리우스는 법학자로 두각을 나타낸 후, 파리대학 총장이 되었고 자신의 조교인 얀둔의 존과 함께 『평화의 수호자』를 저술했다. 이 책은 제목대로 국제관계를 토론하는 것을 목표로 했으나, 시민권에 대한 내용을 상당히 많이 포함하고 있다. 여기서 마르실리우스는 아리스토텔레스의 저술을 다수 인용하면서, 시민에 대한 개념에서 신으로부터 인도받는다든지 신에 대한 책임을 지고 있다는 것과 같은 주장을 배격했다. 그는 법이 시민들의 의지로부터 유래하지, 신과 아무런 관련이 없음을 다음과 같이 주장한다.

즉 법을 결정하고 제정하는 인간적인 일차적 권한은 절대적으로 그로부터만 최선의 법이 나올 수 있는 자에게만 있다. 이제 시민 전체를 대표하는 것은 시민 전체 혹은 그들 중 '보다 강한 쪽'(valentior pars)이다. … 즉 그들 중 일부 이상의 다수가 제정을 위해 제안된 법에 있어서의 결함에 주목할 수 있다. 왜냐하면 적어도 물체 전체는 그들 중 어떤 일부보다 부피와 힘에 있어서 크기 때문이다. … 그러나 모든 백성이 청문하고 합의해 정한 법은 (그것이 덜 유용할지라도) 모든 시민이 쉽게 준수하고 감수할 것이니, 모든 시민이 이 법을 자신을 위해 제정했다고 생각하기 때문이다. 따라서 그 법에 대해 항변할 이유가 없고, 도리어 평온한 마음으로 그것을 감수할 수 있다.[112]

시민이 법을 제정한다는 점에서 마르실리우스는 아리스토텔레스의 주장에 공감하면서도, 시민의 숫자가 많은 당대 사회를 감안해 대표의 필요성을 수용함으로써, 시민의 직접적인 정치 참여를 위해 대규모 인구를 가진 국가의 가능성을 부인한 아리스토텔레스의 주장을 넘어서고 있다. 그는 법의 집행과 사법직에 오른 사람이 대표로 선출되어야 한다고 보았다.

이처럼 마르실리우스는 '주권'에 대한 이탈리아반도 도시들의 주장을 합법화했다. 그에 따르면 도시의 기원은 신성한 것이 아니라 세속적이다. 사람들이 자발적으로 정치공동체를 이룬 것은 인간이 천성적으로 사교적이며 서로를 필요로 했기 때문이다. 그러므로 마르실리우스가 보기에, 도시를 통제하는 법은 세속적인 뿌리만 가질 뿐이며 도시 그 자체인 사람들에게서 유래한 것이다. 그는 아리스토텔레스의 말을 의역하여, 전체 사람들이 가장 현명한 개인 한 사람보다 더 많은 지혜를 가졌다고 생각했다. 이런 주장은 요즈음 종종 언급되는 집단지성과도 유사하다. 그는 현대 자유주의자들과 유사한 맥락에서, 대중에 기원을 둔 법은 "아무도 의식적으로 자신을 해치거나 자신에

---

[112] 마르실리우스(2022), 『평화의 수호자』, 황정욱 역, 길, 146~148쪽.

게 불의한 일을 바라지 않으므로"[113] 자의성의 위험을 피한다고 덧붙였다. 나아가 그에 따르자면, 시민이 제정한 법은 더 현명하고 공정할 뿐만 아니라 군주가 제정한 법보다 더 효과적이었다.

그러나 마르실리우스는 새롭게 등장한 도시에서 사회적 차이를 없애야 한다고 주장하는 급진주의자는 아니었다. 그는 동시대인들과 마찬가지로, 높은 사회적 범주에 대한 시민단의 제한에 동의했고 고대인들과 마찬가지로 여성, 노예, 이방인을 시민단에서 배제했다. 그가 주장한 인민주권은 특정한 신분인 시민의 범위에 한정된다. 마르실리우스가 생각한 시민은 아직 근대적인 개인을 단위로 갖지 않는 집합적인 것이며, 17, 18세기 유럽에서 등장하는 개인주의에 근거한 근대적인 성격을 가지고 있지는 않았다.[114] 다만 마르실리우스는 "덜 교육받은 무리"라고 할지라도, 그들이 보다 교육받은 자와 경험 많은 자들과 연합했을 때, 참되고 공공에 선한 것을 선택하는 데 도움을 준다고 보았다. 그는 그 이유를 다음과 같이 설명한다.

왜냐하면 그들이 스스로 정해야 할 옳고 유익한 것을 고안할 수는 없을지라도 다른 자들이 고안한 것과 자신에게 제시된 것을 분별할 수 있고, 제시된 것에서 무엇을 첨가하거나 삭제하거나 완전히 변경하거나 물리쳐야 하는지를 판단할 수 있기 때문이다.[115]

---

[113] 같은 책, 150쪽.
[114] 전경옥 외(2011), 『서양 고대 · 중세 정치사상사: 아테네 민주주의에서 르네상스까지』, 책세상, 466쪽.
[115] 마르실리우스(2022), 『평화의 수호자』, 160쪽.

그는 제정된 법이 운집한 전체 시민들 앞에서 승인되느냐 그렇지 않느냐 결정되기 전에, "지혜롭고 경험 많은 자들"에게 검토받도록 해야 한다고 주장하면서 다음과 같이 말한다.

그러므로 시민 전체가 시민적 삶에서 정의롭고 유익한 것, 불편한 것이나 공공의 부담과 나머지 유사한 것들에 대한 기준, 미래의 법 내지 성문법을 찾고 고안하고 검증하는 일을 지혜롭고 경험 많은 자들에게 위임하는 것이 편리하고 유용할 것이다.[116]

마르실리우스는 "나는 아리스토텔레스의 『정치학』 제3권 제1장, 제3장, 제7장에 따라 도시 공동체에서 통치직이나 의원직, 재판직에 참여하는 자들을 그들의 등급에 따라 시민이라고 칭한다."[117]라고 말함으로써 아리스토텔레스의 시민 정의에 동의한 것처럼 보인다. 그렇지만 마르실리우스는 "그들의 등급에 따라"라는 문구를 덧붙임으로써, 시민 범주에 관하여 아리스토텔레스와는 약간 다른 입장을 취한다. 아리스토텔레스는 먼저 시민을 평등주의적인 방식으로 정의하고 나중에 과두제를 추가적으로 언급했다. 반대로 마르실리우스는 당대의 엘리트주의 정신을 반영하여 과두정치적 뉘앙스를 더 강조했다.

마르실리우스가 말하는 '등급에 따라'라는 구절은 아리스토텔레스의 원문에는 없었다. 이 점에서 마르실리우스의 시민권 개념은 오히려 키케로의 주장과 유사했다. 키케로에게 있어서 시민이란 집단적

---

116 같은 책, 161쪽.
117 같은 책, 145쪽.

이고 이론적으로 권력을 가진 사람인데, 그런 권력은 실제로 '보다 강한 쪽'(valetior pars)에게 위임된 것이었다. 이로써 마르실리우스는 시민권의 엘리트주의적 특성을 보여주었다. 그는 로마인들처럼, 시민들이 스스로 입법행위를 할 수 있지만, 그들이 선출한 정무관들도 그들을 대신해 법을 제정할 수 있다고 보댔다. 로마인들에게 있어서 정무관들은 통치권을 행사했는데, 이것은 인민의 권한(포테스타스)과는 다른 것이었다. 마르실리우스에 있어서 시민단체의 권한은 선출된 행정관들에 의하여 '대표'되었다. 그는 국민의 권력을 그 대리인들에게 일시적이고 조건부로 이전하는 데 기반을 둔 근대적 시민권 개념을 선구적으로 보여주는 '대표-위임'의 형태를 생각했다. 이처럼 대표자를 만드는 것은 실질적인 법 집행이 기술적인 문제로서 전체 시민보다는 통치 집단에 의해 행해지는 것이 보다 용이하고 효율적이라고 생각했기 때문이다. 또한 마르실리우스는 악의나 무지로 인해 모든 사람이 어떤 결정에 동의하는 것이 어렵고, 일반적 성격의 법이 모든 개별적 상황을 명료하고 자세하게 다룰 수는 없다고 생각했다.[118]

대표-위임이라는 개념은 비록 인민들의 추상적인 '인격'과 명령 mandate을 포함하고 있기는 하지만, 완결된 형태로 인민 대표권을 의미하지는 않았다. 정치적인 대의권 사상이 개념화된 것은 그로부터 두 세기가 지난 무렵 자치구와 주^{州}의 대표들이 의회로 모여 국왕에게 국민의 불만 사항을 알리는 과정에서 자신들이 실제로 국민의 몸을 대표하는 하나의 가상의 몸을 구성한다고 여기게 되었을 때였다. 그

---

118 이화용(2002), 「마르실리우스(Marsilius of Padua)의 정치대표론: 시민권, 권력전이 그리고 정치의 회복」, 『한국정치학회보』 제35집 4호, 18쪽.

러나 마르실리우스는 교황에 반대하여 도시국가의 자치를 강력히 주장함으로써 시민권의 형성을 가로막는 이론적인 장애물을 제거했다. 이러한 토대 위에서, 다른 법학자들은 이탈리아반도 북부 도시들에 적용되는 시민권 개념을 주장했다. 이런 점을 마르실리우스는 다음과 같이 표현한다.

모든 인간이 한 의견으로 일치하는 것은 쉽지 않거나 불가능하니, 그것은 개인적 악함이나 무지로 말미암아 공동의 의견과 일치하지 않는 그들의 왜곡된 천성 때문이다. 그들의 비이성적인 항변이나 반대 때문에 공공의 이익이 저해되거나 포기되어서는 안 된다. 그러므로 법을 결정하거나 제정하는 권한은 오직 시민 전체 혹은 그들 중 '보다 강한 쪽'(valentior pars)에 해당된다.[119]

시민권에 대한 마르실리우스의 이러한 주장은 교황의 심기를 틀림없이 건드렸다. 『평화의 수호자』가 출간된 지 3년 후에 마르실리우스와 그의 조교인 얀둔의 존은 교회로부터 '벨리알의 아들들'[120]이라고 비난받았고, 마르실리우스는 독일 지역으로 도피하여 루트비히 4세의 보호를 받으며 말년을 보냈다.

---

119 마르실리우스(2022), 『평화의 수호자』, 146쪽.
120 벨리알은 일반적으로 악마나 사탄을 가리킨다.

4) 아조와 바르톨루스

중세에 이론적으로 신성로마제국 황제의 통치 영역이었던 이탈리아반도 북부의 도시는 자치권을 누리고 있었다. 볼로냐 출신의 법률가인 아조Azo of Bologna, 1150년경~1220년경는 "가장 높은 사법권iurisdictio은 오직 군주프린켑스에게만 있다."고 말하면서도 '순수한 통치권'merum imperium이 다른 권력에 의해 행사될 수 있다는 점도 인정했다. 또한 아조는 왕의 법lex regia을 재해석하여 '인민주권'의 원리를 새롭게 정립했다. 그는 법을 제정할 수 있는 황제의 권한이 "인민에 의해 그에게 위임되었다."고 말하면서, "법을 제정하는 권한이 이전에 인민들이 가졌던 권한이라면, 그들은 그 권한을 계속 소유할 것이다."라고 덧붙였다. 그는 인민들이 법을 제정할 때 제외된다면, 배제되는 대상은 개인일 뿐 우니베르시타스전체로서의 인민은 아니라고 보았다. 따라서 아조는 전체로서의 인민과 개인을 구분하고 있다. 전체와 개인에 대한 이러한 구별은 이미 로마법에서도 허용되었다. 인민은 개인과 동일하지 않으며, 전체로서의 인민은 가상적인 인격을 부여받았다. 로마법에 나타난 이러한 '인민주권' 사상은 시민권 개념의 발판이 되었으며, 중세 유럽에서도 아리스토텔레스의 어휘로 다시 부각되었다.[121]

사소페라토의 바르톨루스Bartolus de Saxoferrato, 1314~57는 아조Azo에 이어서 14세기의 상황에 적용되는 시민권 개념을 정립한 인물로 평가받고 있다. 그는 로마법 주석가들과 마찬가지로 '통치권'imperium에 관해 설명하면서 세속적 권력과 관련된 문제는 황제에게 속하며, 영적

---

121 Paul Magnette(2005), *Citizenship: The history of an idea*, pp. 38~39.

권력과 관련된 문제는 교황에서 속한다는 점을 인정했다. 그는 법에 대한 주석이 진리나 법에 위배되는 것처럼 보일 때에는 당연히 그것을 따르지 않아도 된다고 보았다. 바르톨루스는 법적 인격을 가진 단체들universitates이 자신들만의 관습을 형성하고 있으며, 이 관습의 효력은 논쟁의 여지가 없을 뿐만 아니라 황제가 제정한 '법령'과 동등한 힘paris petentiae을 가지고 있다고 생각했다. 이로부터 그는 도시들이 사실상 그들 자신의 법을 제정하고, 따라서 "그들 자신 안에 '순수한 통치권'merum imperium을 소유하고 있다."라는 결론을 내렸다. 다시 말해, 그는 황제와 교황의 권력을 인정하면서도 "왕은 자신의 왕국에서 통치권자이다."rex in regno suo imperator est라는 군주 주권 원칙을 차용하여 실제로 "도시는 스스로의 군주이다."civitas sibi princeps est라고 말하고 있다.[122] 그렇다고 하여 바르톨루스의 이러한 주장이 '인민주권'을 의미하지는 않는다. 실제로 바르톨루스는 아리스토텔레스와 마찬가지로, 이러한 도시들의 권한이 작은 규모의 '국가'에만 유효하며 그보다 큰 국가의 경우에는 군주제나 귀족제가 적합하다고 명시했다.

바르톨루스는 로마법 연구로 시민이란 누구인지에 대해서도 깊이 숙고했다. 그는 사람들을 세 부류로 구분한다. 첫째, 황제의 직접적인 사법권에 복속되어 있어 그로부터 직접적인 지배를 받는 신민, 둘째, 1183년 콘스탄츠 조약 이후 롬바르드 도시국가들과 같이 황제의 양도에 의해 스스로 통치했던 도시국가들의 시민, 셋째, 관습을 토대로 그리고 단지 황제의 권위를 거부하는 것에 의해서 스스로 통치하는 인

---

122 *Ibid.*, p. 44.

민 등이 바로 그러했다.[123] 이런 맥락에서 그는 시민권에 대하여 두 가지 기본적인 입장을 표명한다. 즉, 한편으로 도시국가는 시민을 만들 수 있고, 다른 한편으로 민법에 따라 시민이 될 수 있다는 것이다.

유럽에서는 12세기와 13세기에 로마법과 아리스토텔레스주의에 대한 주석을 통해 시민이 재발견되었다. 이런 배경에서 바르톨루스는 14세기 중반에 자신의 저술에서 시민권이라는 단어를 사용할 수 있었다.

---

123 공유석(2011), 「바르톨루스 사쏘페라토의 법률사상 연구」, 숭실대학교 대학원 석사학위논문, 29쪽.

제5장

르네상스 시기의 시민권

1. 르네상스와 시민권

해스킨스$^{C. H. Haskins}$가 자신의 책 제목대로 '12세기 르네상스'를 주장하기는 했으나,[124] 르네상스는 일반적으로 14세기로부터 16세기까지의 시기에 진행되었다고 알려져 있다. 르네상스는 이탈리아반도의 중부에서 시작되어 알프스산맥 이북으로 확대되었다. 르네상스는 고전에 대한 관심과 연구를 그 특징으로 삼았다. 이런 의미에서 전형적인 인물이 바로 광범위하게 고전을 수집하고 연구했던 페트라르카 Francesco Petrarca, 1304~1374였다.

이탈리아에서 르네상스가 시작되었다고 한다면, 그것은 당시에 이탈리아가 처한 상황을 반영한 것이었다. 이 시기에는 특히 이탈리아반도 북부 지역이 신성로마제국과 맺은 관계에 변화가 있었다. 9세기에 프랑크 왕국이 3분할 된 이후, 신성로마제국 황제는 이탈리아반도의 북부 지역에 대한 상위 주군으로서의 권리를 주장해 왔고, 심지어 이탈리아반도 북부와 중부 지역을 통합하려고 시도하기까지 했다. 그러나 이탈리아반도 중부에는 756년과 760년 사이에 교황청 상서국이 만든 조작문서인 소위 「콘스탄티누스 기진장」에 따라 수립된 교황령이 있었다.

---

[124] C. H. 해스킨스(2017), 「12세기 르네상스」, 이희만 역, 혜안.

교황 실베스테르 1세에게 서방 세계 전체를 양도한다는 문서를 건네는 콘스탄티누스 대제. 이 기진장은 훗날 위조문서로 밝혀졌다.

11세기 이후의 이탈리아반도 북부 지역은 황제를 지지하는 세력인 기벨린파와 교황을 지지하는 겔프파 사이에 대립의 무대였다. 소위 서임권 투쟁으로 알려진 그레고리우스 7세 교황과 하인리히 4세 신성로마제국 황제와의 투쟁도 이런 배경에서 진행되었다. 이런 상황에서 이탈리아반도 북부에서는 11세기부터 13세기까지 코무네^{코뮌}가 등장하여 신성로마제국 황제로부터 점차로 독립을 쟁취한다.

14세기 중반 흑사병의 확산으로 유럽 전체가 위기를 겪은 이후에는 이탈리아반도의 정치 상황도 변모되었다. 물론 이탈리아반도에서는 통일 국가가 아직 수립되지 않았기 때문에 이탈리아반도 모든 지역의 상황이 동일하지는 않았고 지역에 따라 차이점도 있었다. 일단 이탈리아반도 남부에는 나폴리 왕국이 성립되었다. 이 국가는 교황청이 아비뇽과 로마로 분열되었을 때 로마를 점령하는 등 이탈리아반도 중부까지 세력을 확대하고자 했으나 결국 성공하지는 못했다. 나폴리 왕국과 시칠리아 왕국은 15세기 중반에 한때 통합되기도 했지만, 알폰소 5세의 사망 이후에 다시 분리되었다. 이탈리아반도의 중부 지역은 교황령으로 남아있었으나 교황령 지역에서는 대체로 지방분권적인 통치 형태가 유지되었다. 르네상스 시대에 가장 많은 변화를 겪은 지역은 역시 이탈리아반도 북부였다. 특히 십자군 전쟁 이후에 경제적 부를 축적하게 된 베네치아, 밀라노, 피렌체 등이 영향력을 가진 지역으로 부상했다. 15세기 말에는 중앙집권적인 국가체제를 갖추게 된 프랑스와 에스파냐가 이탈리아반도 북부를 침공하여 이 지역에 남아있던 신성로마제국의 영향력을 완전히 제거했다.

이제 이 지역에서는 시뇨리아^{Signoria} 체제라고 불리는 독특한 체제가 성립되었다. 이 용어는 영주나 주인을 의미하는 시뇨레^{signore}에서 유래했는데, 시뇨레는 코무네에서 전권을 장악한 사람을 가리켰다. 이탈리아반도 중부와 북부에서는 13세기 후반에서 14세기 전반에 시뇨레들이 자기 영토의 권력을 장악했다. 페라라에서는 에스테 가문과 트레츠리 가문, 베로나에서는 에체리노 다 로마노, 밀라노에서는 프란체스코 스포르자, 피렌체에서는 메디치 등이 그러한 시뇨레들이었다. 이들은 영주, 용병대장 혹은 금융업자나 상인 출신 등 다양한 분야의 출신으로서 1인 권력자가 되어 자치도시 시대를 종식시켰다. 르네상스 시대인 14~15세기에 이탈리아반도 북부 지역은 대체로 이러한 시뇨리아 체제가 성립되어 있었는데, 그만큼 정치적인 갈등이 심하여 근대 정치사상이 등장하고 시민권에 대한 논의가 활발해지게 된 배경이 되었다.

이탈리아반도 이외에 독일 지역에서 시작된 종교개혁은 르네상스기의 시민권 발달에 영향을 미쳤다. 종교개혁에 이바지한 개신교의 신학자들이 신자들의 능동적인 역할을 주장했기 때문이다. 정치적으로 독재에 저항하는 것이 시민의 역할이었듯이, 종교개혁을 통해 공동체의 일에 적극적으로 참여하는 행동은 종교적인 승인도 얻었다.[125]

---

125 Peter Riesenberg(1992), *Citizenship in the Western Tradition: Plato to Rousseau*, p. 234.

2. 피렌체와 시민적 인문주의

르네상스 시기에 이탈리아반도 중 피렌체에서는 시민권과 관련된 변화가 매우 극적으로 전개된다. 이곳에서는 1340년대에 대상인들이 파산하여 구도시 지배층의 권력이 점차로 약화되고, 그 대신 신흥 상인층이 부상하면서 구지배층과 세력 다툼을 벌이게 되었다. 피렌체에서는 원래 교황파 세력이 우세했으나 교황령이 영토를 확대하며 피렌체를 위협하자, 교황에 반대하는 분위기가 고조되어 신흥 상인층은 전통적으로 교황과 밀착된 구지배층을 공격하며 반교황 선전을 전개했다. 이런 배경으로 1375년부터 3년 동안 교황청과 피렌체 사이에 소위 '8성인 전쟁'[126]이 벌어졌고, 이에 패배한 피렌체는 막대한 배상금을 지불했다. 여기에 불만을 가진 하층 노동자들(치옴피)이 1378년 7월 독자적인 조합(아르테)을 결성하여 시정에 참여할 수 있는 권한을 요구하게 되는데, 그 배후에는 신흥 상인 세력이 있었다. 그러나 수공업자들은 대상인층과 결탁하여 무력으로 치옴피를 제압하면서 결국 코무네 체제를 위기로 몰아넣었다. 게다가 북쪽에 있는 비스콘티 가문이 지배하고 있던 밀라노가 14세기 후반과 15세기 초에 이탈리아반도 중부 지방으로 세력을 확대하고자 피렌체를 공격하는 와중에 피렌

---

126 8명의 성인이란, 이 전쟁을 지휘한 여덟 명의 군사 위원들에게 붙여진 명칭이다.

체에서는 알비치 가문, 스트로치 가문, 토르나부오니 가문에 이어 결국 메디치 가문이 권력을 장악하게 되었다.[127]

메디치 가문의 첫 권력자인 코시모 데 메디치의 부친인 조반니 디 비치는 교황청의 금융업에 종사하며 부를 축적한 인물로서 1429년에 사망했고, 그의 아들인 코시모가 1434년에 알비치 파에 불만을 품은 시민들의 지지를 받아 권력을 차지하게 되었다. 이런 연유로 코시모는 노골적으로 시뇨리아 체제를 수립하지 못했고, 피렌체는 형식상으로나마 16세기까지 코무네 체제를 유지했다. 코시모는 중요한 지위에 자신의 심복들을 배치함으로써 권력을 장악했고, 이런 방식으로 메디치가는 피렌체에서 수 세기 동안 지배 가문의 지위를 유지할 수 있었다.

'위대한 로렌초'라고 불리며 절대적인 권력을 행사하던 로렌초 데 메디치가 1492년에 사망한 이후, 피렌체에서는 도미니크회의 수도사인 사보나롤라가 호소력 있는 설교 능력으로 시민들의 지지를 얻어 1494년부터 1497년까지 권력을 장악했다. 그러나 사보나롤라는 교황청과 알렉산데르 6세 교황을 비난하다가 1497년에 교황청으로부터 파문을 당하고, 1498년 5월에 화형당하고 말았다. 그 이후 피렌체에서는 1512년에 공화정이 복원된다. 메디치 가문은 이 시기에 율리우스 2세와 레오 10세, 클레멘스 7세 같은 유능한 교황을 배출했으나 피렌체의 상황은 매우 복잡했다. 정치적으로 분열되어 있던 이탈리아 반도 북부는 15세기 말과 16세기에 중앙집권국가가 된 프랑스와 에스파냐, 그리고 합스부르크 가문의 지배를 받던 신성로마제국 사이에 권력의 각축장이 되었고, 이런 상황 속에서 피렌체는 정치적인 소용

---

127 허인(2005), 『이탈리아사』, 대한교과서, 125~27쪽.

돌이에 휘말려 들었다.

사실 밀라노의 잔 갈레아초 비스콘티는 이탈리아반도 북부에서 강력한 중앙집권적 국가를 수립했고, 1402년에 갑자기 사망하지 않았더라면 피렌체도 밀라노 공국의 영향력 아래에 편입될 가능성이 컸다. 그러나 어려운 상황 속에서도 피렌체가 밀라노 군을 몰아내고 자유를 지킬 수 있었던 것은 시민군이 자유와 독립을 위해 기꺼이 목숨을 바쳐서 싸웠기 때문이다. 원래 피렌체에서는 상업이 발달함에 따라 대부분의 시민은 국방을 직접 담당하지 않고 용병을 고용했는데, 여러 차례 용병들의 배신을 경험한 후 시민군이 직접 전쟁에 참여한 것이 승리의 원동력이 되었다.[128] 위기에 직면한 피렌체의 지식인들은 고대 로마의 역사를 재조명하면서 공화주의를 시민의 이상으로 삼게 되었다. 특히 자유를 지키기 위해 죽음을 맞이한 키케로는 그들의 영웅이었다.

미국의 르네상스 연구자인 바론Hans Baron은 자신의 저서인 『초기 이탈리아 르네상스의 위기: 고전주의와 전제주의 시대의 시민적 휴머니즘과 공화주의적 자유』에서 이런 지적 흐름을 '시민적 휴머니즘' 혹은 '시민적 인문주의'라고 명명한다.[129] 바론에 따르자면, 14세기 말에서 15세기 초 밀라노의 전제주의에 맞서면서 피렌체인들은 고대 로마의 공화정을 되살리고자 노력하면서 '행동적 · 시민적 삶'vita activa · vivere

---

[128] 이동수(2020), 「공화주의적 통치성: 르네상스기 이탈리아 도시국가를 중심으로」, *OUGHTOPIA: The Journal of Social Paradigm Studies*, 35:2, 230쪽.
[129] 한스 바론(2020), 제3부 「레오나르도 브루니의 시민적 휴머니즘의 출현」, 『초기 이탈리아 르네상스의 위기: 고전주의와 전제주의 시대의 시민적 휴머니즘과 공화주의적 자유』, 임병철 역, 도서출판 길, 261~360쪽. 단테와 시민적 인문주의의 관계를 이해하기 위해서는 다음 학위 논문을 참고하시오. 김국진(2012), 「단테와 시민적 휴머니즘」, 문학석사학위 논문, 부산대학교.

civile을 중요하게 생각했다. 바론은 그러한 시민적 인문주의자의 대표적 사례로서 레오나르도 브루니를 들면서, 브루니의 『피렌체 찬가』와 『대화』에서 그런 사상이 잘 표현되었다고 설명한다. 시민적 인문주의자들은 도시민으로서 공동체를 위한 적극적인 참여와 헌신을 중시했고, 이것은 세속적인 윤리·문화운동이기도 했다는 것이 바론의 저서의 요지였다.

포칵J. G. A. Pocock은 바론의 견해에 공감을 표시하면서, 14세기 후반과 15세기 초반에 피렌체에서 사보나롤라의 집권에 의해 공화정이 붕괴하기는 했으나 공화주의 정신은 여전히 남아있었고, 오히려 '능동적 시민권'이라는 개념이 재발견되었다고 해석한다. 특히 그는 "베네치아 헌정을 모방한 형태하에서 대평의회grande consilium에 광역의 구성원 자격을 도입한 1494년의 결정"이 피렌체적 관념의 역사에서 결정적인 순간이라고 지적한다.[130] 이 시기부터 피렌체의 영향력 있는 가문 출신으로 구성된 핵심 권력 집단이었으며 스스로 '오티마티'라고 부른 일종의 시민적 귀족들은 피렌체에서 보편적 시민권이라는 이상을 회복시키려는 인문주의적 태도에 공감하게 되었다. 나아가, 피렌체가 처한 격변 속에서 시민적 인문주의는 사익보다 공공선을 우선시하는 현실적 공화주의로 변모했다.[131] 브루니, 마키아벨리, 그리고 귀치아르디니의 근대 정치사상이 탄생한 것은 르네상스 시대에 이탈리아반도를 둘러싼 이런 복잡한 상황 속에서였다.

---

130 J. G. A. 포칵(2011), 『마키아벨리언 모멘트』 I, 곽차섭 역, 나남, 232쪽.
131 김경희(2015), 「르네상스기 피렌체 공화주의 연구: 시민적 인문주의에서 현실적 공화주의로」, 『한국정치연구』 제24집 2호, 311~334쪽.

3. 사상가들

1) 레오나르도 브루니

레오나르도 브루니 Leonardo Bruni, 1369~1444는 페트라르카처럼 고대 세계에 많은 관심을 가졌던 르네상스 인문주의의 선구자였다. 나아가 그는 소위 시민적 인문주의 civic humanism 의 초기 사상가로서 마키아벨리에게도 큰 영향을 미친 인물이다. 마키아벨리가 로마의 영향을 많이 받았던 반면에, 브루니는 그리스의 영향을 더 많이 받았다는 차이점이 있다. 이 두 사람은 고대 저술가들로부터 이어받은 정치적 덕성의 중요성, 그리고 시민 참여의 중요성에 대한 신념을 가지고 있었으므로 다른 한편으로 시민공화주의자라고 부를 수도 있다.

특히 브루니는 공적 생활에 대한 시민들의 적극적인 참여로 정치적 상황의 개선이 가능하다고 주장했다. 특히 그는 대표 저술인 『피렌체 찬가』로 15세기 초 피렌체의 정치체제와 문화 및 예술의 중심지로서의 위상을 알려주었으며 시민권에 대한 자신의 사상을 정립했다.[132] 그는 자유라는 관념으로 피렌체의 정치체제를 옹호했고, 자유란 인간의 자기 계발의 원천이자 공화주의적 덕성의 시원이라고 생각했다.

---

132 레오나르도 브루니(2002), 『피렌체 찬가』 임병철, 역, 책세상.

브루니의 글 중 가장 유명한 부분은 그의 장례 연설이었다. 피렌체의 지도자 중의 한 명이었던 난니 스트로치가 1428년에 전투 중 사망했을 때의 이 연설은 펠로폰네소스 전쟁 초기에 페리클레스가 한 추도 연설을 모방한 것이었다. 여기서 브루니는 피렌체의 탁월한 특징 중의 하나가 정부 형태라고 주장한다. 또한 브루니는 시민권에 대한 르네상스적 이상에 대해 다음과 같이 자세하게 밝히고 있다.

공화국을 통치하는 우리의 정부 형태는 실제로 모든 시민의 자유와 평등을 보호하기 위해 이루어졌다. 모든 면에서 평등하기 때문에, 그것은 시민정부로 불릴 수 있다. 우리는 우리를 지배하는 한 사람의 통치 아래에서 떨지도 않고, 소수의 통치 아래에서 그들의 노예가 되지도 않는다. … 그러므로 유일한 합법정부는 시민정부이다. 그러한 정부 아래에서만 자유가 실현되고, 법적 평등이 모든 시민에게 구현되며 덕의 추구가 의심 없이 만개할 수 있다.[133]

이 발췌문에서 '덕'으로 번역된 비르투^{virtù} 개념으로 브루니는 공화주의적 공동체의 시민이 갖추어야 할 자질을 강조하고 있었다. 그러나 브루니는 점차로 시민 정부론에 대해 회의감을 갖게 되고, 1430년대 초반에 저술한 『피렌체 정체론』에서는 혼합정체론을 주장하여 대중의 무분별한 정치 참여에 반대하기에 이른다.[134] 그만큼 생애 후반의 브루니는 시민들에 대한 믿음을 잃게 되었는데, 그 이유는 피렌체

---

133 임병철(2009), 「브루니와 르네상스 공화주의」, 『서양사연구』 제40집, 51쪽.
134 김경희(2013), 「레오나르도 브루니(Leonardo Bruni)의 혼합정체론 연구」, 『사회과학연구』, 국민대학교 사회과학연구소, 제26집 1호, 76~97쪽.

의 혼란한 정치 상황 때문이었다. 그러나 브루니는 시민공화주의를 완전히 부정하지는 않았고, 귀족정적 요소와 민주정적 요소가 조화롭게 결합된 체제를 옹호했다.

2) 마키아벨리

우리는 마키아벨리Niccolò Machiavelli, 1469~1527를 생각하면서 '권모술수'라는 단어를 떠올리기 쉽다. 『군주론』에서 마키아벨리가 교활한 수단을 정당화하는 듯한 문구를 사용했기 때문인데, 이로부터 정치적 목적을 위해서 수단을 가리지 않는 것을 의미하는 마키아벨리즘Machiavellism이라는 단어가 생겨났다. 이와 관련해서 보자면, "목적을 위해 수단을 가리지 않는 것은 옳지 않다."라고 말한 칸트는 마키아벨리와 정반대 입장을 가졌던 셈이다.

마키아벨리는 오랫동안 공직 생활을 했다. 1512년에 메디치 가문이 피렌체에서 다시 권력을 잡자, 그는 투옥되어 고문도 당했다. 그는 교황 레오 10세의 간청으로 석방된 이후에 토스카나에 있는 농장으로 은퇴하여 동료들과 성공적인 통치의 본질과 정부형태를 논의하면서 저술 활동에 전념했다. 그 결과물이 『피렌체사』, 『로마사 논고』, 그리고 『군주론』이었다.[135]

---

[135] J. G. A. 포칵은 공화주의 정신과 관련하여 역사의 결정적인 순간들이 있었다고 보며, 그것을 '마키아벨리언 모멘트'라고 불렀다. 첫 번째는 15~16세기에 피렌체에서 시민적 인문주의자들이 중세적인 '관조적 삶'(vita contemplativa)을 극복하고, '행동적 삶'(vita activa)과 '시민적 삶'(vivere civile)을 제시하고자 노력했던 모멘트였다. 두 번째는 17세기 중엽에 내전을 맞이하여 휴머니스트 교육을 받은 의회 젠트리들이 왕과 투쟁한 모멘트였다. 세 번째는 18세기 중엽 미국의 독립혁명을 전후하여 건국시조들이 입헌군주정 대신 시민적 덕성의 정치학을 선택했을 때

마키아벨리는 이 저서들에서 고대 로마의 공화정 전통을 회상하며 시민권이라는 주제를 재조명하고 자유, 공화주의 등 시민적 인문주의에서 논의된 주제들을 상호 연결했다. 혼란스러운 시대에 살고 있던 마키아벨리는 인간이 본성적으로 선하다고 생각하지 않았고 오히려 야심과 욕망에 사로잡혀 있다고 믿었다. 그는 이런 인간들로 구성된 사회에서 어떻게 하면 질서를 확립하여 바람직한 정치제도를 만들지를 고심했다.

우선 마키아벨리는 이탈리아반도의 정치가 매우 부패했다는 점에 주목했다. 그는 그 원인을 귀치아르디니와 마찬가지로 취약한 군대 및 백성과 귀족의 군주에 대한 적대감에서 찾았다.[136] 그뿐만 아니라, 마키아벨리는 당대의 정치적 쇠락의 원인을 종교에서도 찾았다. 그는 고대 종교가 정신의 위대함, 육체의 강인함 등 인간을 매우 활동적으로 만드는 온갖 요소들을 최고선으로 간주한 데 비해, 당대의 기독교가 겸손과 비천함 및 인간사에 대한 경멸을 최고선으로 내세웠음을 지적한다.[137]

마키아벨리는 자신이 살던 시대의 위기 상황을 심각하게 생각했다. 그가 보기에, 공화정과 공국이라는 유기체는 면모를 일신하지 않는다면 멸망할 수밖에 없으므로 반드시 쇄신해서 그 법을 시초로 되돌려야 했다.[138] 그는 국가나 종교가 오래 존속되기 위해서는 자체의 제도로써 스스로를 갱신하거나, 아니면 외부에서 일어난 우발적인 사건

의 모멘트였다. 곽차섭(2011), 「공화주의와 우리의 '마키아벨리언 모멘트'」, 『철학과 현실』 89호, 166~170쪽.
136 니콜로 마키아벨리(2018), 『군주론』, 신동준 역, 인간사랑, 241쪽.
137 니콜로 마키아벨리(2019), 『로마사 논고』, 강정인·김경희 역, 한길사, 312쪽.
138 같은 책, 469쪽.

으로 갱신을 성취할 수 있다고 했다.[139] 다만 전쟁은 국가를 소멸시킬 수도 있기 때문에 갱신의 방법으로 타당하지 않았다. 마키아벨리는 이러한 위기를 극복하기 위해 공화정 체제를 그 해결책으로 제시했다. 그럼으로써 티투스 리비우스의 『로마사』 첫 10권에 근거하여 집필한 『로마사 논고』에서 로마의 정치 및 군사제도, 그리고 대외정책을 상세하게 분석했다. 고대 로마를 보자면, 도시가 끊임없이 재생하고 그 자체로 개혁의 동력을 발견했다는 점에서, 또 문제에 대한 해결책을 제시했다는 점에서 존중을 받을 만했다. 마키아벨리에 따르면, 로마의 역사에서는 정치적인 경쟁과 전투를 통해 문제가 발생했을 때 특정한 제도가 발명되었고, 이 제도는 좋은 국가체제와 비슷한 것을 제공했다. 고대 로마에서는 평민과 원로원의 대립조차 로마 공화국을 자유롭고 강력하게 만들 수 있었다.[140] 거기서는 "모범적 처신은 좋은 교육에, 좋은 교육은 좋은 법률에, 좋은 법률은 많은 이들이 무분별하게 규탄하던 그러한 대립과 불화에 기원을 두고"[141] 있었다.

아리스토텔레스나 키케로와 마찬가지로, 마키아벨리는 자신의 정치사상에서 비르투^{virtù}라는 개념에 큰 중요성을 부여했다. 이것은 그리스어로는 아레테로서, 고대 로마에서의 비르투스였다. 비르투스는 원래 사람을 의미하는 라틴어인 '비르'^{vir}에서 유래했으므로 사람다움을 뜻한다고 할 수 있다. 따라서 이 개념은 원래 윤리적인 측면에서의 사람다움인 덕성을 의미했는데, 운명^{fortuna}과 같이 사용되는 경우가 많다. 마키아벨리는 이 개념에서 윤리적 측면을 배제하고 오직 인간

---

139 같은 책, 463쪽.
140 같은 책, 96쪽.
141 같은 책, 97쪽.

이 상황을 파악하고 과감히 행동함으로써 운명을 통제할 수 있는 능력을 강조했다. 이 개념 안에는 충성, 용기, 시민적 영역과 군사적 영역 모두에서 도시를 위해 행동하는 의지와 기술의 다양한 특질이 포함되어 있었다.

마키아벨리가 제시한 공화정 체제에서는 시민들의 역할이 중요했고 덕성을 가진 시민들의 적극적인 참여가 필수적이었다. 그는 고대 로마 시기에 프리베르눔인들에게 시민권을 부여했을 때 어떤 프리베르눔인이 한 다음의 말을 인용한다.

> 자유 이외에는 그 어떤 것도 고려하지 않는 이들이야말로 진정한 로마인이 될 자격이 있다.[142]

로마는 시민권과 함께 프리베르눔인들에게 여러 가지 특권도 부여했는데, 마키아벨리는 시민권을 가진 사람이 정치적 권력을 가진다고 생각했다. 그러므로 마키아벨리가 제시한 공화국에서는 시민들이 군사적 의무를 적극 이행하는 것이 강조되었다. 그는 어떠한 형태의 군주국가에서든지 가장 중요한 토대는 역시 '좋은 법제와 좋은 군대'라고 하면서, "좋은 군대가 있는 곳에 반드시 좋은 법제가 있다."[143]고 주장한다. 따라서 시민들이 공화정을 지키기 위해 군사훈련을 받는 것은 당연했다. 마키아벨리는 시민 군인만이 국가와 자유를 충성스럽게 지킬 수 있다고 생각했기 때문에 용병제도를 경멸했다.

---

142 같은 책, 413쪽.
143 같은 책, 150쪽.

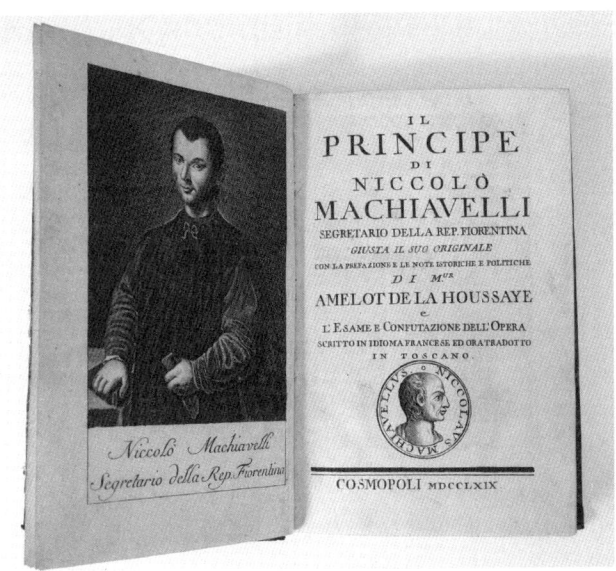

마키아벨리의 『군주론』 표지

르네상스 시대의 시민권 개념에서는 여전히 과두제가 중요하게 평가되었다. 아리스토텔레스, 키케로, 마르실리우스와 마찬가지로 시민이 행사하는 힘에는 엘리트주의적인 성격이 있었다. 이 점에서 보자면, 마키아벨리는 예외에 속한다. 최상층 출신은 아니었던 마키아벨리는 귀치아르디니보다 인민the people의 덕성을 더 신뢰했다. 이런 맥락에서 마키아벨리는 피렌체 공화국이 멸망한 후 집필한 정치 관련 저술들에서 일반 대중에게 공직에 취임할 수 있는 기회를 확대하는 데 찬성했다.

마키아벨리는 시민의 야망이 공화국의 방어를 위해 가장 이익이 된다고 생각했지만, 그로 인한 혼란이 발생할 수 있다는 점도 인정했다. 마키아벨리는 자유를 수호하기 위해 '인민'을 신뢰하기는 했지만,

그가 인민이 권력 행사에 참여할 수 있는 권리를 어느 정도까지 인정했는지는 판단하기 어렵다. 마키아벨리는 한편으로는 "그러한 겸허함, 형평성, 고매한 정신을 이제 어디에 있는 한 인물에게서라도 발견할 수 있단 말인가? 당시에 전체 인민이 갖추고 있던 그것을"[144]이라는 리비우스의 글을 인용하면서 인민이 결코 우매하지 않다고 말한다. 또한 로마 공화국에서 평민 출신 호민관들을 선출할 수 있었음에도 불구하고 로마 인민이 귀족을 선택한 데서 인민의 판단이 '건전함을 유지'했다고 판단했다. 인민은 자신들의 부족한 점을 인정하고 자기들이 그러한 자리에 적임자가 아니라고 하면서 최고의 직위에 합당한 인물을 뽑았다는 것이다.[145] 다른 한편으로 마키아벨리는 "시민들이 선의라는 허울을 쓰고 악을 행하지 못하도록 감시하는 제도, 그리고 시민들이 자유를 증진함에 따라 인기를 얻되 자유에 위해를 가하는 일이 없도록 감시하는 제도"[146]를 마련해야 한다고도 주장한다. 동시대인들처럼 마키아벨리는 정치란 적대적 집단 간의 권력 투쟁이라고 생각하면서도 이러한 긴장을 완화하고 정치 집단이 무의식적으로 공동의 이익을 위해 일하도록 만들고자 했다.

  마키아벨리가 시민권에 대해 그다지 비중 있게 다루지 않았음을 고려하면, 그의 정치사상에서 시민권이 중심적인 위치를 차지했다고 보기는 어렵다. 그는 비록 자격을 갖춘 모든 사람에게 공직을 개방하는 것에 동의하기는 했지만, 귀치아르디니처럼 시민권을 의결권으로 제한하고 공직을 맡을 수 있는 권리까지는 적극적으로 주장하지 않았

---

144 같은 책, 245쪽.
145 같은 책, 244~245쪽.
146 같은 책, 243쪽.

다.[147] 따라서 마키아벨리의 정치사상에는 근대적인 시민권 개념이 포함되어 있기는 하지만, 아직 그것이 완전히 발전된 형태라고 보기는 어렵다.

3) 귀치아르디니

외교관이자 인문주의자였던 프란체스코 귀치아르디니Francesco Guicciardini, 1483~1540는 마키아벨리와 절친한 사이의 사상가이기도 하다. 그는 1492년부터 1534년 사이의 시기를 대상으로 『이탈리아 역사』를 집필했을 뿐만 아니라 1512년에 출판한 정치 저술인 『로그로뇨 논고』Discorso di Logrogno에서 피렌체의 제도에 대한 정교한 진술을 남겼다.

피렌체의 공화주의 유산에 애착을 가진 많은 동시대인처럼, 그는 자기가 살던 도시가 자유와 권력을 잃을 것을 우려했다. 귀치아르디니는 이러한 쇠퇴의 원인을 추상적이거나 종교적인 것이 아니라 정치 세계의 현실에서 찾았다. 13세기 이후 이탈리아반도의 도시 공화국들은 대중과 귀족 파벌 사이의 끊임없는 전쟁, 가문 간의 극단적인 경쟁으로 위기에 처해 있었다. 당시 정치에 관해 저술가들은 도시의 조화를 위협하는 이러한 내부 투쟁을 고민하며, 이러한 갈등을 억제할 수 있는 균형의 원리를 찾고 있었다. 귀치아르디니는 일부 동시대인들이 주장한 바대로, 도시 정부를 제한적이지만 강력한 권력에 맡기는 단순한 해결책을 거부했다. 귀치아르디니는 자기 도시에서 자유가 본질적이고 자연스럽기 때문에 이러한 해결책은 유효하지 않다고 말했다.

---

147 Paul Magnette(2005), *Citizenship: The history of an idea*, p. 57.

15세기 초의 인문주의자들처럼 그는 로마의 문헌을 참조하여 자유란 공법과 제도를 개인의 욕구보다 우위에 놓는 것이라고 주장했다. 귀치아르디니에 따르면, 피렌체는 군사적, 재정적으로 취약하며, 좋은 공화국 체제로부터 매우 동떨어져 있었다. 따라서 그는 피렌체가 고립된 섬나라가 아니라 여러 나라에 둘러싸여 있어서 여건이 허용하는 한계 안에서 실현 가능한 개혁을 논의해야 한다고 주장했다.[148]

귀치아르디니는 정부 형태 중 피렌체를 위해서는 과두체제가 가장 부적절하다고 보았다. 과두체제는 지도자들의 야심과 자기들 사이의 불화로 인하여 독재체제보다도 더 많은 피해를 가져올 것이기 때문이다.[149] 그는 『로그로뇨 논고』에서 자유를 수립하기 위해서는 인민의 정부popular government가 필요하며, 그 정신과 기반은 도시의 영예와 공직을 분배하는 대평의회가 되어야 한다고 주장했다. 그는 평민들과 농민들이 대평의회를 장악하지 못하도록 과거에 정부에 참여하지 않은 사람들을 대평의회에서 제외하는 것에 동의했다. 하지만 모든 선과 악이 단 한 사람의 손에 있는 것을 보는 것보다 어느 정도의 무질서를 겪으며 사는 것이 더 낫다고 확신했으므로, 대평의회의 구성을 폭넓게 할 것을 주장했다. 또한, 이 대평의회가 행정장관Gonfaloniere 및 소수의 협의회에 의해 견제되어야 한다고 덧붙였다. 법률은 소수의 협의회에서 검토된 이후에만 대평의회에 상정될 것이고, 주요 결정은 거기서 철회될 수 있었다. 귀치아르디니가 주장한 이러한 균형은 당시에 널리 논의되고 있던 공화제적 관행을 반영했다.

---

148 진원숙(1989), 「최초의 마키아벨리주의자 귀치아르디니」, 『동서문화』, 계명대학교 인문과학연구소, 21호, 135쪽
149 프란시스코 귀치아르디니(2014), 『통치자의 지혜』, 이동진 역, 해누리, 167쪽.

귀치아르디니는 '참여'와 '시민권'을 신중하게 생각했으며 모든 사람에게 법률 제정에 참여할 수 있는 권한을 주는 데 동의하지 않았다. 나아가 모든 인민에게 행정관을 선출하거나 스스로 행정관으로 선출될 수 있는 권리를 부여하지 않았고, 인민 중 최상의 인물들에게만 공직을 가질 권리를 부여했다. 귀치아르디니에게 있어서 참여는 직접적인 심의가 아니라 행정관 선출과 관련해서만 고려되었다. 이처럼 귀치아르디니는 현실주의적인 태도와 관념으로 '최초의 마키아벨리주의자'로 평가된다.

시민권과 관련하여 마키아벨리와 귀치아르디니가 주장한 정치사상은 두말할 필요 없이 그들이 살던 르네상스 시대 이탈리아반도의 정치적 상황에 대한 예리한 고찰의 결과물일 따름이다. 그들의 시대에는 브루니가 찬양했던 국가체제가 위기에 처해 있었다. 그들의 사상의 의미는 피렌체라는 지역에 국한되지 않았고, 고전 세계에 대한 관심이 계몽주의 시대에 고조되었을 때 더욱 주목받았다. 따라서 마키아벨리와 귀치아르디니는 16세기로부터 18세기까지 유럽 전체로 확산한 절대 군주정의 현실을 미리 보여주었다고도 말할 수 있다.[150]

---

150 Derek Heater(2004), *A Brief History of Citizenship*, p. 57

제6장

근대의 시민권(1)

1. 절대군주 체제의 등장

르네상스 시기 이탈리아반도에서는 시민적 인문주의가 대두되고 시민권이 적극적으로 토의되었던 반면에, 알프스 북쪽의 유럽에서는 16세기 이후로 시민권에 대한 논의가 오히려 줄어들었다. 신항로 개척으로 이탈리아반도의 역사적 역할이 상대적으로 낮아지게 되었을 뿐만 아니라 알프스 북쪽 지역에서는 공화정과 관련된 시민권 문제가 법원과 대학에서 환영받지 못했고, 보통 국민국가$^{nation-state}$라고 불리는 국가 형태가 서서히 등장하고 있었기 때문이다.[151] 근대 국가에서는 중세 때와 달리 영토의 경계가 명확해졌고 영토 내에서 폭력이 감소했다. 잉글랜드, 프랑스, 에스파냐, 스웨덴 등이 그러한 예로서, 이들 국가는 중앙집권을 이루고 자신들이 통치하던 지역에 대한 강한 통제력을 가지고 있었으며 다른 국가에 종속되지 않는 주권 국가들이었다. 이들 국가의 주권은 왕 혹은 여왕이라는 군주가 보유했으며, 주권자는 다른 기관이나 집단과 권력을 공유하지 않는 절대주의를 지향했다. 이로써 이 시기의 국가는 고대 그리스나 로마 공화정처럼 국가가 정무관과 시민에 의해 운영된 것이 아니라 군주 자체가 국가라고

---

151 Krazysztof Trzcinski(2021), "Citizenship in Europe: The Main Stages of Development of the Idea and Institution", *Studia Europejskie*, I, p. 14.

생각되었다. 그러한 전형적인 사례가 "국가는 나다."라고 말한 루이 14세였다.

물론 이런 국가 형태는 봉건제의 신분제 국가가 쇠퇴한 이후에 즉시 성립되지는 않았다. 잉글랜드의 경우 15세기 후반에 장미전쟁을 경험했고, 튜더가※하에서 중앙집권 형태가 등장했다. 그러나 엘리자베스 1세 사후에 스튜어트가가 권력을 장악하자 내전이 발발했고, 이런 혼란을 겪은 이후에야 입헌군주정 체제가 성립했다. 프랑스는 1562년부터 30년 이상 지속된 종교전쟁과 17세기 중반의 프롱드의 난이라는 혼란을 겪고서야 절대주의 체제를 수립했다. 1569년 체결된 루블린 조약으로 성립된 폴란드-리투아니아만 예외로 한다면, 다른 유럽 지역에서는 대체로 신분제 국가 형태가 사라지고 국왕을 중심으로 권력이 집중되고 있었다.

절대주의 왕정이 성립된 국가에서 모든 시민은 신민이 되었다. 그렇다고 할지라도 유럽에서 시민권 개념이 완전히 소멸하지는 않았다. 시민이라는 용어는 여러 하위 개념과 전통을 계속 포용했다. 근대 초의 군주들이 모든 정치적 권위가 활동적인 국민을 기반으로 하고 있다는 생각을 하지는 않았다. 시민권이라는 용어가 계속 살아남을 수 있었던 것은 시민권이 국가에 대한 봉사적인 측면을 가지고 있었고, 이 점이 군주들에게도 호소력을 가지고 있었기 때문이다.[152] 그뿐만 아니라 이 시기 영국, 프랑스, 네덜란드 등 근대 국가에서는 과학과 기술이 빠른 속도로 발전했고 상인의 부가 급증하고 있었다. 상업의 발달로 인하여 생겨난 복잡한 생활 방식을 가진 도시 문화는 일찍이

---

152 Peter Riesenberg(1992), *Citizenship in the Western Tradition: Plato to Rousseau*, p. 204.

12세기에 유럽에서 등장했으나, 그것이 강력하게 자리 잡은 것은 17세기 무렵이다.[153] 절대주의 체제는 이러한 급속한 사회 변화에 능동적으로 대처할 수 있는 능력을 지니고 있지 않았다. 이제 시민권을 둘러싼 논의는 고대가 아니라 새로운 시대에 맞추어 다시 논의해야 했으며, 그에 따라 여러 갈래의 새로운 정치사상이 대두되었다.

이런 상황에서 세 가지 문제가 제기되었다. 첫째, 중세의 도시 시민권이 국민국가 시민권으로 전환될 수 있는가? 따라서 잉글랜드나 프랑스의 경우에 자치권을 획득한 도시에 거주하던 시민들은 국가에 대한 권리와 의무를 새롭게 정립해야 했다. 둘째, 국민국가의 국민은 어디에 충성해야 하는가? 셋째, 근대 초의 절대주의 국가들은 군주정 형태를 취했는데, 국민과 신민은 어떤 관계에 있는가? 영국의 경우를 예로 들자면, 국민은 군주의 신민이면서 동시에 국가의 시민이었다. 얼핏 보기에 모순된 이 두 지위는 설명될 필요가 있었다.

고대로부터 근대에 이르기까지 시민권을 가질 수 있는 기준은 대체로 네 가지였다. 즉, "출생지가 어디냐$^{jus\ soli}$", "혈통이 어떻게 되느냐$^{jus\ sanguinis}$", "누구와 결혼했느냐", "어디에 거주하느냐"라는 네 가지 질문은 시민권 부여에서 매우 중요했다. 이런 질문을 포함하여 시민권과 관련하여 근대에 새롭게 제기된 문제들에 대해 나름대로 해답을 찾고자 했던 대표적인 사상가로서 우리는 프랑스의 보댕과 영국의 홉스 및 로크를 들 수 있다.

---

153 Thomas Dynneson(2001), *Civism: Cultivating Citizenship in European History*, p. 158.

2. 프랑스의 종교전쟁과 보댕

1) 위그노전쟁

　의회주의 전통이 발전되고 있던 잉글랜드와 달리 프랑스에 존재했던 신분제 의회인 삼부회는 시민권을 행사하기에 적합한 기구가 아니었다. 삼부회는 잉글랜드 의회보다 권한이 적었을 뿐만 아니라, 여기 참여한 제3신분의 영향력도 제1, 제2신분에 비해 현저하게 약했다. 더구나 프랑스에서 삼부회는 1614년 이후로 거의 2세기에 가까운 시간이 지난 1789년에야 소집될 수 있었다.
　종교개혁 시기 프랑스의 종교 상황은 매우 복잡했다. 루터와 함께 프로테스탄티즘 운동의 중심에 있던 칼뱅은 제네바에 머물면서 신정정치를 폈지만, 그의 주요 저서 중 하나인 『기독교 강요』는 1541년에 프랑스어로 번역되어 프랑스 전역에 영향을 미쳤다. 그 결과, 1550년대 후반에는 프랑스 귀족의 절반 이상, 그리고 부르주아의 3분의 1 정도가 칼뱅파 신도였다.[154] 급기야 1562년에 위그노전쟁이 발발하여 프랑스 전역에는 폭력과 학살 사건이 잇따랐다. 특히 1572년에 벌어진 악명 높은 '성 바르톨로메오 축일의 학살' 사건에서는 파리

154　콜린 존스(2005), 『사진과 그림으로 보는 케임브리지 프랑스사』, 시공사, 166쪽.

에 운집한 약 3,000명의 위그노 교도가 살해당했고 인근 도시에서도 약 8,000명이 희생되었다. 가톨릭 세력의 중심에 있던 기즈 가$^{House of Guise}$ 형제들은 극단적인 가톨릭 신자들을 결속시켜 가톨릭 동맹을 결성했다.

이때 군주의 폭압에 대한 저항이론으로서 자연법을 기반으로 하고 있던 '모나르코마키'^{monarchomachi}라는 사람들이 등장했다. 이 용어는 문자 그대로 번역하자면, '군주와 싸우는 자들'을 의미했는데 국왕에 대한 저항권을 정당화했다. 이런 주장을 담은 사례로는 칼뱅의 제자인 테오도르 드 베즈$^{Théodore\ de\ Bèze}$(1519~1605)가 쓴 『합법적인 정부에 대하여』(1574)와 위베르 랑게와 필리프 뒤플레시 모르네가 저술한 『폭군에 대한 반항권 옹호』(1579) 등이 있다.

1589년에 앙리 3세가 사망했을 때, 프랑스는 거의 회복 불능 상태에 빠진 것처럼 보였다. 앙리 3세가 왕위 후계자로 지명한 나바르의 앙리, 즉 앙리 4세는 위그노 교도들의 지도자였기 때문에, 강경 가톨릭 세력은 그의 왕위 계승을 거부했다. 이에 앙리 4세는 온건한 가톨릭 세력이었던 소위 폴리티크파^{정치파}에 의존하여 난국을 헤쳐 나가고자 했다. 폴리티크파는 신앙의 자유라든지 양심보다는 정치사회의 존속을 더 중요하다고 생각했고, 가톨릭과 위그노 양측의 공존을 인정하며 국왕을 중심으로 프랑스가 정치적으로 통일되어야 한다고 주장했다. 이런 상황 속에서 폴리티크파를 대표하는 탁월한 사상가로서 군주 체제하에서의 시민권이라는 문제에 답을 제시하고자 했던 인물이 바로 보댕이었다.

2) 보댕

변호사였던 장 보댕Jean Bodin, 1529/30~1596은 위그노전쟁으로 인한 프랑스 내의 무질서한 상황과 관련하여 군주에 대한 저항이 정당하다고 주장했던 모나르코마키를 비판했다. 보댕의 저서가 나온 시점은 1576년으로서 위그노전쟁 중 '성 바르톨로메오 축일의 학살'로 알려진 비극이 일어난 지 불과 4년 뒤였다. 보댕은 이런 혼란의 원인이 강력한 정부의 부재에 있다고 보면서 『국가에 관한 6권의 책』에서 주권론에 기반하여 국가에 대한 새로운 관점을 제시함으로써 정치사상사에서 최초로 근대적 주권 이론을 제시했다는 평가를 받는다. 보댕은 『유토피아』의 저자인 모어나 『태양의 나라』의 저자인 캄파넬라처럼 이상적인 국가론을 제시한 것이 아니라, 실재하는 국가의 원리를 밝히고 16세기의 유럽, 특히 프랑스에서 생겨난 새로운 권력 수단을 개념적으로 설명하고자 시도했다. 그는 스스로 도덕적 계율과 단절하고자 했으며, 르네상스 시대 사람으로서 중세의 스콜라적 토론 방식을 거부하고, 그 대신 역사, 탐구, 비교 방법을 사용했다. 보댕은 이런 '과학적' 방법으로 자신이 중세적 전통에서 벗어날 수 있었다고 스스로 평가했다.

보댕은 국가가 가족 혹은 가계 또는 가정으로 구성되어 있다는 생각을 자신의 정치사상의 출발점으로 삼는다. 그는 국가란 개인의 총합이 아니라 신체의 분절로 보았으나, 국가가 유기적인 집단이라기보다는 시민 집단이라는 점을 환기했다. 국가가 가족으로 구성되었다는 입장과 시민으로 구성되어 있다는 입장이 보댕에게는 모순되지 않았다. 그의 말을 빌리자면, "가장이 가옥을 나와 다른 가장들과 이들 모두에게 일반적인 관심사를 다루고 협의하게 되면, 가장은 주인, 우두머리, 소유자라는 자격을 잃고 다른 가장들의 친구, 동료, 협력자가 되며, 도시에 들어가기 위해 자기 가족은 내버려두고, 공공의 일을 다루기 위해 가정의 일은 내버려두게 된다."[155]

물론 국가 구성원인 시민 개념이 매우 복잡하다는 사실을 보댕도 잘 알고 있었다. 따라서 그는 "시민 개념을 규정하기 위하여 다양한 권리들을 추적해 보면, 시민들이 서로에 대해 그리고 외국인에 대해 갖는 권리가 끝없이 다양하기 때문에 5만 가지의 시민 개념이 드러난다."[156]고 토로했다. 그러나 그는 "정의를 집행하고 공직을 맡고, 심의에 참여할 수 있는 권한을 가진 사람"이 시민이라는 아리스토텔레스의 정의를 거부했다. 이러한 정의는 대중 정부에만 적합하며 보편적이어야 하는 정의에 부합되지 않기 때문이다. 보댕은 특권에 기반을 둔 아리스토텔레스의 시민론이 오류에 빠져 있다고 생각하면서 다음과 같이 말한다.

특권시민이 많은 특권을 가지면서 어떤 부담을 지지 않는 국가는 없다. … 다른 사람들보다 많이 갖고 있는 특권과 권한 때문에 시민이 된다면, 외국인과 동맹체결자도 시민이다. 왜냐하면 외국인이나 동맹체결자에게도 특권시민의 권리를 명예적으로 그리고 아무런 의무 없이 아주 자주 부여하기 때문이다.[157]

---

155 보댕(2013), 『국가에 관한 6권의 책』 1, 나정원 역, 아카넷, 156쪽.
156 같은 책, 197쪽.
157 같은 책, 182쪽.

이로 보건대, 보댕은 시민에 대한 자신의 주장에서 공직에 대한 참여 권한을 강조하는 전통적인 공화주의에 찬성하지 않았다. 그에게 있어서 시민이 된다는 것은 신민과 자신의 주인 사이의 관계 때문이었다. 즉,

> 시민을 만드는 것은, 자기 군주에 대한 자유민의 승인과 복종이고, 백성에 대한 군주의 보호, 정의, 방어이며, 군주의 시민에 대한 태도가 특권시민과 외국인의 기본적인 차이를 보여준다.[158]

우리는 시민과 신민에 대한 보댕의 설명에서 핵심적인 것이 이러한 관계라는 점에 주목해야 한다. 보댕은 아리스토텔레스의 시민권 개념에 반대하면서 분명하고도 명확하게 다음과 같이 말한다.

> 하지만 훨씬 더 큰 잘못은, 재판이나 신분 문제와 관련하여 법관직에 또는 주민의 신분에 대한 결의권에 참여를 못하면 시민이 아니라고 말하는 것이다. 이것은 아리스토텔레스가 우리에게 써서 남겨 준 시민의 개념이다. 이후 아리스토텔레스는 자신의 입장을 고쳐서 자기 개념은 주민의 신분에만 해당된다고 말한다.[159]

보댕은 자신의 시민 개념을 주권론과 연계시키면서, 시민은 "다른

---

158 같은 책, 197쪽.
159 같은 책, 172쪽.

사람에 대해 주권을 갖는 자유민"[160]이라고 규정했다.[161] 이러한 간결한 정의에서 그는 의무로부터의 면제가 시민과 노예를 구분한다는 점을 표현했다. 시민은 모든 제약에서 자유롭지만, 노예는 "권리 측면에서 보면 아무것도 아닌 것으로 얘기"[162]된다. 또 신민은 외국인과 혼동될 수 없다. 보댕은 신민이 원주민인지 귀화 시민인지, 토착 시민이 되기 위해서는 어떤 조건을 갖추고 있는지—하나 혹은 두 명의 시민에게서 태어났는지—'귀화 허가'를 얻는 방법과 그것들이 얼마나 법적으로 구속력을 가지고 있는지에 대해 매우 주의 깊게 관찰했다. 예를 들어, 보댕은 "자기 지역 밖에서 귀화 허가를 받은 사람이 그곳에 더 이상 살기를 원하지 않을 때, 그곳에서 자기가 주장하는 권리는 잃게 된다. 권리에서 이중 약속$^{\text{fiction double}}$은 받아들여지지 않기 때문이다."[163]라고 규정했다. 그렇게 함으로써 보댕은 엄격한 귀화 규칙을 시민권의 필수 조건이라고 명시했다.

물론 보댕에게 귀화만이 시민권에 대한 유일한 조건은 아니었다. 보댕이 시민권을 신권臣權이라고 정의했을 때, 그것은 또한 주권과의 관계도 의미했다. 즉, 국가가 주권으로 정의된다면, 국가의 구성원은 정의에 따라 주권에 복종하는 것이었다. 그렇지만 보댕은 복종이 구

---

160 같은 책, 156쪽.
161 번역본 각주 4에서는 시민과 관련된 보댕의 개념을 다음과 같이 설명하고 있다. "보댕은 sujet를 영어 subject로 표현하고 있다. sujet는 누구에게 복종하거나 의지하는 사람으로서 왕에 대해서 백성, 신하, 백성, 피지배자 정도의 뜻을 갖고 있다. 자유로운 백성은 군주국 내에서는 국왕에게 복종하고 의지하는 자유로운 피지배자이다. 노예와 구별되어 자유를 갖는 백성을 총칭하는 개념으로 자유민(자유로운 백성)이라고 번역했다. subject가 단독으로 쓰일 때에는 백성으로 번역했다."
162 같은 책, 158~159쪽.
163 같은 책, 196쪽.

속이라고 말하지는 않았다. 그는 이 관계가 상호적이라는 점을 강조하면서, 그것이 오히려 계약에 가깝다고 설명했다. 보댕은 앞서 언급했듯이 "시민을 만드는 것은, 자기 군주에 대한 자유민의 승인과 복종이고, 백성에 대한 군주의 보호, 정의, 방어이며, 군주의 시민에 대한 태도가 특권시민과 외국인의 기본적인 차이를 보여준다."[164]라고 설명하면서, 다음과 같이 덧붙였다.

> 따라서 같은 한 사람이 외국인도 되고, 동맹체결자도 되고, 시민도 되는 것은 불가능하기 때문에, 권리가 시민을 만든다는 말을 해서는 안 된다. 하지만 백성이 약속을 통해 그리고 명령에 대한 복종을 통해 받아들이는, 주권자가 백성에 대해 부과하는 상호 의무로부터 정의, 원칙, 안전, 구제, 방어는 기인한다. 이것은 외국인에게는 해당이 안 된다.[165]

결국 보댕은 시민을 다음 세 가지로 분류하며 국가를 설명한다.

> 태생 시민, 귀화 시민, 해방 노예—이 세 가지가 법률이 인정하는 시민 유형이다—는 법률, 언어, 관습, 종교, 민족이 다를지라도 하나 또는 여러 주인의 최고 권력에 의해서 지배를 받을 때 국가를 구성한다.[166]

보댕은 시민권을 계약이라는 용어로 정의하면서 17, 18세기의 계약주의자들과 비슷한 방식으로 시민권을 표현하고 있다. 보댕에 따르자

---

164 같은 책, 197쪽.
165 같은 책, 184쪽.
166 같은 책, 163쪽.

면, 시민은 자연적인 자유 아래에서 살고 있지 않는 사람이다. 자연적 자유란 "신을 제외하고는 살아 있는 다른 사람에게 예속되지 않는 것, 그리고 자신의 명령, 즉 신의 의지에 항상 일치되는 이성의 명령 이외의 명령은 받아들이지 않는 것"[167]이다. 따라서 "법률을 따르고 다른 사람에 대해 명령하면서 자기 자유를 조금도 버리기를 원하지 않았던"[168] 시민은 모든 자유를 잃어버리고, 군주로부터 "신체, 재산, 가족을 안전하게 유지"[169]받는 존재가 되었다. 이로써 시민권은, 예를 들어 주인의 명령에 따라 인간을 비공식적 권위의 지배에 종속시키는 사적인 조건이 아니라 주권자의 법의 혜택으로 이해되었다. 법의 권위 아래 있다는 것은 법으로부터 혜택을 받고, 외국인에게는 부여될 수 없는 사법적 보호뿐만 아니라 시민의 권리에 접근할 수 있다는 것이다. 이 경우 시민권은 자유libertas의 한 형태로 간주되는 고대 로마의 키비타스에 매우 가까운 개념을 포함하고 있다.

이처럼 보댕은 공공 영역에서 시민은 국가의 기본 구성 요소라고 보았다. 이어서 보댕은 정치사상사에서 자신의 주요 개념인 주권론을 제시한다. 그는 주권이란 국가의 속성일 뿐만 아니라, 다른 속성을 포괄하고 그 본질을 표현하고 있다고 보았다. 이 점에 대해 보댕은 『국가에 관한 6권의 책』 중 첫 번째 책 제8장에서 "주권은 국가의 절대적이고 영원한, 국가의 권력이다."[170]라고 규정한다. 그는 '공화국의 상태'를 그 모습대로 만드는 것이 바로 이 원리라고 생각하면서, "주권과,

---

167　같은 책, 73~74쪽.
168　같은 책, 157쪽.
169　같은 책, 213~214쪽.
170　같은 책, 245쪽.

주권의 권리, 속성을 분석했기 때문에, 이제는 주권을 갖고 있는 국가가 어떤 정치체제를 갖는지를 판단해야 한다."[171]고 말했다. 그가 자주 사용하는 의인화된 은유를 사용하면, 주권은 공화국이라는 신체의 영혼이다. 또한 보댕은 주권을 배에 비유하면서 다음과 같이 설명한다.

> 배에서 늑재들을 지탱하는 용골이나, 앞뒷머리와 갑판이 없어져 배의 형태가 없어지면, 선박은 나무에 불과하듯이, 국가도 모든 구성원과 구성 부분, 가정, 단체 속의 조합을 연결하는 최고 권력이 없으면 더 이상 국가가 아니다.[172]

보댕은 자신이 다짐한 대로, 공권력의 '주권의 표식', 가령 전쟁 선포, 최후의 수단에 대한 호소 검토, 행정관 임명 및 해임, 신민에 대한 세금 부과 또는 면제, 주화 주조 등을 분석하여 주권의 원칙을 추론했다. 이러한 분리된 형태의 권위 뒤에서 그는 '주권의 모든 권리와 특권이 포함되는' 법을 제정하고 폐지할 수 있는 '권력'이라는 공통 원칙을 보았다. 이런 관점에서 보댕은 "이와 같이 주권 군주의 첫 번째 속성은 일반적인 모두와 개별적인 개인에게 법률을 부여하는 권력"[173]이라고 하면서 입법권도 주권의 한 형태라고 설명한다.

『국가에 관한 6권의 책』의 원제목이 'Les Six Livres De La Republique'[174]인 것처럼, 보댕이 생각한 국가는 공화정의 형태를 띠

---

171 보댕(2013), 『국가에 관한 6권의 책』 2, 나정원 역, 아카넷, 15쪽.
172 보댕(2013), 『국가에 관한 6권의 책』 1, 62쪽.
173 같은 책, 401쪽.
174 보댕은 『국가에 관한 6권의 책』을 1576년에 프랑스어로 출판했다가, 1586년에는 라틴어 개정판을 냈다.

었다. 다만 여기서 말하는 공화정은 고대 로마와 달리, 군주정 형태의 국가체제를 의미한다. 그렇다고 "주권은 절대적이다."라는 보댕의 생각이 모든 형태의 권력을 군주가 독점적으로 보유하는 절대주의 왕정을 지지한 것은 아니다. 보댕은 오히려 '국가'와 '정부'를 구분했다. 그는 정부의 형태가 군주제나 귀족제, 혹은 민주제든, 주권은 여전히 절대적이라고 보았기 때문에 군주제에서 '신분회의'estates가 왕의 칙령을 확인한다고 해서 그들이 자율적인 권력을 가지고 있다는 것을 의미하지는 않는다고 보았다.

한편, 보댕에 따르면 주권자가 자신의 신민들에게 법을 부여하더라도, 그는 자의적으로 통치할 수 없다. 무엇보다도 '땅 위의 모든 군주'처럼, 그는 '신법이나 자연법'[175]을 존중해야 하기 때문이다. 이것은 중세 말기로부터 내려오는 전통적인 주장인데, 보댕은 이것을 마치 자명한 것으로 간주하여 그 상위 법의 성격을 굳이 정의할 필요가 없다고 생각했다. 그러나 그는 아주 독창적이게도, 군주는 "정의롭고 합리적인 협약, 그리고 백성 전체나 개인들이 관심을 갖는 충고에는 복종한다."[176]라고 덧붙였다. 군주는 자신의 법을 신민에게 부과하며, 자신이 법의 저자이기 때문에 법에 복종하지 않지만 '협약'을 준수해야 한다는 것이다.

그래도 법률의 준칙은 군주의 물리력에 달려 있다. 즉 군주는 자신이 지키겠다고 약속하고 맹세한 법률이 더 이상 정의에 부합하지 않으면, 백성의

---

175 보댕(2013), 『국가에 관한 6권의 책』 1, 263쪽.
176 같은 책, 264쪽.

동의 없이 이 법률을 위반할 수 있으며, 이 경우 법률 일부의 위반을 법률 전체의 위반으로 볼 수는 없다. 하지만 군주가 지키겠다고 약속한 법률을 파기할 정당한 이유를 군주가 갖고 있지 않으면, 군주는 위반해서도 안 되며, 위반할 수도 없다.[177]

이런 관습적인 개념은 어떤 의미에서 사회계약론의 선구적인 주장이라고도 볼 수 있다. 그러나 12세기부터 법학자들이 주장해 왔듯이, 보댕은 왕이 관습을 준수해야 한다는 것을 상기시키고 있을 따름이다. 보댕은 이런 권력을 행사하는 사람이 바로 군주라고 생각했다는 점에서 절대주의를 옹호했다고 볼 수 있지만, 무조건 군주의 강한 권력만을 주장하지는 않았다. 그는 여전히 시민권에 대해서도 많은 관심을 두고 있었고, 강한 군주권을 시민권과 어떻게 조화시킬 수 있는지의 문제를 중요하게 생각했다.

결국 보댕은 분열된 프랑스 상황을 해결하는 방법으로서 신민들이 군주와의 관계를 통해 시민이 된다는 논리를 펼쳤다. "태생 시민, 귀화 시민, 해방 노예는 법률, 언어, 관습, 종교, 민족이 다를지라도 … 국가를 구성한다."[178]라는 보댕의 말은 시민권을 통해 위그노전쟁으로 야기된 무질서를 극복하고 국가 구성원들이 결집할 수 있음을 의미한다. 그의 이런 주장은 시민권이 신민으로서의 권리와 동일하고, 시민들이 군주정을 지지한다는 근대 초 사상가들의 입장을 반영하고 있었다.

---

177 같은 책, 265~266쪽.
178 같은 책, 163쪽.

3. 잉글랜드 내전과 홉스

1) 내전과 퍼트니 논쟁

근대 초 시민권과 관련된 문제에서 잉글랜드와 프랑스는 다른 길을 걸었다. 앞서 살펴보았듯이, 프랑스에서는 위그노전쟁을 거쳐 절대왕정이 확립되었다. 반면에 잉글랜드에서는 스튜어트가의 제임스 1세와 찰스 1세, 그리고 제임스 2세가 대륙 유형의 절대주의 체제를 수립하고자 시도했지만, 내전과 명예혁명으로 절대왕정이 성립되지 못했다. 잉글랜드에서는 의회 전통이 비교적 강했기 때문이다.

잉글랜드에서 의회 전통이 가시적으로 확립된 사건은 13세기 말 에드워드 1세 통치기에 성사된 소위 모범 의회의 소집이었다. 이때부터 1832년 제1차 선거법이 개정될 때까지 투표권을 가진 사람들의 신분에는 별다른 차이가 없었다. 이 기간에 자치시의 시민권이 아니라 정치적 시민권을 가진 사람들은 하원 투표에 참여할 수 있었다. 중세와 근대 초에 비록 의회의 권한이 제한적이기는 했지만, 의회는 종종 소집되었다. 찰스 1세 시대에 내전이 폭발하게 된 것도 의회의 저항 때문이었다. 엘리자베스 1세가 1603년 사망한 후에 성립된 스튜어트 왕조 시기에 자행된 국왕들의 잇따른 전횡에 불만을 품은 의회는 1628년 신민으로서의 권리를 담은 권리청원을 제출했다. 그러나 찰스 1세

퍼트니 논쟁을 묘사한 판화. 퍼트니 논쟁에서는 홉스의 합리주의, 해링턴의 공화주의, 로크의 계약론과 재산권, 버크의 보수주의 사상의 일단이 엿보인다.

는 놀랍게도 이듬해 의회를 해산하고 의회 없이 통치하는 길을 선택했다. 의회의 항의에 대해 찰스 1세가 무력을 사용하게 되자, 1642년 왕당파와 의회파는 결국 내전을 벌이게 된다.

이러한 대혼란이 발생하자, 잉글랜드 내에서는 다양한 정치적 주장이 제기되었다. 왕당파가 있었음은 물론이고, 의회파 내에서도 장로파와 독립파가 대립했다. 장로파는 기존의 의회제를 유지하고자 했으나 독립파는 의회제를 포함하여 정치기구 전반에 걸친 개혁을 주장했다. 그뿐만 아니라 수평파라고 불리면서 더욱 급진적인 정치개혁을 주창한 세력이 등장했는데, 이들의 주장은 1647년 소위 퍼트니 논쟁

The Putney Debates 179으로 널리 알려졌다. 이 논쟁에서 레인버로우 대령과 아이어튼 장군의 발언은 매우 유명하다. 레인버로우는 모든 사람이 자연법에 따라 생명권을 가지고 있고, 정부는 이 권리의 보호를 위해 인민의 동의에 의해 구성되었다고 주장했다.

> 나는 진실로 영국에 사는 가장 가난한 사람도 가장 고귀한 사람만큼이나 살아야 할 목숨이 있다고 생각합니다. 분명한 것은 지배를 받는 누구나 먼저 자신을 그러한 정부하에 두는 데에 동의해야만 한다는 것입니다. 영국에 사는 아무리 가난한 사람이라도 자신을 그 정부하에 두는 데 아무런 의견을 내지 못했다면 엄격히 말해 그는 그 정부에 매여 있지 않습니다.180

이에 대해 아이어튼은 자연법을 현실에 적용하고자 할 때 무정부상태가 초래된다고 주장하며 다음과 같이 발언했다.

> 신법으로 재산권을 증명하려 한다면 이는 너무 막연하다. 우리의 재산권, 그리고 대표를 보내는 권리는 다른 데서 나온다. 신법은 사람들 사이의 관계, 재산, 그리고 다른 모든 것들에 대해 구체적인 것들을 규정하지 않는다. … 재산은 사람이 만든 것이다. … 곧 헌법이 재산의 기초인 것이

---

179 퍼트니는 런던 근교에 있는 지명이다. 이곳에서 1647년 10월 28일부터 11월 9일까지 내전 당시의 군 지휘부(The Grandees)와 하급 지휘관 및 사병 대표들(The Agitators) 사이에 논쟁이 벌어졌는데, 당시 군 장교로서 회의의 서기를 맡았던 윌리엄 클라크가 첫 3일간의 발언들을 기록한 문서가 전해지고 있다. C. H. Firth, *The Clarke Papers*(Nicholas and Sons, 1890) (Photocopied by Cornell University Library, 1992), Vol. 1, pp. 226~406.
180 유종선(2009), 「계시, 관습, 이성: 퍼트니 논쟁의 정치언어와 정치사상사적 의미에 관한 고찰」, 『정치사상연구』 제15집 1호, 203쪽.

제6장_ 근대의 시민권(1) 175

다.[181]

두 사람의 이런 발언으로 볼 때, 레인버로우는 경제력과 무관하게 정치적 권리를 부여해야 한다는 입장을, 반면에 아이어튼은 토지를 가지며 재산을 가진 사람들만이 정치적 권리를 가져야 한다는 입장을 지지하고 있다. 아이어튼의 주장대로 영국에서는 정치적 시민권이 제한적으로만 부여되어 있다가 19세기 들어서야 확대되었다.

시민권에 관해 말하자면, 잉글랜드에서 17세기 이후로 시민들의 일반적인 권리는 더 존중받게 되었다. 1670년에 제정된 법은 재판관과 배심원들의 평결이 상충될 때 배심원들을 징벌하지 않도록 했다. 그리고 1679년에 공포된 인신보호령은 시민들의 권리를 보호해 주었고, 1689년에 제정된 관용법은 비국교도들에 대한 차별을 최소한으로 제한했다. 그렇기는 하지만 잉글랜드에서 종교적 자유가 제한되자, 일군의 청교도들은 북아메리카로 이주하기로 결심한다. 17세기 영국에서 시급한 일은 내전의 혼란을 극복하고 정치적인 안정을 이루는 일이었다.

2) 홉스

프랑스에서 종교적 차이로 인하여 시민들 사이에 갈등이 폭발한 16세기 후반에 위그노전쟁이 발발했듯이, 잉글랜드에서도 17세기에 종교적인 견해의 차이로 인하여 내전이 발발했고, 유럽 대륙에서는 30

---

181 같은 논문, 204쪽.

년 전쟁이 일어났다. 홉스의 정치사상은 이러한 혼란기를 배경으로 하고 있다.

홉스Thomas Hobbes, 1588~1679는 에스파냐의 무적함대가 잉글랜드를 침공했던 1588년에 태어났다. 훗날 그는 "사랑하는 나의 어머니는 그때 쌍둥이를 낳았는데, 나하고 공포가 그들이었다."라고 적었을 정도로 전쟁으로부터 큰 충격을 받았다. 카벤디쉬 가문의 가정교사로 있었던 홉스는 자신의 귀족 학생과 함께 유럽 대륙을 여행하면서, 대륙의 다양한 지식인들과 교유하는 기회를 가질 수 있었다. 특히 1625년 발간된 그로티우스의 『전쟁과 평화의 법』은 사상적으로 그에게 커다란 영향을 미쳤다. 그로티우스는 국가 간의 관계를 설명하는 것을 목적으로 했지만, 최소한의 보편적인 도덕 과학minimal but universal moral science에 관한 사상을 입증하고자 했다. 그로티우스처럼 홉스도 인식론과 인간론을 자기 사상의 출발점으로 삼았다. 그로티우스와 마찬가지로, 홉스도 인간 지식이 불완전하다고 생각했고, 윤리적, 정치적 규칙을 제정할 수 있는 인간의 능력에 의구심을 가졌다. 그도 회의론자들처럼, 과학자가 생각하는 진리가 평범한 사람의 진리와 다르지 않다고 생각했다. 과학적 진리의 이론적인 확실성이 일반적인 타당성을 주장할 수 없다면, 실천적인 신념은 더는 보편적이지 않다는 것이다.

홉스는 1630년대 말까지 별다른 저술 활동을 하지 않다가 1642년 자신의 정치사상의 기초 저서인 『시민론』을 라틴어로 출판했다. 이 책에서 홉스는 그로티우스처럼, 인간이 정념[182]을 가지는 모든 것에 이

---

[182] 고전적인 자연법사상가들이 '이성'을 중시한 데 반해, 홉스의 자연상태에서는 대부분의 인간에게서 행동의 실질적인 동기를 '정념'(情念, passion)에서 찾았다.

기심이 자리 잡고 있음을 내비친다. 즉, 인간은 자기 자신을 사랑하며, 자신의 욕망, 특히 영광에 대한 욕망의 포로이다. 그러나 그로티우스와 달리 홉스는 인간이 사회적인 성향을 가지고 있지 않다고 생각했다. 그로티우스가 이타심이 존재한다고 본 반면, 홉스는 그것이 실제로는 이기심의 이성적인 형태에 불과하다고 보았다. 홉스는 말하기를, "그러므로 우리는 동료들을 찾기 위해 본성적으로 동료들을 찾는 것이 아니라, 동료들로부터 명예나 이익을 어느 정도 얻을 수 있기 때문에 동료를 찾는다. 즉 우리는 일차적으로 명예나 이익을 바라며, 이차적으로 동료들을 찾는다."[183]

홉스는 잉글랜드가 내전으로 혼란기에 빠져 급기야 찰스 1세가 처형당한 지 2년 후인 1651년에 자신의 주저인 『리바이어던』을 출간한다. 이 책에서 홉스는 인간이 자연상태로부터 권력을 가진 정부가 수립되는 과정을 추적한다. 홉스에 따르면 국가 이전의 자연상태에서 인간은 평등했다. "체력이 아무리 약한 사람이라 하더라도 음모를 꾸미거나, 혹은 같은 처지에 있는 약자들끼리 공모하면 아무리 강한 사람이라도 충분히 죽일 수 있기 때문이다."[184] 이러한 상태에서 모든 사람은 양도할 수 없는 권리, 즉 자연권을 가졌다. 이 권리는 "모든 사람이 그 자신의 본성, 즉 자신의 생명을 보존하기 위해 자기 뜻대로 힘을 사용할 수 있는 자유, 즉 그 자신의 판단과 이성에 따라 가장 적합한 조치라고 생각되는 어떤 일을 할 수 있는 자유"[185]이다. 홉스의 생각으로, 자연상태는 경쟁과 의심, 영광에 대한 욕망으로 인해 "만인

---

183 홉스(2013), 『시민론』, 이준호 역, 서광사, 37쪽.
184 홉스(2013), 『리바이어던』 1권, 진석용 역, 나남, 168쪽.
185 같은 책, 176쪽.

에 대한 만인의 전쟁상태"[186]가 벌어지는 끊임없는 전쟁터이며, 이런 상태에서는 어떤 사회성으로도 질서가 수립되지 않았다.

그렇다고 홉스가 인간을 철저하게 비관적으로 보거나 인간 본성에 대해 획일적이고 단순한 견해를 가지고 있었다고 볼 수는 없다.[187] 그가 이해한 인간은 이성을 통해 자연상태가 황량하다는 사실을 인식할 수 있었기 때문에, 무정부상태가 불가피하지는 않았다. 이성을 가진 인간은 '자연법'이 있음을 알 수 있었고, "달성될 가망이 있는 한, 평화를 얻기 위해 노력해야 한다."[188] 홉스는 만약 인간이 평화를 달성하는 일이 불가능할 경우, 자연권에 따라 "모든 수단을 동원하여 자신을 방어하라."라고 말했다. 인간은 자기방어가 보장되는 경우에 타인에 대해 타인에게 허락한 만큼의 자유를 갖는 것으로 만족해야 한다. 그렇지만 모든 사람이 자기 뜻대로 무엇이든지 할 수 있는 그러한 권리를 포기하지 않는 한, 인간은 전쟁상태에 놓이고 만다. 이런 주장을 뒷받침하기 위해 홉스는 "남에게 대접을 받고자 하는 대로 너희도 남을 대접하라."[189]라는 예수의 산상수훈을 인용한다.[190]

이런 식으로 홉스는 그로티우스의 사회계약 개념을 수용했으나, 그것을 좀 더 급진적으로 표현하고 모든 사람은 자신이 정당하고 옳다고 생각하는 바를 행동으로 옮기는 것을 멈추고, 이 개념에 대한 공통된 정의定意에 먼저 동의해야 한다고 생각했다. 홉스는 철저한 인식론

---

186 같은 책, 177쪽.
187 김규리(2018), 「홉스의 자연상태론의 서사적 재구성」, 외교학석사학위논문, 서울대학교, 167~168쪽.
188 홉스(2013), 『리바이어던』 1권, 177쪽.
189 마태복음 7장 12절.
190 홉스(2013), 『리바이어던』 1권, 177~178쪽.

적인 회의주의적 입장 때문에 국가는 반드시 필요하다고 보았다. 그는 웅변과 말의 힘으로 군중을 조작하는 것을 크게 두려워했다. 따라서 그는 공통된 언어를 정의하고, 그런 언어를 반드시 실천에 옮겨야 한다고 생각했기 때문에, 다음과 같이 국가의 필요성을 설명한다.

> 그러므로 정의와 불의의 개념이 존재하기에 앞서, 먼저 어떤 강제적 힘이 존재해야 한다. 이 강제력이 하는 일은 약속(Covenant)을 이행하지 않았을 때 얻을 수 있는 이익보다도 더 큰 처벌의 공포를 통하여 약속을 한 당사자 쌍방이 각각의 채무를 이행하도록 평등하게 강제하고, 그들이 보편적 권리를 포기한 대가로 상호계약에 의해 소유권(propriety)을 확보할 수 있도록 보장하는 것이다.[191]

홉스의 이러한 논증 구조는 그로티우스와 동일하다. 즉, 개별 인간이 자연법을 강제할 수 없기 때문에 인간을 초월한 권위를 세우는 것이 필요하다. 다만 홉스와 그로티우스의 차이점은 그 정도에 있었다. 홉스는 인간의 사회성을 전혀 믿지 않았기 때문에, 계약이 절대적인 것이라고 생각했다. 그는 인간의 자유의지에 어떤 것도 위임하고자 하지 않았다. 국가의 통제에서 벗어난 모든 것이 언제든지 "만인에 대한 만인의 전쟁상태"를 초래할 수 있다고 보았기 때문이다.

홉스는 전통적인 법적 의미의 시민권에는 별로 관심을 두지 않았다. 그는 인간의 본성과 관련하여 시민권을 파악하면서, 인간이 동료 인간들과 맺은 계약에 의해 자신의 천부적 권리를 완전히 박탈당했다

---

191 같은 책, 195쪽.

고 보았다. 홉스에 따르자면, 강력하고 절대적인 권력을 가진 정부가 없이는, 무정부상태에서 비롯된 혼란이 발생할 수밖에 없다. 그런 상태에서 인간은 『리바이어던』에서 묘사한 바처럼 고통스런 상황 속에 놓이게 된다. 그리하여 "끊임없는 공포와 생사의 갈림길에서 인간의 삶은 고독하고, 가난하고, 험악하고, 잔인하고, 그리고 짧다."[192] 그렇기 때문에 홉스는 시민들이 권력에 복종해야 한다고 생각했다. 그가 『시민론』에서 말한 바처럼, 각 시민은 자신의 모든 힘과 능력을 명령하는 인간이나 평의회에 양도했으며, 각 개인은 자신의 저항할 권리를 포기했다.

홉스에게 시민권은 단지 단어에 불과한 것이다. 그는 신민과 시민을 동일시하면서, "종속적 사회인이기도 한 각 시민을 최고통치권을 가진 사람의 신민subject"[193]이라고 말한다. 홉스의 사상에서 사적 인간은 신민이 되었고, 그의 자유는 모든 자연적인 힘을 잃었으며, 자유는 "주권자가 그들의 행위를 규제하면서 불문에 부친 일들에 대하여만 존재한다."[194]

홉스에게 있어서 자유롭다는 것은 법을 준수하는 것과 동일하다. 홉스가 말하는 리바이어던은 인간에게 부과되고 그를 억압하는 외적 권위가 아니라 인간을 대표하는 힘이자 그 대신 행사되는 힘이며, 일반 이성이 개인의 정념을 지배하도록 만드는 것이다. 따라서 시민이 된다는 것은 제약으로부터 자유롭다는 것, 그리고 국가 외에는 어느 누구에게도 속하지 않는다는 것을 의미한다. 실제로 그것은 이중적으

---

192 같은 책, 172쪽.
193 홉스(2013), 『시민론』, 113쪽.
194 홉스(2013), 『리바이어던』 1권, 282~283쪽.

로 자유롭다는 의미다. 첫째로 인간은 가부장제 형태의 권위를 특징 짓는 사적 주권으로부터 보호받았기 때문이고, 둘째로 인간은 맹목적인 정념에 불과한 자유, 즉 인간 자신의 진정한 자유를 잃어버리도록 만드는 환상적인 자유에서 벗어났기 때문이다.

홉스에게 국가는 정념에 의해 지배되는 자연상태의 비합리적 형태와는 반대로, 법에 의해 지배되는 사회적 삶의 합리적 형태였다. 같은 방식으로, 시민권은 법에 대한 복종으로 이해되었는데, 이것은 폭정에 대한 굴복이 아니라 자신과 동료 인간의 정념에 종속된 자연인의 모든 사적인 제약에 반대되는 자신의 이성에 대한 복종일 따름이었다.[195]

---

195 Paul Magnette(2005), *Citizenship: The history of an idea*, p. 74.

4. 명예혁명과 로크

1) 명예혁명

 스튜어트가의 왕들이 의회가 주장하는 권리를 무시한 결과, 내전을 겪은 잉글랜드에서는 1660년 왕정복고가 이루어졌다. 이런 혼란된 상황에서는 분쟁을 종식하고 시민들 사이의 불화의 싹을 자를 수 있는 명확한 기준이 필요했다. 그러나 17세기 후반 잉글랜드에서는 새로운 요구가 제기되었다. 수평파는 정치적인 권한을 더 확대할 것을 요구했다. 또 왕의 자의적 행동에 반대하여 사법적인 보호를 제공하는 문제를 둘러싸고 왕과 의회 사이의 갈등이 재발했다. 그런데 이로부터 생겨난 혁명 사상은 왕과 국민 사이의 계약이라는 오랜 사상을 풍요롭게 만들었으며, 계약 사상을 주권의 기초이자 합법화의 근간으로 만들었다.

 1688년에 일어난 명예혁명은 16~17세기에 잉글랜드에서 조성된 여러 정치적 성향 사이의 교묘한 타협의 산물이라고 할 수 있다. 의회는 제임스 2세를 축출하고 그의 딸인 메리와 그녀의 남편인 오렌지의 윌리엄 3세가 '권리장전'으로 알려진 문서에 서명한 후, 왕위를 공유하도록 초청했다. 권리장전은 찰스 2세나 제임스 2세가 그랬던 것과 같이 국왕이 법의 효력을 마음대로 유보할 수 없고, 의회의 동의 없이 과세할 수 없으며, 의회 선거를 자유롭게 실시해야 하고, 의회 내에서 완전히 자유롭게 발언해야 한다는 등 13개 항목으로 구성되었다. 이에 윌리엄은 의회의 권리를 인정했고, 의회는 회기를 계속하며 영국의 법과 자유에 관한 이 헌장을 국왕과 함께 채택했다. 이리하여 국왕과 영국 상류 사회의 대표자들 사이에 균형이 잡혔고, 국왕은 자신의 권위가 국민에게서 나오고 그것이 국민의 권리에 의해 제한된다는 점을 인정했다.

이로써 영국에서는 18세기에 본격적으로 입헌군주정과 근대적인 의회제도가 발달하게 되었다. 그렇더라도 당시 영국에서 의원들을 선출하는 선거에 참여할 수 있는 사람들의 수는 많지 않았다. 그래서 1760년대로부터 선거권 개혁을 위한 요구가 제기되었는데, 그 중심에는 1780년 설립된 입헌정보협회The Society for Constitutional Information가 있었다. 이 단체는 시민이라는 용어를 사용하면서 투표권이 평등해야 한다고 주장했다.[196] 이 시기에 영국에서 이러한 선거권 확대 흐름에 영향을 미친 위대한 사상가는 로크였다.

2) 로크

존 로크John Locke, 1632~1704는 시민권을 자산 보유와 연결하여 논의했다. 물론 로크 이전에도 재산과 시민권 사이에 관한 논의는 고대에서부터 있었다. 스파르타의 시민은 재산을 소유하고 있었고, 아리스토텔레스도 재산 소유가 시민권을 위한 전제조건이라고 주장했다. 그

---

196 Derek Heater(2004), *A Brief History of Citizenship*, p. 65.

이후에도 고대로부터 이 문제에 대한 이견은 거의 없었다. 재산이 없는 사람은 공적인 업무를 수행할 수 있는 여가를 가질 수 없다고 생각했기 때문이다. 그뿐만 아니라 재산을 가진 사람은 재산이 없는 사람보다 뇌물을 수수할 가능성이 낮다고 생각했다. 그리고 재산을 소유한 사람은 상대적으로 뛰어난 능력의 소유자라는 의미에서 '덕성'을 가졌다고 간주하기도 했다. 그러나 고대의 재산과 시민권 논의는 신분제적 배경을 두고 전개된 반면, 17세기 영국에서의 논의는 신분제가 해체되는 과정에서 제기되었다는 점에서 중요한 차이가 있다.

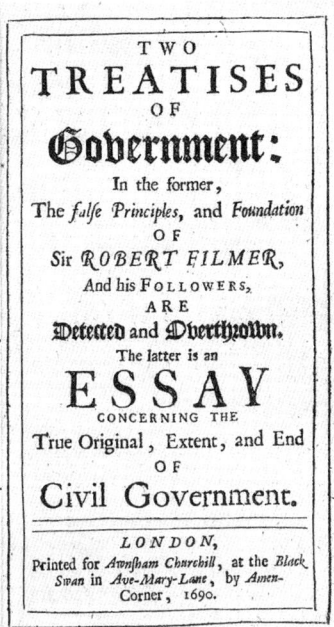

로크의 『통치론』 초판 표지. 제1론은 '로버트 필머 경 및 그 추종자들의 그릇된 원칙과 근거에 대한 지적과 반박', 그리고 제2론은 '시민정부의 참된 기원, 범위 및 목적에 관한 시론'이라는 부제가 달렸다.

로크가 이 문제에 대해 제기한 주장은 매우 유명하며, 후대에 커다란 영향을 미쳤다. 그는 1689년에 출판된 『통치론』의 제2론인 『시민정부의 참된 기원, 범위 및 목적에 관한 시론』(이하 『시민정부』)에서 모든 사람이 '자신의 생명, 자유, 그리고 재산을 유지할' 권리를 가지고 있다고 주장했다. 이 공식은 다음 세기에 작성된 '미국의 독립선언'(1776), 그리고 프랑스 인권선언(1789)에서 비슷한 방식으로 인용될 정도로 커다란 반향을 불러일으켰다. 로크의 표현은 '미국의 독립선언'

에서는 '생명, 자유, 그리고 행복 추구', 그리고 프랑스의 인권선언에서는 '자유, 재산, 안전과 억압에 대한 저항'으로 약간 변형되었다.

재산에 대한 고전적인 주장은 상업자산과는 대조적으로 토지자산에 정치적인 의미를 부여하는 것이었다. 이에 따라 토지자산을 가진 자들, 즉 지주의 영향력이 강조되었고, 토지 소유자들만이 시민권자로서의 자격을 갖추었다는 주장이 제기되었다. 그러나 국가 구성원을 토지보유자와 미보유자로 명확하게 구분하는 입장은 국가가 시민들로 구성되었고 모든 시민이 기본적으로 평등해야 한다는, 떠오르는 원칙과 충돌했다. 18세기 중반 무렵이 되면, 이런 원칙은 근대적인 의미로 변환된 '시민'이라는 단어가 널리 확산함에 따라 프랑스에서 중심적인 위치를 차지했다.[197]

1632년에 태어난 로크는 홉스처럼 사회계약을 주장했지만, 그의 설명은 홉스의 것보다 조금 더 복잡하다. 로크는 불가피한 경우에 한정하여 앞선 사상가들의 어휘를 사용했으나, 『통치론』에서 '주권'이라는 용어를 한 번도 사용하지 않았고, 오히려 '최고 권력' 또는 '입법권'이라는 단어를 선호했다. 그는 이 저서에서 '국가'가 아니라 '정부'에 대해 설명했다. 로크는 국가와 정부의 차이를 잘 알고 있었고, 동시대 사람들과 함께 절대주의에 맞섰다.

로크의 『통치론』의 제1론은 '로버트 필머경 및 그 추종자들의 그릇된 원칙과 근거에 대한 지적과 반박'이라는 부제를 달고 있었다. 이 논문은 로크의 사상적 적수로서 『족장론』Patriarcha 의 저자이자 왕당파인 로버트 필머[1588~1653]의 주장을 비판하는 것이었다. 권위에 대한 중

---

197 *Ibid.*, p. 67. 프랑스에서 시민권에 대한 이런 입장의 주요 이론가는 루소였다.

세적 개념을 가지고 있던 필머에 따르면, 주권자는 자신의 권력을 신으로부터 이양받았으며 그 권력을 절대적으로 행사해야 하지만, 동시에 신민들에 대한 부성적 배려심을 가지고 있어야 했다. 로크는 필머의 주장을 반박하면서 『시민정부』에서 정치에 대하여 필머와는 다른 원칙을 제시한다. 로크에 따르자면, 권력은 신의 법에 따라 신성하게 이양된 것이 아니라 인간이 만든 제도이다. 그리고 로크는 홉스와 같은 입장을 가진 사람들, 즉 권력을 개인의 힘과 직접적으로 대립하는 개념으로 간주하는 사상가들에게 반대했다. 그는 개인이 천부적으로 부여받은 자유를 저당 잡히지 않고도 효율적인 정부를 수립할 수 있음을 보여주고자 했다.[198]

자신의 정치 이론의 출발점을 자연상태에서 시작한 홉스와 마찬가지로, 로크도 자연상태에서의 인간을 설정했으나, 그가 생각한 자연상태는 홉스의 경우보다는 덜 야만적이었다. 그의 사상에서는 홉스에서처럼 자연상태와 시민 국가가 근본적으로 대립 관계에 있지 않고, 인간의 권리와 시민의 권리도 필연적으로 모순관계에 있지 않다. 로크는 인간이 자연상태에 있을 때 분명 자유롭고 평등하지만, 항구적인 전쟁을 해야 하는 운명에 처해 있지는 않다고 생각했다. 로크에 따르면, 자연법의 근간을 이루는 이성은 "전 인류에게 동등하고 독립적이므로 누구도 남의 생명, 건강, 자유, 재산상의 피해를 주어서는 안 된다."라고 가르치고 있다. 로크는 그 이유를 다음과 같이 설명한다.

인간은 유일하고 전능하고 지극히 현명한 조물주의 피조물이기 때문이다.

---

198 Paul Magnette(2005), *Citizenship: The history of an idea*, p. 81.

모두가 한 주인을 섬기는 하인이며, 주인의 명령과 용무에 의해 이 세상에 왔다. 인간은 조물주의 소유물이자 피조물이며, 다른 누구도 아닌 조물주가 원하는 동안만 존속하게 되어 있다.[199]

로크의 생각에 따르자면, 인간은 신의 피조물로서 자신의 생명과 타인의 생명을 보호할 의무가 있었다. 그는 이 점에 대해서, 또 공리적일 수밖에 없는 이 자연법칙의 근거에 대하여, 그리고 인간이 그것을 인식할 수 있는 방식에 대해서 더는 말하지 않았다. 이와 관련된 문제의 핵심은 로크가 근본적으로 새롭고, 근본적으로 개인주의적인 정부 이론을 발전시켰다는 데 있다.[200] 로크는 인간이 본성적으로 더 높은 법에 종속되는 한, 그들이 정치가 생겨나기 이전에 놓인 상태는 홉스가 주장한 것처럼 비극적이지 않을 것이라고 보면서 다음과 같이 주장한다.

여기서 우리는 '자연상태와 전쟁상태의 차이'를 명확히 알 수 있다. 이것을 헷갈리는 사람들도 있지만, 평화, 우호, 상호 원조, 보호의 상태는 증오, 악의, 폭력, 상호 파괴의 상태와 크게 다르다.[201]

이처럼 자연상태가 홉스처럼 최악의 상태가 아니었지만, 로크는 정부가 수립되어야 하는 필요성을 인정했다. 정부가 수립되지 않는다면, 자연법을 집행하고 그에 수반되는 처벌 권한이 각 개인에게 달

---

199 로크(2012), 『시민정부』, 남경태 역, 효형출판, 12쪽.
200 Paul Magnette(2005), *Citizenship: The history of an idea*, p. 81.
201 로크(2012), 『시민정부』, 23쪽.

려 있을 수밖에 없기 때문이다. 로크가 보기에, "인간은 이기심 때문에 자신이나 친구들의 일에 편파적인 태도를 가질 뿐 아니라, 비뚤어진 성격이나 흥분, 복수심에 사로잡혀 타인을 심하게 징벌할 수도 있다."[202] 그러므로 이것은 심각한 혼란과 무질서를 초래한다는 것이다. 따라서 자연법을 수호하기 위해, 즉 신의 의도를 성취하기 위해서는 "서로 하나의 공동체에 포함되어 단일한 정치체를 이룬다는 합의가 필요하다."[203] 이것은 모든 사람이 "각자의 자연적 권력을 공동체에 위임"[204]하는 경우에만 달성될 수 있으며, 이로써 공동체는 '입법권과 집행권'[205]을 부여받는다. 이런 논리는 로크가 처음으로 주장한 것이 아니고 계약주의자들의 생각과 유사했다. 단지 로크가 앞선 사상가들과 차이를 보인 점은 계약의 방식과 그로부터 발생하는 권력의 본질에 관하여 문제를 제기했다는 데 있다.[206]

로크가 생각한 계약은 홉스와 푸펜도르프의 주장처럼 외부 권위의 이익을 위해 인간의 천부적인 권력을 박탈하는 것을 목표로 하지 않았다. 로크에 따르자면, "자연상태에서 인간은 타인의 생명, 자유, 재산에 대해 전횡적인 권력을 갖지 못하며, 단지 자연법이 자신과 타인을 보호하기 위해 허용하는 한에서만 권력을 행사할 수 있을 따름이다."[207] 그에게 있어서 계약은 개인들이 그들 자신에게 권력을 위임하는 행위 entrusted power to themselves였다. 로크는 개인들이 각자의 자연권

---

202 같은 책, 18쪽.
203 같은 책, 19쪽.
204 같은 책, 78쪽.
205 같은 책, 80쪽.
206 Paul Magnette(2005), *Citizenship: The history of an idea*, p. 82.
207 로크(2012), 「시민정부」, 119쪽.

행사를 포기하고 자연권을 공동으로 행사하기로 약속한 것이 계약이라는 것을 다음과 같이 설명한다.

사람들이 하나의 공동체나 정부를 구성하기로 동의하고 그로써 통합을 이루어 하나의 정치기구를 만들면, 그 다수는 나머지에게 영향을 가할 수 있고 결정권을 갖게 된다.[208]

로크에 따르자면, 개인들은 허구적으로 자신의 권리를 포기했을 뿐이고, 그들은 더는 그것을 개인적으로 사용할 수는 없지만, 여전히 자신이 구성원으로 속한 정치 단체 내에서 권리를 행사할 수 있는 선택권을 가지고 있다. 그렇더라도 소수의 희생이 있을 수 있는데, 이런 경우는 합의를 전혀 이룰 수 없을 때 현실적인 필요성에 의해 발생했다. 로크가 보기에, 일단 개인들이 공동체를 이루게 되면 그 공동체는 마치 한 사람처럼 행동하는 권력을 가지게 된다. 각 개인은 다수의 결정에 복종하고 그에 따라 행동해야 하는 의무를 지고 있다.[209] 이 점에서 로크의 주장은 홉스의 주장과 크게 다르지 않다. 홉스에 따르자면, 신민은 자신이 오직 법에만 복종하고, 사적인 침해로부터 법으로 보호받는 한에서 자유로운 존재였기 때문이다.

그러나 로크는 홉스의 논지를 한층 더 강화하였다. 시민은 사람에게 복종하는 것이 아니라 법에만 복종하기 때문에 자유롭고, 나아가 그 법을 지속적으로 승인할 수 있기 때문에 더욱 자유롭다는 것이다.

---

208 같은 책, 87~88쪽.
209 같은 책, 88쪽.

시민들은 대칭적인 위치에 있는 권리와 의무를 부여받았다.

이로써 로크는 시민과 국가 사이의 관계를 역전시켰다. 로크에게 있어서 정부 권력은 사람들의 시민적 관심사를 위해 봉사할 수 있으며, 또 봉사해야 했다. 계약에 의해 건설된 국가에서 시민은 신민일 뿐만 아니라, 다음 세기에 국민주권이라고 불리게 되는 것의 보유자였다. 입법권을 구성하는 것은 모인 시민들이었고, 입법기구는 "집행권을 마음대로 바꾸거나 옮길 수"[210] 있었다. 로크는 시민권과 주권이라는 단어를 사용하지는 않았지만, 이 두 개념을 연결하려고 노력했음에 틀림없다. 그에 따르면, 시민은 더는 주권에 복종하는 것이 아니라 주권을 소유하고 행사할 수 있는 사람들이었다.

그렇다고 해서 로크가 모든 사람이 시민의 권리를 행사할 수 있다고 보지는 않는다. 그는 대부분의 당대인과 마찬가지로, 오직 이성적인 능력이 있는 사람들만이 입법자들의 선거에 참여할 수 있다고 선언했다. 나아가 그는 국민 중에서 시민을 구분하는 최고의 기준이 바로 재산임을 인정했다. 더군다나 그가 보기에, 재산을 보존하기 위한 필수 조건으로서 이를 보장하기 위해 시민사회가 설립되었다면, 재산을 가장 잘 보호할 수 있는 사람, 즉 재산 소유자들에게 시민사회를 맡기는 것이 상식이었다.[211]

이러한 한계에도 불구하고, 로크는 인간과 시민의 관계를 완전히 새롭게 정립했으며, 오랫동안 사상가들이 정확하게 대답하지 못했던 질문에 답했다. 홉스는 시민의 권리, 즉 주권자에 의해 확립된 시민

---

210 같은 책, 135쪽.
211 Paul Magnette(2005), *Citizenship: The history of an idea*, p. 83.

권과 인간의 권리인 생명권을 단순히 구분하는 데 그쳤으며, 그로티우스와 푸펜도르프는 이 이중성에 대한 명확한 정식을 제시하지 못했다. 반면에, 로크는 "정치사회는 개인들이 공동으로 하나의 사회를 이루는 데 동의하면서 출범"[212]했다고 주장한다. 권력은 단지 국민을 보호하는 목적만 가지고 있고, 국민을 파괴하고 예속하고 빈곤하게 만들 권리는 결코 가지지 못하다는 것이 로크의 주장이다.[213] 물론, 이러한 원칙으로 우리가 계약 조항에 기록된 인간과 개인의 권리에 대한 불변의 목록을 작성할 수는 없지만, 로크는 그런 권리의 각각의 범위를 정의했다. 계약의 조항에 기록된 개인들 간의 합의는 정부의 행동이 지닌 한계를 보여주었다. 그리고 로크는 계약의 한계를 명시적으로 규정하지는 않았지만, 인간은 항상 자신의 권리를 온전히 지키기 때문에 언제든 계약을 파기할 수 있다고 분명히 밝힌다.

> 입법자들이 국민의 재산을 빼앗고 파괴하려 하거나 국민을 전횡적 권력에 예속시키려 하면, … 국민은 더 이상 복종할 의무가 면제되며, 신이 무력과 폭력에 대비해 마련해준 공동의 피난처로 가게 된다.[214]

정치적인 동의를 얻지 못한 채 정부가 과세할 수 없다는 로크의 주장은 한 세기 이후 미국독립혁명을 주도했던 건국의 시조들에게 큰 영향을 주었다. 이제 "군주나 입법기구가 위임받은 것에 어긋나게 행

212　로크(2012), 『시민정부』, 95쪽.
213　같은 책, 119쪽.
214　같은 책, 193쪽.

동하는지를 누가 판단하는가?"[215]라는 질문이 제기되는데, 로크는 "모든 사람은 자신에 대한 재판관이다. 다른 사람이 나와 전쟁상태에 들어갔는지, 혹은 입다[Jephtha][216]가 그랬듯이 최고 재판관에게 호소해야 할 것인지에 대한 판단은 바로 자신의 몫이다."[217]라고 답했다. 이로써 로크는 어떤 상황에서도 시민이 자신의 생명과 재산에 대한 공격을 수동적으로 받아들이도록 강요받지 않았다는 점을 강조했다.[218]

로크는 가장 급진적인 개인주의(이에 따르자면 개개인이 반항할 권리까지 인정한다)와 합의된 법에 대한 복종으로 간주되는 집단적 자유 개념(이것은 나중에 자율성으로 불린다)을 조화시켰다. 법에 대한 로크의 개념은 이것을 확인해 주었다. 입법 과정은 규정된 절차에 따라 취해진 사실만으로 그 결정이 정당하다고 간주되는 자율적인 창조적 행위가 아니다. 오히려 그것은 자연법의 계시 과정이었다.

> 자연법은 사회가 형성되고 나면 지키지 않아도 되는 게 아니라 오히려 성문화되고 더 정교해지며, 인간의 법에 의해 형벌 조항이 더해져 더 엄격한 준수를 요구한다.[219]

이런 의미에서 '국민주권'은 불가항력적인 법을 규정하는 신의 내재적 이성에 대한 믿음과 불가분의 관계를 맺고 있다. 입법 과정은 신

---

215 같은 책, 214쪽.
216 입다(Jephtha)는 구약 시대의 사사(Judge)의 한 사람으로서 암몬 종속과의 전쟁에서 승리했으나 서원(誓願) 때문에 자신의 무남독녀를 희생시킨 일로 유명하다(구약성서 「사사기」 11장).
217 로크(2012), 『시민정부』, 215쪽.
218 Paul Magnette(2005), *Citizenship: The history of an idea*, p. 84.
219 로크(2012), 『시민정부』, 120쪽.

이 자연에 표현한 인간의 법을 무로부터 창조하는 것이 아니라, 인간의 법을 밝히는 것을 목표로 하는 인식 행위이다. 운집한 사람들은 자신들의 자연권을 신성하게 지키고 보호했다. 이것은 사회계약이라는 연금술로 개인이 집단적 자유를 만나는 지점이며, 인간이 인간으로서 양도할 수 없는 권리를 보장하기 위해 시민이 되는 순간이었다. 이렇게 하여 로크가 말하는 국가에서는 인간의 양도할 수 없는 개별성이 시민권으로 승화될 수 있었다.

제7장

근대의 시민권(2)

1. 자연법과 시민권

자연법이란 실정법에 앞서 "인간 행동의 합당한 이유와 논리 구조 속에서 뜻(의지)을 정하고 목적에 맞게 행위를 수행해 가는 것이 도덕적 선"[220]이라고 보는 사고방식이다. 이 사상은 고대의 아리스토텔레스, 스토아학파, 키케로 등이 제시했고 아우구스티누스와 아퀴나스가 체계화했으며 16세기부터 18세기에 이르러 중요한 근대사상의 하나로 재정립되었다. 물론 자연법 개념은 시대마다 그 근거를 달리한다. 고대의 자연법사상은 보편적인 도덕적 원리가 인간이 만든 법칙에 의존하지 않고 우주와 인간의 본질에 기반을 두고 있다고 가정했다. 그러나 아우구스티누스와 아퀴나스 등 중세의 기독교 사상에서는 자연법을 신이 부여한 질서의 일부로서 인간의 이성을 통해 발견할 수 있다고 생각했다.

자연법은 근대에 이르러 유럽 사상계에 더욱 큰 영향을 끼쳤다. 그로티우스는 종교적 인문주의가 세속적 인문주의로 넘어가는 과도기 단계의 사상가로서 자연법을 초자연적인 신앙과 분리했다. 근대 자연법은 군주의 권력이 신으로부터 유래했다는 주장이 지배적이었을 때에도 인민(국민)이 모든 권위의 원천이라고 주장했고, 군주가 권력을

---

220 하재홍(2023), 「자연법적 사고와 피니스의 신자연법이론」, 『법학논총』 제35집 3호, 442쪽.

자의적으로 행사할 때 인간은 천부적인 권리를 갖는다고 주장할 수 있는 근거가 되었다. 그럼으로써 자연법은 16~17세기의 격동기에 더욱 중시되었고, 그 결과 미국과 프랑스에서 민주주의 혁명의 이론적 근거가 되었다. 이 두 혁명을 주도한 사람들은 정치를 자연법의 관점에서 이해했다. 이로써 그들은 공화국이나 자유, 그리고 시민권의 개념을 성문화시킴으로써 근대적인 시민사회를 열 수 있었다.

폴 아자르는 1680년부터 1715년까지의 유럽의 지적 흐름을 살펴보면서 "이보다 더 큰 전환, 더 갑작스러운 변화를 찾을 수는 없을 것이다."[221]라고 했다. 비록 이 시기에 사상사에 획을 그을 만한 위대한 저술이 나오지 않았지만, 적어도 17세기 전반부의 사상가들이 발표한 사상이 축적되는 기간이었음은 분명하다. 1680년부터 1715년까지 유럽의 교양인들은 다음 시대로 가는 이정표가 될 새로운 사상을 찾는 데 관심을 가졌다. 이런 분위기에서 사회계약론으로 대표되는 자연법의 개념과 자연법이 시작한 정치적 교리는 18세기에 더욱 확대되었다. 다가오는 정치 혁명을 추진하게 될 교양인들에게 자연법은 공통된 생각의 기반으로서 유럽의 모든 대학에서 교수되었고, 그와 관련된 개념은 논쟁에서 부단히 토론되면서 철학적 사고의 기초 역할을 했다.[222]

인간은 투쟁으로 정치적인 권리를 획득하기 전에 이미 자연이 부여한 권리를 가진다는, 이 특이한 생각은 16세기 말에 시작된 인식론적 혁명의 산물이었다. 그에 앞서 마키아벨리와 그의 동시대인들은 모든

---

221 폴 아자르(1990), 『유럽의식의 위기』 I, 조한경 역, 민음사, 9쪽.
222 Paul Magnette(2005), *Citizenship: The history of an idea*, p. 84.

정치적인 주제가 불변의 교리에 의존하던 중세의 지적 체계를 무너뜨린 바 있었다. 그 결과, 직관에 의존하고 원칙이 아닌 격언을 제시하며, 철학적이라기보다는 문학적인 방식으로 이해되었던 정치에 대한 접근법은 한계를 드러냈다. 보댕은 정치학에 안정성과 일관성을 부여할 수 있는 근본적인 정의에 따라 정치학을 다시 정립하겠다는 야망을 표명했다. 물리학과 데카르트가 발달시킨 방법론은 정치의 조직 원리를 발견하려는 이러한 의지를 더욱 강화했다. 그로티우스, 홉스, 푸펜도르프 등은 정치학이 연역될 수 있는 어떤 예비적 공리들이 확립되어야만 인간 사회를 이해할 수 있다고 생각했다. 그들의 이러한 사상은 근대 정치학의 주요 개념인 사회계약론을 이론적으로 뒷받침했다.[223]

자연법과 관련하여 근대 초의 사상가들은 각자 아주 다른 맥락에서 사용하기는 했지만, 자연상태, 사회계약, 공화국이라는 세 개의 개념에 집중했다. 이들은 자연상태라는 개념으로 국가가 성립되기 이전의 인간 상태를 탐구함으로써 인류학과 사회학의 기본 틀을 정의 내릴 수 있었다. 나아가 사회계약으로 이어지는 과정과 그 결과로 나타나는 국가의 본질을 분석함으로써, 정치적인 법이 인간과 사회에 대한 이러한 개념들과 어떻게 연결되는지 설명할 수 있었다. 사회계약 사상은 역사적 설명을 목표로 하기보다는, 가설적인 사례와 전제를 설정하며(자연상태), 이를 통해 인간 태도의 상대적 중요성, 법과 제도의 힘을 연역적으로 분석하여 정치적 삶이라는 미묘한 배열의 정밀한 구조를 측정하고자 했다. 자연상태에 살던 인간들은 사회계약을 통해

---

[223] *Ibid.*, pp. 84-85.

비로소 국가(공화국)를 수립하게 되었다.

이렇게 성립된 국가를 근대 초에는 공화국으로 부르는 경향이 있었다. 원래 공화국은 고대 로마의 '레스 푸플리카'res publica에서 유래한 용어였으나, 이 시기에는 '코먼웰스'commonwealth라는 말도 널리 사용했다.[224] 토머스 모어가 1516년에 펴낸 『유토피아』에서도 이상적인 국가를 '코먼웰스'라고 부르고 있다. '코먼웰스'는 'common'과 'wealth'를 합한 단어로서 특정 계급이 아니라 모두의 행복을 추구하는 정치 공동체라는 의미이다. 크롬웰이 1649년에 찰스 1세를 처형하고 수립한 국가는 'Commonwealth of England'인데, 우리나라에서는 코먼웰스를 '공화정'으로 번역하는 경우가 많다. 한편 이 시기에 국가를 가리켜 '리퍼블릭'republic이라고 부르기도 했다. 가령, 보댕의 『국가에 관한 6권의 책』의 원제목은 'Les Six Livres de la République'이다. 그리고 1569년에 체결된 루블린 연합으로 성립된 폴란드-리투아니아 연합의 명칭은 폴란드어로 'Rzeczpospolita Obojga Narodów', 라틴어로 'Res Publica Utriusque Nationis'인데 영어로는 흔히 'Polish-Lithuanian Commonwealth'로 번역된다. 이처럼 근대 초에는 국가를 둘러싼 용어가 다양했다.

자연상태로부터 국가가 성립되는 과정에 대해 사상가마다 표현 방식은 달랐지만, 그 결론은 비슷했다. 앞 장에서 살펴보았듯이, 홉스는 자연상태에서 정념에 빠지고 야심에 찬 인간들이 항구적인 전쟁을

---

224 임승휘는 근대 초 잉글랜드의 코먼웰스가 "지배 개념과 결부된 대륙의 포괄적인 의미의 état나 stato라기보다는 오히려 특정한 역사적 조건하에서 형성된 이데올로기적 함의를 내포한 〈정치적 공동체〉 개념"이라고 설명한다. 임승휘(2016), 「16세기 후반 잉글랜드와 프랑스의 국가 개념 비교연구: 토머스 스미스(Thomas Smith)와 장 보댕(Jean Bodin)의 국가론을 중심으로」, 『이화사학연구』 제53집, 302쪽.

벌일 수밖에 없었기 때문에 절대적인 권력을 가진 국가가 성립되어야 한다고 설명했다. 반면에 로크에 따르면, 인간은 창조주가 부여한 이성에 따라 상대적으로 평화로운 사회를 형성할 수 있으며, 이 사회는 시민 정부 제도에 의해 교정되기만 하면 되었다. 당시 대부분의 사상가는 자연법과 천부적 권리의 존재를 믿었으나, 각자 이러한 개념에 부여한 의미는 달랐다. 어떤 사람에게는 그것이 자연에서 끌어낸 신성한 의지의 표현일 뿐이었고, 다른 사람에게는 인간의 이성에서 직접 끌어낸 것들이었다. 근대의 정치사상가들은 군주 체제를 부정하지는 않았으나, 이러한 개념에 바탕을 두고 군주의 자율성을 이해했다. 홉스에 따르면, 법이 순전히 시민적인 방식으로 정의된다면, 군주의 권한에는 제한이 없으며 군주가 선포하는 모든 것은 법이다. 반면에 로크와 같이 법이 섭리의 반영에 불과하다면, 군주는 법의 해석자에 지나지 않는다. 하지만 어떤 경우이든지 사상가들은 자연법과 자연권이 보장되기 위해서는 그것들을 주장하고 보호하는 인위적인 권위가 필요함을 인정했다. 우리는 이러한 패러다임을 배제하고 근대 시민권 개념이 형성된 과정을 이해할 수 없다. 근대의 개인은 자연상태에서 자연권을 부여받은 사람이며, 군주가 부여한 권리를 가진 시민이자 신민이었다.

근대 초에 인간의 권리와 시민의 권리는 상호 배타적이라고 생각하지 않았다. 이러한 권리는 근대적 자유 개념이 가진 양면성으로 인하여 여러 측면에서 연결되어 있었다. 근대 초의 사상가들에 따르면, 자유는 천부적이며 시민 개념이 등장하기 이전의 자유일 수 있다. 나아가 이러한 자유는 공화국이라는 제도와 함께 사라지기도 하지만, 반면에 남아있을 수도 있다. 홉스가 법이 침묵하는 가운데서도 자유가 전개된다고 지적할 때, 그는 바로 이러한 남아있는 자유를 의미하고 있었다.

그렇지만 일반적으로 근대 사상사에서 국가가 성립된 이후에 시민이나 신민이 보유한다고 말하는 자유는 이러한 천부적인 자유를 부정했을 때의 개념을 가리킨다. 그러한 자유는 자연 그대로라기보다는 법으로 보장되어야 하는 것이었다. 이것은 근대 정치법의 핵심적인 사상으로서, 인간으로서의 권리와 시민으로서의 권리는 일치해야 했다. 그러나 18세기에도 이 둘의 관계는 여전히 명확하게 규명되지 않았다. 사실상 인간은 천부적인 권리를 포기한 다음에 시민으로서의 자유를 보장하는 관습법을 만들었다. 이로써 시민은 인간을 대체했다. 그와 동시에, 민법은 생명과 재산에 대한 천부적인 권리를 인정하기만 했고, 천부적인 원칙을 인위적으로 표현했을 따름이었다. 따라서 이 시기의 사상가들은 인간과 시민 사이의 관계를 명확하게 설명하지 않았고, 이 둘이 상이하거나 동일하다고 생각하기도 했다. 인간은 시민이 됨으로써 인간으로서의 존재를 그만둔 것이 아니라, 또 다른 능력을 가진 존재가 된 것이다. 인간과 시민의 관계에 대한 이러한 애매한 논리는 나중에 '전통'을 말한 버크$^{Edmund\ Burke}$에 의해서, '공리'를 말한 벤담$^{Jeremy\ Bentham}$에 의해서, 그리고 '실제의' 역사를 말한 마르크스$^{Karl\ Marx}$에 의해 비판을 받게 되었다.

법에 의한 보호는 오늘날 '소극적 자유'라고 불리는 정치적 자유의 한 측면일 뿐이다. 정치적 자유의 다른 측면인 참정권은 17세기에 대략적인 윤곽으로만 등장하다가 18세기를 거치면서 상세하게 다듬어졌다. 최종적으로 주권을 위임받은 주권자가 아니라 영원히 시민의 의지에 따라 운영되는 입법 기관에 의해 법이 제정되었을 때, 시민은 확실히 자유를 부여받았다. 시민이 따르게 된 법은 언제나 어떤 식으로든 시민 자신의 승인을 받았음이 확인되었다. 이런 식으로 시민권과 주권은 서로를 보완하여 완전해질 수 있었다. 다시 말해, 시민은 주권의 표현으로서 법을 제정할 수 있는 권력을 시민권의 정의대로 집단적으로 소유하고, 또 행사할 수 있게 되었다.

17세기 말에 이러한 시민권 개념은 아직 널리 수용되지 않았다. 홉스와 마찬가지로 푸펜도르프에게도, 그리고 그 이전의 보댕에게도 특정 시민이 누리는 특권, 즉 투표권과 공직은 군주의 권한에 참여할 수 있는 자격이 아니라 사회적 조건에 따라 특정인에게 부여되는 의무였으며, 이것은 사회질서에서 당사자에게 명예를 주지만, 정치 분야에서 더 큰 힘을 발휘할 수 있도록 하는 것은 아니었다.[225]

그럼에도 불구하고 다수의 동시대인과 마찬가지로 로크에게 있어서 시민권은 사회적 조건에 따른 것으로 이해되었다. 여성뿐만 아니라 '하인', 즉 생존을 위해 남에게 의존하는 모든 사람은 이러한 권리에서 체계적으로 배제되었다. 이는 갑자기 나온 주장이 아니라 아주 오랫동안 지속된 관점이었다. 국민주권을 주장한 초기의 이론가들은 집단적 의사결정에 참여하려면 어느 정도의 합리성과 사회 조직의 동질성을 가질 필요가 있다고 생각했고, 재산의 소유는 이러한 조건의 객관적인 기준인 것처럼 보였다. 하층계급을 정치적으로 배제하자는 주장은 그들이 인지적인 결함을 가졌다거나, 재산을 중심으로 조직된 사회의 위계적 조화에 그들이 위협을 가한다는 이유로 정당화되고 있었다.

---

225 Paul Magnette(2005), *Citizenship: The history of an idea*, pp. 85~86.

2. 몽테스키외와 시민권

17세기 후반과 18세기에는 자유주의라는 새로운 정치적 패러다임이 등장했고, 영향력 면에서 18세기 민주주의 혁명의 진행 시기와 그 이후에 자연법 이론과 경쟁했다.[226] 자유주의는 방법론 면에서 자연법 이론가들과 달랐다. 자연법학파의 저술가들은 정치철학의 관점에서 국가의 규범적 기반을 중시했던 반면에, 자유주의자들은 주로 사회학이나 정치학의 관점에서 국가권력의 효과적인 기능을 중요하게 생각했다. 또 자유주의자들은 가설 연역적 추론보다는 역사, 관찰 및 비교 방법을 사용했다. 그리고 그들은 역사를 중요하게 생각했기 때문에 유토피아적 사회적 비전에 대해서 조심스러운 입장이었다.[227]

18세기에 이러한 자유주의적 입장에서 경험주의를 중시한 대표적인 사상가는 몽테스키외 Montesquieu, 1689~1755였다. 그는 시민권이 지닌 장점과 기능, 그리고 그 정서에 대해 서술하면서 당대에 엄청난 영향을 끼친 정치사상을 제시했다. 1748년 출간된 그의 주저인 『법의 정신』의 첫 번째 책은 사회계약의 가설에 대해 다음과 같이 간단하게 언

---

226 진교훈은 자연법의 하강 원인을 개인주의와 도구적 이성주의에서 찾고 있다. 진교훈(2013), 「왜 서양 근세에서 자연법사상은 쇠퇴했는가?―서양 근세의 자연법사상 I(17~18세기)」, 『이성과 신앙』 55호, 139~194쪽.
227 Paul Magnette(2005), *Citizenship: The history of an idea*, p. 94.

급하다.

인간은 사회생활을 영위하게 되자 곧 열약함의 감각을 잃는다. 일찍이 상호 간에 있었던 평등은 끝나고 전쟁상태가 시작된다. 각 개별 사회는 그 힘을 자각하기 시작하고, 그 사실은 민족 사이의 전쟁상태를 조성한다. 각 사회에 있어서의 개인은 그 힘을 자각하기 시작하고, 그들은 그 사회의 주된 이익을 자기 개인에게 유리하도록 돌리고자 애쓴다. 그것은 그들 사이에 전쟁상태를 조성한다. 이 두 가지 전쟁상태가 인간들 사이에 법률을 제정케 한다.[228]

그러나 몽테스키외는 사회계약에 관한 입장을 더는 진전시키지 않고 오히려 홉스의 주장을 비판했다. 그는 만인이 만인에 대한 전쟁상태에 있다고 주장한 홉스에 반대하면서, 사회가 성립되기 이전의 인간은 열약함밖에 느끼지 않기에 서로 공격을 원치 않으므로 평화를 추구하는 경향을 보인다고 하면서 평화가 제1의 자연법이라고 말한다.[229]

몽테스키외는 홉스를 정치적 실증주의의 대표자로 간주하면서도 홉스가 자연법을 군주의 법과 혼동하여 무시했다고 비판했으며, 군주가 제정한 법만을 정당한 것으로 간주했다고 지적했다. 몽테스키외는 보다 신성한 자연법이 있다고 믿으면서 다음과 같이 말한다.

---

228 몽테스큐(1978), 『법의 정신』 I, 이영희 역, 동서문화사, 33쪽.
229 같은 책, 32쪽.

모든 지적 존재는 자기가 만든 법을 가지고 있으나, 또 만들지 않은 법도 가지고 있다. … 실정법이 명하거나 금하는 것 이외에는 정의도 부정도 없다고 말하는 것은, 원이 그려지기 전에는 모든 반경이 같지 않았다고 말하는 것과 같다. 따라서 그것을 확정하는 실정법에 선행되어 형평의 관계가 있다는 것을 인정해야 한다.[230]

이런 주장을 할 때, 그는 그 자체로 공정하고 인간의 법이 고려해야 할 사물의 질서가 있다고 믿었다.[231]

한편 몽테스키외에게 철학자의 임무는 자율적으로 스스로 법을 부여한 국가를 정당화하는 것이 아니라, 실제 법을 조사하고 그로부터 자연법칙을 추론하는 것이었다. 그는 "풍토, 종교, 법률, 통치의 격률, 과거의 사례, 습속, 도덕"[232] 등이 뒤섞이는 미묘한 상호작용으로 각 국민nation의 '일반 정신'이 형성된다고 보았다. 입법자들은 이런 점들을 고려하여 법률을 제정하는 법을 만들어내기 때문에, 그는 솔론처럼 "나는 그들이 견뎌낼 수 있는 법 중 가장 좋은 것을 주었다."[233] 라고 말할 수 있었다. 인간이 법을 자유롭게 제정하지 않고 물리적, 사회적, 도덕적 조건에 의해 법이 결정된다고 생각한다면, 인간의 자율성은 줄어들게 된다. 법률은 임의로 제정될 수 없으며 이러한 조건을 고려해야 한다. 마찬가지로 정부의 선택은 정밀하게 국민의 정신에 따라 결정된다는 것이다.[234]

---

230 같은 책, 30쪽.
231 Paul Magnette(2005), *Citizenship: The history of an idea*, p. 94.
232 몽떼스뀨(1978), 『법의 정신』 I, 350쪽.
233 같은 책, 362쪽.
234 마키아벨리는 몽테스키외보다 약 2세기 전에 그와 비슷한 생각을 피력한 바 있다. 마키아벨리

나아가 몽테스키외는 바람직한 정치체제가 무엇인지에 대한 사유를 전개했다. 그는 역사와 민족에 대한 연구를 통해 시민권은 예외적인 조건에서만 국민주권과 동의어가 될 수 있으며, 대부분의 정치사회는 더 귀족적인 공화국 형태로 존재해야 한다고 확신했다. 역사적 민주 정체에 대

『법의 정신』을 저술한 몽테스키외

한 설명에서는 "투표권을 정하는 법률이 이 정체에서는 기본적"[235]임을 상기하고, 국민이 '주권'을 가지고 있다고 말한다.[236] 그러나 몽테스키외는 민주 정체가 '덕성'에 의해 지탱될 때에만 유지될 수 있다는 단서를 달았다.[237]

몽테스키외에 따르자면, 어떤 국민이 스스로 통치하기 위해서는, 비록 혼란스럽고 논쟁적이며 때때로 비겁한 성향을 가지고 있더라도, 그 구성원들이 '자기희생'의 경지에 이르러야 한다. 또한 그들은 조국에 대한 사랑, 법에 대한 존중, 그리고 공공의 이익에 대한 감각을 깊

는 법과 도덕의 깊은 관련성을 크게 강조했으며, 전자는 후자 없이는 유지될 수 없다고 생각했다. 보댕 역시 기후, 지리적 및 기타 요인이 제도의 형성에 미치는 영향에 대한 광범위한 조사에 착수한 바 있었다. 이러한 방법론을 선택함으로써 이들의 사상은 어느 정도로는 공리주의적 성격을 띠었다. 이들은 현실에 적합한 법칙을 추구했기 때문에 자연법 이론가들처럼 이상적인 합법적 질서를 생각하지 않고 현실적인 질서를 정당화하고자 했다.

235 몽테쥬(1978), 『법의 정신』 I, 36쪽.
236 같은 책, 37쪽.
237 같은 책, 48쪽.

이 내면화해야 하며, 평등주의에 그치지 않고 검소함과 평등의 정신이 있어야 한다. 몽테스키외에게 이 모든 것은, 사람들이 관습을 지키고 오랜 교육으로 자기들의 특수한 이익을 일반 이익에 따르도록 복종하는 데 익숙한 작은 국가에서만 가능했다. 역사는 분명히 그러한 민족을 알고 있었으며, 몽테스키외는 그들의 예외적인 성격을 더욱 세세하게 묘사하여, 국가가 대규모인 시대에 이러한 조건을 다시 한 번 찾는 것이 얼마나 어렵거나 심지어 불가능한지를 보여주었다. 그러므로 몽테스키외가 적합하다고 생각한 정부 형태는 각각 명예와 절제의 원칙에 기초한 군주제와 귀족 정부였다.[238] 이런 정치체제의 특징에 대해 몽테스키외는 다음과 같이 설명한다.

> 명예는 정치체제의 모든 부분을 움직인다. 그것은 그 작용에 의해 이런 단체의 여러 부분을 결합함으로써 각자는 자기의 특수 이익을 향하고 있다고 믿으면서 공동의 선을 향하고 있는 것이 된다.[239]

더욱이 이런 정부들은 일반 국민이 전혀 다룰 수 없는 '정무政務를 의논할 능력'을 가진 대표자를 두고 있었다.[240] 귀족은 고대의 지혜와 타고난 온건함으로써 이 의무를 매우 잘 수행할 수 있었지만, 몽테스키외는 자신의 대표자들을 선택할 수 있는 권한을 국민에게 부여했다. 따라서 "국민은 그 대표자를 선출하기 위해서만 정치에 참가하여

---

238 Paul Magnette(2005), *Citizenship: The history of an idea*, p. 95.
239 몽떼스뀨(1978), 『법의 정신』 I, 54쪽.
240 같은 책, 195쪽.

야 하며, 그 선출은 국민이 아주 잘할 수 있는 것이다."[241] 그러나 몽테스키외에게 궁극적으로 중요한 것은 특정 정부 형태가 아니라 중용이다. 그런 의미에서 그는 다음과 같이 말한다.

> 내가 이 저작을 만든 것은 오로지 그것을 증명하기 위한 것이었던 것으로 생각된다. 즉, 중용의 정신이 입법자의 정신이어야 한다. 정치적 선은 도덕적 선과 마찬가지로 언제나 두 극단 사이에 있다.[242]

일반적으로 알려진 바와는 달리 몽테스키외의 저술에서는 현대 입헌주의자들이 의미하는 바의 삼권분립에 관한 법적 이론은 제시되지 않았다. 정확히 말하자면, 몽테스키외가 말한 것은 권력의 균형에 관한 정치 이론이다. 그는 자신보다 2세기 전에 살았던 귀치아르디니와 마찬가지로, "사람이 권력을 남용 못 하게 하기 위해서는 사물의 본질에 의해 권력이 권력을 저지하도록 해야 한다."[243]라고 말했다. 그의 제도적 창조물은 동일한 사회 집단들이 법을 제정하고 적용할 수 있는 권한을 모두 보유하지 않도록 하기 위한 것일 뿐이었다. 몽테스키외는 현명한 귀족을 왕과 백성 사이의 중요한 중개자로 활용하고자 했다. 그에 따르면, 영국 정부는 전제정을 물리쳤지만 동시에 위협적인 민주정체를 낳았다. 사회 세력들 각각에 권위의 일부를 부여함으로써 그들을 중립화한 것은, 고대인들이 추구했던 '좋은 체제'의 근대적 형태인 혼합 체제였다. 그가 그토록 극찬한 절제는 '권력들 사이의

---

241 같은 책, 196쪽.
242 몽페스퀴(1978), 『법의 정신』 II, 이영희 역, 동서문화사, 642쪽.
243 몽페스퀴(1978), 『법의 정신』 I, 191쪽.

권력 분담'이며, 제도적으로 사회적 세력들 사이에 확립해야 하는 균형이었다.[244]

계약주의자들이 보편적인 언어를 사용하여 엘리트주의를 은폐한 반면에 몽테스키외는 자신의 의도를 명확하게 밝혔다. 그는 시민권이란 단순히 법에 복종하는 것임을 인정하면서, 사람들이 "국민the people의 힘을 국민the people의 자유와 혼동했었다."[245]는 데 대해 불쾌한 감정을 가졌다. 그는 정치적 자유가 '국민주권'이 아니라 '철학적 자유'[246]일 뿐이라고 생각했다. 그에 따르면, "자유란 법이 허용하는 모든 일을 할 수 있는 권리이다."[247] 그것으로부터 혜택을 받는 시민들에게 "정치적 자유란 각자가 자기의 안전에 관해 가지는 의견에서 유래하는 그 정신의 안정이다."[248] 시민은 동료 시민들이 모두가 안전하다고 느낄 수 있도록 같은 법을 따를 것이라고 확신하는 한 자유롭다는 것이다. 시민권이란 전제정, 즉 어느 누구도 시민이 아니며 법 없는 통치 체제인 전제정에서는 결코 보장될 수 없다. 몽테스키외는 고대 로마의 공화주의 전통, 르네상스 시기 시민적 인문주의자들, 루소의 사유 속에서, '법에 의한 자유'가 '정치적 참여'와 불가분의 관계에 놓여 있다는 개념적 연대를 끊어버렸다. 몽테스키외에 따르면 시민의 자유를 보장하는 것은 권력의 내부 조직, 그리고 중용의 제도화였다.

---

244 Paul Magnette(2005), *Citizenship: The history of an idea*, p. 95.
245 몽떼스뀨(1978), 『법의 정신』 I, 190~191쪽. 번역서에는 "국민의 권리를 국민의 자유와 혼동했다."라고 되어 있지만, "국민의 힘을 국민의 자유와 혼동했었다."라고 옮기는 것이 더 맞을 듯해 본문과 같이 인용한다.
246 같은 책, 226쪽.
247 같은 책, 191쪽.
248 같은 책, 192쪽.

시민은 법을 준수함으로써, 그리고 자신을 의무감 있는 존재로 만들어주는 교육을 받아들임으로써 국가에 이바지하게 된다.

18세기에 민주주의 혁명을 이끌었던 사람들, 그리고 19세기에 근대 공화국을 지속 가능하게 만들려 했던 사람들은 몽테스키외의 이러한 주장을 깊이 숙고했다. 민주주의가 신뢰받기 위해서는 아주 많은 시민적 덕성이 필요하고, 혼합 정부 형태가 더 바람직하다는 생각은 나중에 미국 헌법 초안의 핵심이 되었다. 이것은 18세기와 19세기 유럽 입헌주의자들의 많은 저술의 주제인 권력이 권력을 견제해야 한다는 공리에도 마찬가지로 적용되었다.[249]

몽테스키외의 이러한 가르침은 계약주의자들의 가르침과 근본적으로 다르지는 않았다. 오히려 그의 가르침은 상세한 구조와 사회적 조건을 정의함으로써 공화국을 생존하도록 만들려는 시도로 이해되었다. '정치적 자유주의'는 공화주의 사상의 연장이었다. 반면에 같은 시기에 토대를 마련하고 있던 '경제적 자유주의'는 사회주의 사상이 출현하기 전까지 근대 정치법에 대한 가장 급진적인 부정이었다. 프랑스에서 자연법이 확산하던 시기의 영국 철학자들, 가령 데이비드 흄과 애덤 스미스는 자유주의 경제론의 토대를 마련했고 사회계약 개념에 명백히 반대되는 체계를 세웠다. 일반적으로 그로티우스에서 루소에 이르기까지의 계약 사상에 따르자면, 인간은 자신의 정욕에 지배당하고 사회적 갈등에 파묻혀 있으므로, 개인의 성향보다 우선되는 공권력을 창출할 수 있도록 천부적인 자유를 포기하도록 강요받는 존재였다. 공화국의 존재 이유는 다중多衆의 자연적 본능의 비합리성을

---

249 Paul Magnette(2005), *Citizenship: The history of an idea*, p. 96.

인위적이고 집단적인 합리성으로 대체하는 것이었고, 그 수단과 규모가 어떻든 공화국은 인간에게 정치적 덕성을 강요하고자 했다.[250]

몽테스키외가 자유를 옹호할 때, 그는 귀족의 세습 재산과 특권에 대해 말하고 있었다. 이런 점에서 그는 민주주의의 옹호자가 아니라 귀족주의 공화국을 선호하는 입장이었다.[251] 몽테스키외는 귀족주의 공화국을 이성의 속임수로 보고 각자가 자신의 이익을 추구하면 집단적 행복에도 이바지하는 효과가 있다고 보았으며, 명예가 이러한 조화의 원동력이라고 생각했다. 맨더빌의 『꿀벌의 우화』(1723)는 이미 이러한 주장을 개괄적으로 설명한 작품으로서, 선입견에도 불구하고 개인의 악덕이 공공의 이익에 어떻게 이바지하는지 풍자적으로 보여주었다. 이런 논리에 따르자면, 각자가 이기심을 자유롭게 발휘할 수 있으면 모두의 번영이 가능해진다. 이러한 단순한 경제적 자유주의의 공리는 이후 수십 년 동안 다양한 방식으로 표명되었다.[252] 그렇지만 경제적 자유주의에 따른 자산의 불평등은 시민권 사상에도 영향을 주었다. 국가의 시민들이 자산을 가진 사람들로 제한된다는 사상은 모든 시민이 기본적으로 평등해야 한다는 원칙과 충돌했다. 18세기 프랑스에서는 평등한 국가 구성원이라는 의미의 근대적 시민에 대한 개념이 확산하고 있었다. 이런 개념을 정립한 주요 사상가 중의 한 사람은 루소였다.

---

250 *Ibid.*
251 존 에렌버그(2002), 『시민사회, 사상과 역사』, 김유남 외 역, 아르케, 285쪽.
252 Paul Magnette(2005), *Citizenship: The history of an idea*, p. 96.

3. 루소와 시민권

장-자크 루소Jean-Jacques Rousseau, 1712~1778는 제네바에서 태어났다. 그의 출생지는 그의 사상을 이해하는 데 매우 중요하다. 종교개혁 시기에 칼뱅이 신정정치를 하기도 했던 제네바는 18세기에 약 2만 5천 명의 주민이 거주하던 소규모 도시 공화국이었다. 이들 중 정치적인 권리를 가진 사람들의 수는 '시티즌'citizen과 '버거'burgher라고 불리던 두 부류의 시민들에게 속한 1,500명 정도였다. 루소는 『사회계약론』의 타이틀 페이지에서 자신을 '제네바 시민인 장-자크 루소'로 표기할 정도로 시민계급의 구성원으로서 강한 자부심이 있었다. 게다가 그는 제네바가 엘리트주의 시민권 제도에도 불구하고, 근대의 타락한 세계에서 살아남은 자신의 이상 국가에 근접한다고 믿었다.[253]

루소는 제네바에서 태어났지만, 30세 무렵에 파리로 간 이후 성년기의 대부분을 프랑스에서 보냈다. 1749년 철학자이자 문인으로 활동하려고 희망하던 그에게 인생의 전환점이 되는 사건이 일어났다. 루소는 검열제도를 위반한 죄로 뱅센에 갇혀있던 디드로를 방문하려고 가는 도중에 『메르퀴르 드 프랑스』에서 "학문과 예술의 진보가 도덕을 타락시키는 데 기여하는가 아니면 진보시키는가?"라는 주제로

---

253 Derek Heater(2004), *A Brief History of Citizenship*, p. 67.

디종 에세이 상을 공모한다는 광고를 접한다. 이 순간이 그에게 얼마나 충격적이었든지 그는 자서전인 『고백록』에서 "그것을 읽는 순간 나는 또 다른 하나의 우주를 보았고, 또 다른 하나의 인간이 되었다."라고 적었다. 루소는 학문과 예술이 발달함에 따라 도덕이 타락했다는 논문을 제출하여 디종 에세이 상을 수상했다. 그의 이러한 주장은 근대에 빠른 속도로 발전하고 있던 과학에 대한 심대한 도전이었다. 당시에 루소는 자신이 근대 유럽 사회의 쇠퇴에 대한 독특한 개인적 통찰력을 가졌다고 생각한 나머지, 저술의 초점을 이런 해악에 대한 사회적, 학문적 분석으로 옮겨가기 시작했다. 『정치경제론』과 『인간불평등기원론』이 그 결과물이며, 그의 사상적 업적은 1762년에 출간된 『사회계약론』에서 절정에 달한다.

일련의 저술에서 루소가 평생 관심을 가진 주제는 자연상태에 있는 인간이 국가를 구성하여 시민으로 전환되는 과정에 대한 탐구였다. 그는 1755년에 출간한 『인간불평등기원론』에서 자연상태가 어떻게 불평등한 사회로 바뀌게 되는지 고찰한다. 그도 홉스나 로크처럼 자연상태를 전제하기는 했으나, 앞선 사상가들이 자연상태에 대해 설정한 가정이 인식론적 오류에 근거하고 있다고 비판했다. 루소는 그들이 실제 자연상태 이후에 나타난 불완전한 초기의 시민사회를 묘사했을 뿐이라고 보았다. 이성을 기반으로 한 규칙을 자연에 투영하는 것은 환상이었는데, 그러한 법은 사회가 형성된 이후에야 생겨날 수 있기 때문이다. 루소가 보기에 소위 자연법이라고 이름 붙이고 사물의 본성을 설명하는 것은 '거의 터무니없는 일치'[254]에 불과했다. 올바르

---

254 루소(2006), 『인간불평등기원론』, 주경복·고봉만 역, 책세상, 38쪽.

게 관찰하면, 자연상태의 인간이 홉스가 말한 야망에 의해 움직일 수 없다는 것은 분명했다. 야망이란 사회생활을 거쳐 생겨나는 것이기 때문이다. 자연적인 이기심이나 질투심은 존재하지 않았으며, 이러한 감정들은 오직 사회적 맥락에서만 생겨날 수 있었다. 가장 순수한 자연상태에서 순화되지 않은 고립된 인간은 단 두 가지 기본적인 경향만 가지고 있었다. 하나는 자기 보존 본능, 그리고 다른 하나는 타인에 대한 연민이었다.[255]

결국 루소는 아리스토텔레스와 마찬가지로 자신의 정치사상의 토대를 인간에 대한 이해에 두고 있었다. 루소는 인간을 파악하고자 할 때 갈릴레오나 뉴턴이 연구 대상을 바라보는 것과 동일한 방법론을 사용해야 한다고 했다. 과학자들이 낙하하는 물체를 연구할 때 진공 상태에서 하는 것처럼, 인간도 역사나 지리적 조건을 배제한 상태에서 바라보아야 한다는 것이다.[256] 그가 보기에, 인간은 태어날 때부터 잠재적인 능력을 가지고 있다.[257] 이러한 능력은 지성과 정념 양자의 활동에 의해 이성을 완성한다.[258] 인간은 본능을 가졌다는 점에서 다른 동물과 마찬가지이지만, 자유로운 주체라는 특질을 갖고 있기에 다른 동물과 구분된다. 즉, 인간은 자연의 명령에 대해 "복종하느냐 저항하느냐의 선택에서 자신이 전적으로 자유로움을 인식한다. 인간 영혼의 정신성이 드러나는 것은 무엇보다도 이런 자유의 의식을 통해서였다."[259] 루소는 인간에 대한 홉스의 구도를 깨뜨리고, 개인이 완

---

255 Paul Magnette(2005), *Citizenship: The history of an idea*, p. 87.
256 Peter Riesenberg(1992), *Citizenship in the Western Tradition: Plato to Rousseau*, p. 261.
257 루소(2006), 『인간불평등기원론』, 77쪽.
258 같은 책, 63쪽.
259 같은 책, 61쪽.

전히 고립되고 전쟁도 사교성도 지배하지 않는 상태로 자연상태를 축소했다. 본성상 인간은 선하지도 악하지도 않았다. 이러한 특성은 사회관계에서만 발생할 수 있기 때문이다. 루소는 인간이 사회생활을 함으로써 원래의 중립성을 잃고 자신의 이성 및 자신의 운명과 자유를 결정하는 의식을 발전시켰다고 보았다.[260]

루소는 1762년에 펴낸 『사회계약론』에서 인간에 대해 좀 더 구체적으로 설명한다. 이 책 1장의 유명한 구절에 따르자면, "인간은 본래 자유인으로 태어났다. 그런데 그는 어디서나 쇠사슬에 묶여 있다."[261] 루소의 관점에서 자유는 매우 중요했으므로, "자유를 포기하는 것은 곧 인간의 자격, 인간의 권리, 나아가서는 그 의무까지도 포기하는 것이다."[262] 따라서 노예가 된다는 것은 동물의 상태보다도 더 낮아지는 것이었다. 루소는 인간이 육체적으로 자유를 박탈당할 수 있다는 사실을 부인하지 않았지만, 그가 사슬에 묶여 있을지라도 그 어떤 것도 인간의 선택 능력, 즉 자유로운 의식의 행사를 박탈할 수 없다고 주장했다. 인간은 물리적으로 '강제'될 수 있지만, 도덕적으로 '강제'될 수는 없다는 것이다.[263]

그렇다면 자유를 억압하는 족쇄에서 벗어나려면 어떻게 해야 하는가? 루소에 따르자면, 악(惡)은 인간의 본성 때문이 아니라 옳지 않은 방향으로 통치되었기 때문에 생겨났다. 그렇지만 그는 인간 해방을 달성하는 방법으로 정치적 억압의 족쇄를 절단해야 한다고 주장하지

---

260 Paul Magnette(2005), *Citizenship: The history of an idea*, p. 88.
261 루소(2003), 『사회계약론』, 이환 역, 서울대학교출판원, 5쪽.
262 같은 책, 12쪽.
263 Paul Magnette(2005), *Citizenship: The history of an idea*, p. 88.

는 않았다. 그의 견해에 따르자면, 인간은 자연상태로 되돌아가기 위해 질서 잡힌 사회의 문명적 힘으로부터 풀려나서는 안 된다. 루소는 개인적 이익을 추구하는 자유주의적 자유가 아니라, 시민공화주의 전통에서 발전한 시민적 자유를 보장하는 새로운 사회적 존재 방식을 정의하려고 했다. 자유는 동료 시민들과 협력하여 자신의 의무를 존중함으로써 향유되며 유지될 수 있다는 것이다.[264]

루소는 『인간불평등기원론』에서 모든 제도 안에 내재된 불평등 원리의 아주 결정적인 요소인 사유재산이라는 관점에서 인간의 역사를 해석했다. 사유재산 제도에서 도덕의 타락이 유래했다는 그의 관점은 17세기의 주류 자연법사상가들의 주장을 반박하는 것이었다. 루소는 전쟁을 자연스러운 것으로 상정하는 홉스의 입장, 그리고 사유재산을 자연스러운 것으로 전제하는 로크의 입장을 비판했다. 그는 위 책에서 정치체the Body Politic의 성립을 "인민과 그들이 선택한 통치자 사이의 참된 계약"[265]의 결과로 보았다. 이러한 계약관계는 논의되고 철회될 수 있었는데, 인간은 항상 자신의 운명의 주인으로 남아있었기 때문이다. 그렇지만 루소는 『사회계약론』에서는 『인간불평등기원론』과 약간 다른 논리를 전개하면서, 새로운 '정치법의 원칙'을 언급했다. 그는 양심의 자유를 인간 본성의 본질적인 특징이라고 규정하고 있기 때문에, 정치체의 구성이라는 문제를 공식적으로 새로운 용어로 설명했다. 이제 계약은 안전이나 재산뿐만 아니라, 최초의 자연권인 자유도 보장해야 했다. 이런 의미에서 루소는 사회계약을 다음과 같이 규

---

264 Derek Heater(2004), *A Brief History of Citizenship*, p. 69.
265 루소(2006), 『인간불평등기원론』, 126쪽.

정한다.

모든 공공의 힘으로부터 각 구성원의 신체와 재산을 방어하고 보호해 주는 한 연합의 형태, 그리고 이것에 의해 각 개인은 전체와 결합되어 자기 자신에게만 복종하고 이전과 마찬가지로 자유로울 수 있는 그런 연합의 형태를 발견할 것, 이것이 곧 사회계약이 그 답을 주어야 할 근본 문제이다.[266]

사회계약은 양립할 수 없는 두 가지, 즉 개인의 자유와 집단적 안전을 조화시킬 수 있었다. 이에 대한 루소의 주장은 형식상 홉스의 계약론에 많은 빚을 지고 있으며, 또 홉스의 주장과 많은 공통점이 있다. 즉, 두 사람 모두 인간은 자신들의 모든 권리에서 배제되고 있고, 참여 과정에서는 상호적이고 평등하다고 보며, 정치체의 통합으로 다수의 사람이 법적으로 결합되고, 개인들의 의지가 일반의지 속으로 녹아 들어간다고 보고 있다. 그러나 루소는 홉스와 달리, 계약이 외부에 있는 주권자를 낳지 않고, 개인들과 '그들이 구성원이 될 사회체' 사이에 계약으로 효력이 발생함으로써, 다수를 자신의 주권자인 국민으로 만들었다고 보았다. 사회계약은 형체가 없는 다수가 자신을 국민으로 인식하고, 스스로 국민이라고 선언하며, 스스로에게 자신의 법을 부여하기로 결정한 행위였다. 계약은 더는 국민을 위한 주권자가 아닌, 주권자 국민을 낳았다. 루소는 모든 신민 subjects이 동시에 주권자 sovereign일 때만이 국가가 자유의 수단으로 봉사하게 될 것이라고 생각했다. 그러므로 그는 앞선 사상가들이 주장했던 국민과 주권자 사

---

266 루소(2003), 『사회계약론』, 19쪽.

이의 구분을 폐기하고, 정치 사회체를 통해서만이 우리가 비로소 시민적 자유를 실현할 수 있다고 보았다. 루소의 이러한 국민주권론은 그의 사상 중 오늘날에도 영향을 끼치는, 가장 중요한 기여라고 해도 과언이 아니다. 그는 이 점을 설명하기 위해 정치적 어휘 전체를 다시 정의할 필요성을 느끼면서 다음과 같이 주장한다.[267]

> 이처럼 개인의 인격들이 모두 결합되는 이 공적 인격을 이름하여 옛날에는 도시국가라 불렀고, 지금은 공화국 또는 정치체라 부른다. 그리고 구성원들은 이것이 수동적일 때는 국가, 능동적일 때는 주권자라 부르고, 그와 같은 류의 것들과 비교할 때는 대국(Puissance)[268]이라 칭한다. 또 이러한 단체의 구성원들은 집합적으로는 국민이라 불리고, 주권에 참여하는 개인이라는 뜻에서는 시민(citoyens), 국가의 법률에 종속된다는 의미로는 신민(sujets)이라 불린다.[269]

루소는 이전의 계약주의 사상가들과 마찬가지로, 계약을 통해 국가의 합법성의 기준을 설정했다. 그는 이로써 "공공이익이 우위에 서고, '공공의 것'république이 중요한 것"이 되며, "합법적인 모든 정부는 공화제"라는 결론을 내렸다.[270] 인간은 계약을 통해 자연상태에서 벗어날 수 있었다. 루소에 따르자면, 계약은 "자연적 평등을 파괴하는 것이 아니라 반대로 인간들 사이에 자연적으로 생겨날 수 있는 육체적 불

---

267 Paul Magnette(2005), *Citizenship: The history of an idea*, p. 89.
268 이 문맥에서 대국(Puissance)이란 '공동체가 정의롭고 정당하게 작동하기 위한 집단적 힘'을 의미한다.
269 루소(2003), 『사회계약론』, 21~22쪽.
270 같은 책, 52쪽.

평등을 도덕적이고 합법적인 평등으로 대치한다는 것, 그리고 인간은 체력 또는 재능에 있어 불평등할 수 있는 만큼 계약에 의해 그리고 법으로써 모두가 평등"[271]하게 된 것이다.

자연상태에서 벗어난 인간은 이제 시민이 되었다. 시민은 행동 면에서도 본능이 아니라 정의를 따르게 되었고, 자연상태에서는 없었던 도덕성을 부여받았다.[272] 루소는 공화국을 구성하는 시민들이 공공의 이익을 사적 이익보다 중요시하는 경우에만 공화국이 유지될 수 있다고 말함으로써, 마키아벨리와 비슷하게 공화주의적 입장을 취한다. 그는 입법자가 필요한 이유를 다음과 같이 설명하고 있다.

> 개인은 이익을 잘 알아보지만, 그것을 포기해 버리는 반면, 공중(公衆)은 이익을 원하지만, 그것을 알아보지 못한다. 양편을 모두 지도할 필요가 있다. 전자의 경우에는 그들의 의지를 이성에 부합되도록 강요해야 하고, 또 후자의 경우에는 그들이 원하는 바가 무엇인가를 가르쳐 주어야 한다. 그렇게 되면 공중은 각성함으로써 사회체 속에서 이성과 의지가 결합되고, 따라서 각 부분 간의 정확한 협력이 이루어지고 전체는 자신의 최대의 역량을 발휘하게 될 것이다. 입법자의 존재가 요구되는 것은 바로 이런 이유에서이다.[273]

루소가 생각하는 공화국에서는 시민들이 법을 준수하면서도 자유를 상실했다는 감정을 가지지 않아야 했다. 그에 따르자면, 주권과 예

---

271 같은 책, 30~31쪽.
272 같은 책, 26쪽.
273 같은 책, 53쪽.

속의 통합 형태인 시민권은 인간의 자유를 보장하기 위한 도구였다. 이는 칸트가 말한 자율성^{autonomy}과 같은 내용이었다. 즉, 그것은 자신에게 주어진 법에 순종함으로써 갖게 되는 자유인 것이다. 루소는 부르주아와 시민을 구분하지 못했던 사상가들, 가령 보댕이 큰 오류를 범하고 있다고 생각했다.

루소는 개인적 자유와 시민적 자유를 구분했다. 그가 그린 국가에서는 사적 이해를 추구하기 위한 개인적 자유보다는 시민적 공화정이 지닌 시민권 전통을 통해 보장되는 시민적 자유가 더 중요했다. 여기서 각 시민은 동료 시민과 협력하고 자신의 의무를 이행함으로써 자유를 향유하며 유지할 수 있다.

인간은 자신의 안전에 필요한 정부에 복종하면서, 동시에 도덕적인 권리인 자유를 어떻게 하면 유지할 수 있을까? 루소는 그 답을 '일반의지'에서 찾았다. 물론 이 개념은 연구자들 사이에서 여전히 논란이 많다. 이 개념을 이해하기 위해, 우리는 루소가 기본적으로 국가의 국민$^{the\ people\ of\ a\ state}$이 주권자라고 생각했다는 점을 염두에 두어야 한다. 일반의지는 어떤 정치체$^{body\ politic}$의 투표권자들에 의해 형성되는 공공 관심사 혹은 공동선인 동시에, 이와 같은 공동선을 성취하고자 하는 시민들의 개인 의지의 합이다. 이런 의지는 개인들의 특수한 관심사가 아니라 일반적인^{general} 의지이다. 루소에 따르자면, 주권자들의 집합인 국민은 집단적이고 자유롭게 공동체의 최상의 이익이 무엇인지 판단할 수 있다. 이런 점에서 국민은 시민인 동시에 신민이다. 여기서 신민이란 군주제에서의 의미가 아니다. 다시 말해, 국민이 일반의지를 공식화할 때에는 시민이고, 결정 사항의 결과에 복종할 때는 신민인 것이다. 그렇지만 이 두 자격에서 국민은 어떠한 자의적인 권

위로부터도 진정 자유롭다고 루소는 생각했다.[274]

시민들은 법 앞에서 상호 의무를 이행함으로써 공동체적인 자유 안에서 살아간다는 시민적 감각에서 진정으로 자유롭지 못하다. 공동체적인 자유는 아주 중요하며 일반의지에 의해 보장받는다. 그러므로 루소의 유명한 주장에 따르면 "따라서 사회계약은 유명무실한 형식이 되지 않기 위해서, 일반의지에 복종하기를 거부하는 자는 누구를 막론하고 전 단체에 의해 그것을 따르도록 강요되어야 한다는 약속을 암암리에 내포하고 있다. 우선 이 약속이 있어야만 다른 약속들도 효력을 발생할 수 있기 때문이다. 이것은 개인이 자유롭게 되도록 강요한다는 것 외에 다른 의미가 없다."[275] 그럼으로써 루소는 "법은 국민을 한 조직체로, 그리고 행위를 추상적인 것으로 간주할 뿐 결코 한 인간을 개인으로, 그리고 한 행동을 개별적인 것으로 고려하지 않는다."[276]라고 말한다.

일반의지 개념을 제시함으로써 루소는 근대 초의 다른 정치사상가들보다 국민의 중요성을 더욱 부각했다. 그러나 무엇보다도 루소는 일반의지를 명확하게 하는 참여 과정이 시민들 사이의 심각한 불평등에 의해 왜곡되어서는 안 된다는 것을 선구적으로 강조했다. 이 점을 보장하기 위해, 루소는 '실질적인' 사회계약 혹은 사회 협정이라는 당대의 공통적인 도구를 사용했다. 개인들은 사회 안에서 삶으로써 자

---

274 Derek Heater(2004), *A Brief History of Citizenship*, p. 69.
275 루소(2003), 『사회계약론』, 25쪽. 루소의 일반의지는 전체주의를 지향한다고 해석되기도 한다. 그러나 이에 반대하여 루소의 일반의지는 국가권력이 인민의 자유를 파괴하는 것을 방지하기 위한 목적을 가지고 있다는 주장도 있다. 김경근(2021), 「루소와 시민의 자유」, 『역사학연구』 제82집, 396쪽.
276 루소(2003), 『사회계약론』, 51쪽.

기들 사회의 규칙을 존중해야 한다. 이런 의미에서 루소는 다음과 같이 주장한다.

> 그 어떤 측면에서 이 원리로 거슬러 올라가도 우리는 항상 동일한 결론에 다다른다. 즉 사회계약은 시민들 사이에 평등을 수립함으로써 그들은 모두 동일한 계약조건하에 놓이게 되고 동일한 권리를 모두가 향유한다. 그러므로 이 계약의 특성에 의해 주권의 모든 행위, 다시 말해 일반의지의 정당한 모든 행위는 모든 시민에게 평등하게 의무와 권리를 부여한다.[277]

공화국은 집단 이성에 의해 지배되며, 거기서 시민들은 자신의 의지보다 공공의 이익을 우선시하게 된다. 루소는 "어떤 것도 시민들로부터 빼앗아 갈 수 없는 권리"[278], 즉 모든 주권 행사에 있어서 투표를 통해 일반의지가 드러날 수 있으며, "따라서 나의 의견에 반대되는 것이 승리했을 때 그것은 내 생각이 잘못이었다는 것, 그리고 내가 일반의지라고 믿었던 것은 실은 그렇지 않았다는 것 외에 다른 아무것도 증명하지 않는다."[279]라고 보았다. 그러므로 루소가 보기에, 이기적인 열정으로 가득 찬 시민은 자유롭다고 할 수 없다. 그런 사람은 자신이 일반의지에 의하여 억압당하고 있다고 느낄 것이기 때문이다. 그러나 일반의지만을 바라보는 진정한 시민은 일반의지의 표현으로서 법을 준수하면서 자신의 고결한 양심, 즉 자신의 이성에만 복종하기 때문에 자유롭다. 그 이유에 대해 루소는 "'신민'과 '주권자'란 말은 그 개념이

---

277 같은 책, 44쪽.
278 같은 책, 137쪽.
279 같은 책, 140쪽.

'시민'이란 하나의 말 가운데 결합되는 동일한 상관관계를 의미하는 것이기 때문이다."[280]라고 설명한다. 그렇다면 무엇이 시민을 유기적인 전체로 통합하는가? 이와 관련하여 루소는 시민적 공화정 전통을 따라 화합, 혹은 그가 '공적 우애'public fraternity라고 부른 것을 믿었다.[281]

루소는 자신이 그린 공화정이 구현될 수 있는 국가의 규모에 대해, "모든 것을 검토해 볼 때, 국가가 아주 작지 않으면 주권자가 우리 안에서 권리의 행사를 견지하는 것이 가능하다고는 생각되지 않는다."[282]라고 말했다. 루소는 몽테스키외와는 달리, 영국식 대의제가 투표권자들의 자유를 보장해 주지 못한다고 생각했다. 이런 의미에서 그는 『인간불평등기원론』 앞부분에 '제네바 공화국에 바치는 글'을 게재했다. 여기서 그는 자신의 고향 도시에 기반을 둔 이상적인 정치체제를 구상하면서 공화국의 모습을 다음과 같이 제시하고 있다.[283]

> 저는 다음과 같은 공화국이라면 서슴지 않고 택했을 것입니다. 개개인이 법률에 찬성 혹은 반대하는 것과 의회에서 통치자들의 제안에 의거해 국가의 가장 중요한 일들을 결정하는 것에 만족하면서, 존중받을 만한 법정을 마련하고 세심하게 그 관할을 구분하며, 같은 나라 사람들 중 누군가가 재판을 관리하고, 국가를 다스리기에 가장 적합하고 공정한 사람들을 해마다 선출하는 공화국, 그리고 행정관들의 덕성이 곧 그 나라 국민의 지혜로움을 증명하며 양자가 서로 존중하는 공화국 말입니다.[284]

---

280 같은 책, 120쪽.
281 Derek Heater(2004), *A Brief History of Citizenship*, p. 69.
282 루소(2003), 『사회계약론』, 125쪽.
283 Derek Heater(2004), *A Brief History of Citizenship*, p. 69.
284 루소(2006), 『인간불평등기원론』, 20쪽. 자신의 정치사상을 소규모 국가에 적용하고자 했다는

그러나 현실적으로 루소가 살던 18세기에 유럽에서 공화정을 실현할 수 있는 이러한 소규모 국가는 그다지 많지 않았다. 오히려 1771년에 폴란드-리투아니아의 빌호르스키 백작이라는 애국자는 자기 나라의 개혁 방안에 대해 루소에게 조언을 구한 적이 있다. 이 나라는 1569년에 체결된 루블린 연합으로 성립된 나라였는데, 18세기 중반에 인구가 약 1,100만으로서 그 국민은 개신교, 가톨릭, 정교도 등 여러 종교적 신념을 가지고 있었다. 그 나라의 영토는 오늘날의 폴란드만이 아니라 리투아니아, 벨라루스, 우크라이나 서부 지역 등 방대했으나, 군주의 권력이 약하고 무책임한 귀족들로 인하여 거의 무정부상태와도 같은 위기에 처해 있었다. 루소는 도시국가의 화합 감정을 폴란드-리투아니아에도 적용하도록 말하면서, 그 나라가 국가적 성격을 결여하고 있으므로 국가적 통합의 정신을 가질 필요가 있음을 강조했다. 루소가 주창한 것은 태아기의 국민주의^{nationalism}였다. 루소의 이런 사상에서 시민권은 국민적 지위^{nationhood}와 동일한 것이었다.[285]

한편 루소는 문화적 응집력에 대한 필요성을 주입했다는 점에서 국민적 정체성이 애국심과는 다르다고 보았다. 인종적 혹은 문화적 구성과 무관하게 국가에 대한 헌신과 충성심을 의미하는 애국심은 과거의 시민공화주의 덕목의 일부분이었다. 특히 루소는 스파르타와 로마 공화정을 긍정적으로 언급함으로써 독자들에게 애국심의 전통적인 특성을 여전히 중요하게 생각하게 했다. 그래서 그는 1772년 4월에 집필한 『폴란드 정부에 대한 고찰들』에서 "모든 진정한 공화주의자

점에서 루소와 아리스토텔레스의 입장은 동일하다. 프로이트 역시 『문명 속의 불만』에서 공산주의, 즉 평등한 분배는 대규모 사회에서는 불가능하다고 주장한 바 있다.
285 Derek Heater(2004), *A Brief History of Citizenship*, p. 70.

는 어머니의 젖과 함께 조국에 대한 사랑, 즉 법과 자유에 대한 사랑을 선천적으로 지니고 있다."[286]라고 말했다. 따라서 루소는 "국가의 진정한 수호자는 개별 시민이며, 어느 누구도 직업적인 군인이 아니라, 각자 의무감에서 군인으로 복무해야 한다."[287]라고 주장한다.

루소가 고대 폴리스들과 그 시민들의 시민적 덕목을 존경했다는 사실은 우리가 페리클레스의 추도 연설로부터 영감을 얻은 듯이 보이는 『사회계약론』의 다음 구절을 보면 명확하다.

국가가 잘 구성되면 될수록 시민들의 정신 가운데 공적인 일은 사적인 일보다 우선한다. 그뿐만 아니라 사적인 일은 그 수가 훨씬 적다. 왜냐하면, 전체 행복의 총화는 각 개인의 행복보다 훨씬 큰 비중을 차지하는 만큼 개인은 개별적인 배려 가운데 추구할 것이 적기 때문이다. 훌륭하게 조직된 국가에서 각자는 기꺼이 국민회의에 달려간다. 나쁜 정부 밑에서는 누구도 그곳에 가기 위해 발걸음을 옮기기를 좋아하지 않는다. 왜냐하면 아무도 거기서 일어나는 일에 관심이 없고, 사람들은 그곳에는 일반의지가 지배하지 않으리라는 것을 예견하며, 결국 집안의 개인적 일에 몰두되어 버리기 때문이다. 훌륭한 법은 더 훌륭한 법을 만들게 하고, 나쁜 법은 더 나쁜 법을 유도한다. 누군가가 국사(國事)에 관하여, '그게 무슨 상관인가?'라고 말하는 순간, 국가는 끝장이 난 것으로 간주되어야 한다."[288]

286　https://www.files.ethz.ch/isn/125482/5016_Rousseau_Considerations_on_the_Government_of_Poland.pdf (검색일자: 2024년 6월 19일)
287　"Document No. 25: Rousseau on the Government of Poland", in Peter Riesenberg(2002), *A History of Citizenship: Sparta to Washington*, p. 170.
288　루소(2003), 『사회계약론』, 122~123쪽.

루소에게 시민권을 가진다는 것은 공공의 미덕을 존중하며 스스로 자발적으로 법에 복종하기 위하여 자신의 열정을 통제하는 것을 의미한다. 물론 루소도 이것이 현실적으로 구현될 수 있을지 완전히 확신하지는 못했다. 로마 공화정에 대한 설명에서도 루소는 호민관들이 집행권을 전혀 가지고 있지 않다는 사실에 주목하면서, "법을 가진 인민peuple은 거의 없다."[289]라고 말했다. 나아가 그는 스스로 민주적으로 다스릴 수 있는 사람들은 '신의 인민'이며, "그렇게 온전한 정부는 인간에게는 적합하지 않다."[290]는 점을 인정했다. 그뿐만 아니라 루소가 생존하던 시기에는 고대 로마 초기에서처럼 인민들이 한자리에 모여 법을 제정하는 것도 비현실적이었다.

루소가 생각한 실현 가능한 국가는 공화국République 또는 정치체corps politique라고 불렀다. 그런 국가는 인민이 기본법을 제정하고 그에 따라 행정관들이 기본법을 적용할 수 있는 경우에만 가능했다. 인민은 실질적인 법 집행을 담당하는 정부를 구성하는 것 외에 다른 선택의 여지가 없었다. 이런 체제에서 인민은 주권 참여자로서는 시민이었는데 "행정관이 된 시민은 전체적 행위에서 개별적 행위로, 그리고 법에서 집행으로 옮겨가는 것이다."[291] 따라서 행정관은 인민의 지배자가 아니라 시민으로서 의무를 다하는 것에 불과했다.

루소는 봉건 정부가 "인류가 타락하고, 인간의 이름이 더럽혀진, 불공평하고도 부조리한"[292] 것이었다고 보면서도, 대표라는 근대적 개

---

289 같은 책, 124쪽.
290 같은 책, 90쪽.
291 같은 책, 128쪽.
292 같은 책, 123쪽.

념이 봉건 시대에서 유래했다고 생각했다. 주권이란 양도될 수 없는 일반의지였으므로 주권자는 분할될 수 없지만, 법의 집행은 위임될 수 있었다. 이런 맥락에서 루소는 주권자와 국민의 관계에 대해 다음과 같이 말한다.

따라서 만약 어떤 인민이 단지 복종을 약속한다면 이 행위로 인해 그 국민은 해체되고 또 인민으로서의 자격도 상실한다. 지배자가 존재하게 되는 순간 주권자의 존재는 사라지고 또 그 순간부터 정치체(政治體)는 파괴된다. 그렇다고 해서, 통치자의 명령에 반대할 자유를 가지고 있는 주권자가 반대하지 않는 한 이 명령이 일반의지로 간주될 수 없다고는 말할 수 없다. 이와 같은 경우 인민 전체의 침묵은 그들의 동의로 보아야 한다."[293]

자연법에 대해 루소가 어떻게 생각했는지는 명확하지 않다. 그러나 사회계약으로 자연법을 위반할 수 있다고는 생각하지 않았으며, "시민의 권리와 주권자의 권리를 구별하고 또 시민이 인민의 자격으로 지켜야 할 의무와 인간으로서 향유해야 할 자연권을 명백히 구별하는 것이 문제이다."[294]라고 말함으로써 여전히 인간과 시민을 구분하고자 했다. 루소는 사람들이 민법에 자연법의 교훈을 반영할 것이라고 믿고 싶었지만, 그렇게 될 수 있다고 확신하지는 못했다. 국가는 일반의지에 따라 통치되어야 하지만, 일반의지가 침묵을 지킬 때는 어떻게 해야 하는가? 이 질문에 대해 루소는 인간이 자신의 양심을 따라

---

[293] 같은 책, 36쪽.
[294] 같은 책, 42쪽.

야 한다고 생각했다.

　루소는 『에밀』의 저자로 더 유명하지만, 『사회계약론』에서 전개된 공화주의적 시민 사상으로 후대에 엄청난 영향을 미쳤다. 그가 제시한 사상의 독창성은 18세기 후반 유럽에서 등장하고 있던 새로운 국민성의 필요성을 인식했다는 데 있다. 따라서 그의 사상은 유럽과 신생 미국에서 발발한 혁명의 이론적 토대를 제공해 줄 수 있었다. 1789년에 프랑스에서 작성된 「인간과 시민의 권리 선언」 제3조 "모든 주권의 원리는 본질적으로 국민에게 있다. 어떠한 단체나 어떠한 개인도 국민으로부터 명시적으로 유래하지 않는 권리를 행사할 수 없다." 와 제6조 "법은 일반의지의 표명이다. 모든 시민은 스스로 또는 대표자를 통해 그 작성에 협력할 수 있는 권리를 가진다. 법은 보호를 부여하는 경우에도, 처벌을 가하는 경우에도 모든 사람에게 동일한 것이어야 한다. 모든 시민은 법 앞에 평등하므로 그 능력에 따라서, 그리고 덕성과 재능에 의한 차별 이외에는 평등하게 공적인 위계, 지위, 직무 등에 취임할 수 있다." 등은 루소의 사상을 잘 드러내고 있다.

　루소는 덕성을 지닌 인간을 중시했기 때문에 교육에 대해 지속적인 관심을 표명했다. 아이들은 자기들의 어머니로부터 애국심을 기르도록 가르침을 받으면서 성장하는 법이다. 그러나 루소는 그 결과가 평생 강화되며 지속할 것이라고는 결코 확신할 수 없었다. 그래서 루소는 자신이 구상한 공화국에서 시민교육이 중요하다고 생각했다. 이런 교육은 학교에서 학생들이 사회의 규칙과 평등의 원칙 및 우애의 감정을 가질 수 있도록 실시되어야 했다.

　나아가 루소는 학교 교육만이 아니라, 장기적으로 시민정신을 육성하기 위해 특별히 고안된 국가 종교 state religion 혹은 시민 종교 civil

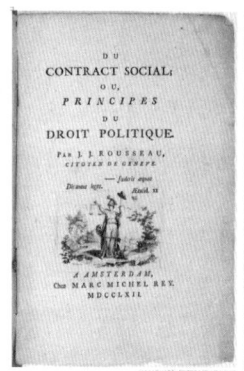 

루소의 『사회계약론』 표지(좌)와 표지 그림을 확대한 이미지(우)

religion가 필요하다고 생각했다. 그는 무신론은 용납할 수 없었지만, 전통적인 기독교는 너무 약하고 수동적이라고 생각했다. 이와는 대조적으로, 시민 종교는 시민적 책임감을 높이는 데 있어서 정치적인 기반 이외의 또 다른 토대라고 생각되었다. 루소는 시민 종교에 대해 다음과 같이 서술한다.

따라서 순수히 시민적인 신앙고백이 있는데, 그 신조를 정하는 것은 주권자가 할 일이되 종교의 교리로서가 아니라 사회적 의식으로서이다. 이 의식 없이는 선량한 시민도 충실한 신민도 될 수 없다. 그 누구에게도 이 신조를 믿도록 강요할 수는 없지만, 주권자는 그 누구나 이것을 믿지 않는 자를 국가에서 추방할 수 있다. 즉 불신자로서가 아니라 비사회적인 자로, 법과 사회정의를 진지하게 사랑할 수 없고 또 필요할 때 의무를 위해 목숨을 바칠 수 없는 자로서 말이다. 만약 누군가가 이 교리를 공공연히 시인한 다음, 마치 이를 믿지 않는 것처럼 행동한다면 그는 죽음의 벌을 받아야 할

것이다. 그는 가장 큰 죄를 범한 것이며 법 앞에서 거짓말한 것이다.[295]

루소가 말한 시민 종교는 기독교와 달랐다. 그가 보기에 기독교는 신자들을 노예로 만듦으로써 기꺼이 폭정을 받아들이도록 했다. 『에밀』에 포함된 '사보이 교구 신부의 신앙고백'에서 루소는 계시 종교에 반대하는 자신의 자연주의 철학을 아주 정교하게 피력한다. 시민들은 기독교가 아니라 시민 종교에 의해 시민적 덕을 교육받고, 일반의지에 대한 복종으로 훈련받아야 했다. 루소를 존경했던 로베스피에르는 프랑스혁명이 급진화되었을 때 기독교력을 폐지하고 혁명력을 제정하고, '최고 존재'Supreme-being에 대한 숭배의식을 거행하는 등 실제로 종교적인 성격을 지닌 결정을 내렸다.

루소는 고대의 공화주의적 시민권과 공동체의 덕성을 토로했고, 시민사회의 혁명적인 개념을 상세하게 설명했다.[296] 이러한 그의 정치사상은 단지 그의 저술로만 그치지 않고 대서양을 넘어서 미국독립혁명, 그리고 돌이켜 프랑스혁명에 중대한 이념적 영향을 미쳤다.

---

295 같은 책, 176쪽.
296 존 에렌버그(2002), 『시민사회, 사상과 역사』, 321쪽.

4. 미국독립혁명과 시민권

 근대 이후에 '시민'이라는 단어가 도시의 구성원이 아니라 국가의 구성원이라는 뜻으로 처음 사용된 곳은 영국으로부터 독립을 쟁취한 북아메리카에서였다. 이런 의미에서의 시민이라는 용어는 1910년이 되어서야 브리태니커 백과사전에서 사용되었다. 그래서 팔머[R. R. Palmer]는 "영어에서 근대적 의미에서 '시민'이라는 단어는 아메리카니즘이다."[297]라고 말했다.

 북아메리카 대륙 동부의 13개 주는 영국의 통제에서 벗어나기 위해 성공적으로 투쟁한 끝에 1789년 헌법이 비준됨과 아울러 완전히 새로운 국가로 성립했다. 2년 후에는 권리장전으로 알려진 10개 조의 수정조항으로 미국인들의 권리가 더욱 명확하게 공포되었고, 이제 영국의 신민들이 미국의 시민으로 변모되었다. 그 결과, 미국의 시민권은 식민지 시대의 관행과 새로운 연방 헌법의 경험을 결합하여 탄생했다.

 독립 당시 미국의 13개 주는 성립 배경도 달랐고 식민지 시기 동안 각자 자기들의 제도와 법을 발달시켰으나, 18세기 중반이 되어서는 공통점을 확대하게 되었다. 특히 뉴잉글랜드의 청교도적 신앙은 자유를 추구하는 사람들에게 전통으로 자리잡았다. 이로써 미국인들은

---

297 Derek Heater(2004), *A Brief History of Citizenship*, p. 64.

'자유의 여신상'이 상징하듯이 기본적으로 자유의 이상을 존중했다. 돌이켜 보면, 뉴잉글랜드의 필그림 조상들은 애초부터 시민적 정치체 civil body politic로 출발했다. 그들의 생각은 식민지에 정착하기에 앞서 메이플라워호의 선실에서 작성된, 다음과 같은 메이플라워 서약에 잘 담겨 있다.[298]

> 신의 이름으로, 아멘. 그 이름들이 아래 씌어 있는 우리들, 신의 은총에 의하여 대영국과 프랑스와 아일랜드의 우리들의 경의로운 최고 통치자인 국왕이요 신앙의 옹호자인 제임스의 충성스러운 신하들은 신의 영광과 크리스트교 신앙의 증진 그리고 우리들의 국왕 및 조국의 명예를 위하여 버지니아의 북부 지방에서 최초의 식민지를 건립하려고 항해를 시도했던바, 본 증서를 통하여 우리들의 보다 더 바람직한 질서 수립과 보존, 그리고 전술된 목적들의 촉진을 위하여 엄숙하게 상호간에 신과 서로의 면전에서 계약을 체결하고 시민적 정치 단체로 결속한다.[299]

따라서 18세기 들어 영국 본국 정부가 식민지에 대한 간섭을 빈번하게 하자, 다수의 식민지인이 국왕에 대한 충성심보다는 자신들이 정부 형태를 선택할 수 있다는 자유의 가치를 더욱 중요하게 생각한 것은 당연했다. 더구나 단 한 명의 식민지인도 포함되지 않은 영국 의회에서 대륙의 세금을 징수해 가는 관행은 거부감을 일으켰고, 급기야 "대표권 없는 과세는 없다!"라는 구호가 미국 독립운동의 슬로건이

---

298 *Ibid.*, p. 72.
299 미국사연구회 편역(1992), 『미국 역사의 기본 사료』, 소나무, 25~26쪽.

되었다. 식민지인들의 이러한 요구는 영국의 의회 주권에 대한 도전으로 간주되었다.

사실 식민지인들은 독립 이전부터 이미 시민으로서의 경험을 쌓아가고 있었다. 북아메리카로 간 청교도들을 중심으로 성립된 13개 주는 비록 잉글랜드 왕이 주지사들을 통해 통치권을 행사했지만, 대체로 자체적으로 지방자치 정부를 발달시켰다. 또한 프랑스나 에스파냐의 경우와 달리, 북아메리카에서는 주지사들의 권한이 강하지 못했다. 잉글랜드 본토와 마찬가지로 식민지에서도 절대주의 군주정은 확립되지 못했다.

북아메리카 식민지에서 시민권은 다양하게 행사되었으며, 각 주마다 지방법을 제정하기 위한 의회가 있어서 정기적으로 의원들을 선출했다. 모국에서처럼 투표권은 일반적으로 자산가들에게만 부여되었으나, 모든 지역에서 일률적이지는 않았다. 더구나 소수의 유권자가 참여한 선거에서도 투표소에 간 사람들의 수는 아주 적었다. 그렇다고 식민지 주민들의 시민의식이 낮았던 것은 아니었다. 식민지인들은 카운티와 타운 차원에서 진행된 공동체 활동에는 적극 참여했다. 뉴잉글랜드 지역에 속한 각 주에서는 그리스의 폴리스나 중세의 도시국가와 비슷한 소규모 타운을 중심으로 한 자치가 이루어지고 있었다. 이들 타운의 행정은 투표권을 가진 사람들의 집회에서 결정되었는데, 이런 집회에서 행정가들이 선출되고 지방세에 관한 결정이 이루어졌으며, 지방법이 통과되었다. 남부의 식민지 주에서의 행정단위는 카운티였다. 의회를 통해 식민지의 백인 남성은 시민권자로서의 경험을 축적할 수 있었다. 시민으로서 식민지인들의 인식은 본국의 과세 요구가 빈번하게 제기되던 7년 전쟁 이후에 각종 신문이나 소책자에서 잘 드러났다. 이를 바탕으로 식민지인들은 1776년의 독립선언 이후부터 1791년에 헌법이 제정될 때까지 주와 연방의 각종 법안을 기안하고 통과시킬 수 있었다.

식민지인들이 독립전쟁을 시도하게 된 데는 이러한 식민지 시절의 경험만이 아니라 이전의 정치사상도 중요했다. 고대 철학자들, 역사가들, 르네상스 이론가들, 17세기 잉글랜드 내전기의 사상가들, 계몽주의 시대의 스코틀랜드와 유럽의 여러 사상가의 영향은 무시할 수 없었다. 특히 마키아벨리의 시민적 공화정 사상과 로크의 권리에 대한 사상이 큰 영향을 미쳤다. 이처럼 다양한 사상은 벤저민 프랭클린, 토머스 제퍼슨, 존 애덤스, 알렉산더 해밀턴, 제임스 매디슨 등 독립을 전후한 시기의 미국의 지도자들에게 많은 영감을 주었다. 미국의 식민지인들은 축적된 자치 경험을 이런 사상과 연결함으로써 영국에 대한 충성을 단절하는 이론을 만들고, 이를 실천에 옮길 수 있었다.[300] 이런 맥락에서 토머스 제퍼슨과 존 디킨슨은 '무기를 든 이유와 필요성에 관한 선언'Declaration of the Causes and Necessity of taking up Arms에서 식민지인들의 봉기 목적이 그들의 자유를 보존하기 위한 것임을 밝혔다.[301] 제퍼슨의 주장에는 인민주권 사상과 계약 사상의 요소들이 들어있었고, 그의 사상은 미국의 주와 연방의 권리장전과 헌법을 기초하는 데 이용되었다. 특히 1776년에 공포된 독립선언서는 자연법사상의 영향을 강하게 받았음을 보여주었으며, 특히 다음과 같은 독립선언서의 앞부분은 로크의 『시민정부』를 연상시켰다.

---

300 Derek Heater(2004), *A Brief History of Citizenship*, pp. 73~74.
301 이주영(1995), 『미국사』, 대한교과서주식회사, 51쪽.

우리는 다음과 같은 것을 자명한 진리라고 생각한다. 즉 모든 사람은 평등하게 태어났으며, 조물주는 양도할 수 없는 일정한 권리를 부여했으며, 그 권리 중에는 생명과 자유와 행복을 추구할 권리가 포함되어 있다. 이 권리를 확보하기 위해 인류는 정부를 조직했으며, 이 정부의 정당한 권력은 피치자의 동의에 유래하고 있는 것이다. 따라서 어떠한 형태의 정부이든 이러한 목적을 파괴할 때는 언제든지 정부를 변혁 내지는 폐지하여 인민의 안전과 행복을 가장 효과적으로 보장할 수 있는, 그러한 원칙에 기초를 두고 그러한 형태의 기구를 갖춘 새로운 정부를 조직하는 것은 인민의 권리인 것이다.[302]

이 중 "모든 사람은 평등하게 태어났으며, 조물주는 양도할 수 없는 권리를 부여했으며, 그 권리 중에는 생명과 자유와 행복을 추구할 권리가 포함되어 있다."라는 주장에 따르자면, 인권은 창조주가 인간들에게 부여한 권리이지 국가가 시민들에게 부여한 것이 아니다. 그럼에도 불구하고, 이런 제반의 권리는 국가가 시민들에게 그러한 권리를 제공하지 않는다면 적절하게 향유될 수 없다. 그러므로 다음의 헌법 수정조항 제1조는 아주 중요하다.

연방 의회는 국교를 정하거나 또는 자유로운 신앙 행위를 금지하는 법률을 제정할 수 없다. 또한 언론, 출판의 자유나 국민이 평화로이 집회할 수 있는 권리 및 불만 사항의 구제를 위하여 정부에게 청원할 수 있는 권리를 제

---

302 안경환(2001), "미국 독립선언서 주석", 『국제 · 지역연구』 제10권 2호, 111쪽, 113쪽.

한하는 법률을 제정할 수 없다.[303]

독립선언서만이 아니라 연방 헌법, 권리장전 그리고 13개 주에서 작성된 자체적인 권리장전과 헌법 등의 문서에서 가장 기본적으로 언급된 것은 인권이었다. 결국, 건국 초기에 작성된 주요 문서에 담긴 내용은 정치적 의미로 미국 시민권의 초석을 놓았다고 평가할 수 있다.[304]

독립 직후 미국의 13개 주의 지도자들은 국가의 주권의 소재에 관한 문제를 둘러싸고 연방주의자와 반연방주의자로 분리되어 치열한 논쟁을 벌였다. 연방주의자들은 기존 정부로서는 사회, 경제, 정치, 외교 등에서 강력한 지도력을 발휘할 수 없다고 주장했고, 반연방주의자들은 각 주의 권한이 침해되는 것을 매우 우려했다. 역사적 경험을 중시하고 고전을 존중했던 미국 연방 헌법의 작성자들은 역사 속에서 가장 어두운 면을 파헤치고 과거 사상가들의 가르침 속에서 자신들의 상황에 적합한 교훈을 구하고자 했으나, 찾을 수 없었다. 말하자면, 미국은 과거의 어떤 실험도 준용하여 적용할 수 없는 새로운 정치적 실체였다. 건국의 시조들은 새로운 제도를 발명하지 않을 수 없었다.[305]

건국의 지도자들은 각 주의 정치 상황이 크게 다르다는 점을 인정하고 영국식 제도를 신생 국가에 그대로 적용할 수는 없다고 판단했다. 알렉산더 해밀턴 Alexander Hamilton, 1757~1804 은 헌법을 변호하는 자신

---

303 미국사연구회 편역(1992), 『미국 역사의 기본 사료』, 427쪽.
304 Derek Heater(2004), *A Brief History of Citizenship*, p. 75.
305 Paul Magnette(2005), *Citizenship: The history of an idea*, p. 106.

의 저서의 서론에서 "인간 사회가 인간의 행동과 모범을 통해 그들의 생각과 선택에 따라 훌륭한 정부를 세울 능력이 있는지 아니면 인간이 그들의 정치체제를 위해 끝없이 우연과 무력에 의존해야 하는 운명을 선택할 것인지"[306]에 대하여 미국인들이 결정해야 한다고 밝혔다. 건국 초 미국인들이 처한 상황은 외부 전쟁과 내부 불화라는 끝없는 위험으로부터 자신들을 보호하기 위해 사회질서에 존재하는 자유를 공식적으로 표현했던 르네상스기 이탈리아반도의 시민적 인문주의자들이 처한 것과 유사했다. 결국 그들은 마키아벨리나 루소의 권고를 유념하고 있던 헌법 제정자들의 판단에 따라 공화제를 선택했다.[307] 건국의 시조들은 민주주의로 인한 다수의 폭정의 위협을 방지하는 데에도 공화정이 도움이 된다고 판단했다.

민주주의와 공화제 간의 가장 큰 두 가지 차이점은 첫째, 공화제의 경우 시민이 선출한 소수의 대표에게 정부를 위임한다는 사실이다. 둘째, 공화제는 더 많은 수의 시민들과 더 넓은 범위의 국가로 확장될 수 있다는 점이다.[308]

이제 이 두 가지, 즉 국민과 '정부' 사이에 도입된 대표성과 지리적 범위는 공화정을 현대화할 수 있게 해주는 매개체로 생각되었다. 건국의 시조들이 생각하기에, 이 두 가지 점 덕분에 신생 미국은 대중들이 지닌 정서적 불안정성을 피하면서 권력이 국민에게 계속 복종하도

---

306 알렉산더 해밀턴 외(1995), 『페더랄리스트 페이퍼』, 김동영 역, 한울, 13쪽.
307 포칵, J. G. A.(2011), 『마키아벨리언 모멘트』 II, 곽차섭 역, 나남, 283~357쪽.
308 알렉산더 해밀턴 외(1995), 『페더랄리스트 페이퍼』, 65쪽.

록 만들 수 있었다.

첫 번째 차이점의 효과는 한편으로 대중의 의견을 선출된 시민 집단이라는 매개체에 통과시킴으로써 이를 정제하고 확대시키는 것이다. 선출된 집단의 현명함은 자국의 진정한 관심사를 가장 훌륭하게 분별할 것이고 그들의 애국심과 정의에 대한 애정은 그들의 국가를 일시적 또는 부분적 이유 때문에 희생시킬 가능성을 가장 낮게 해준다.[309]

미국 정치사상의 공화주의적 성향은 국민주권을 헌법에 기재하기로 한 선택에서 나타났다. 이러한 사상은 영국형 모형을 거부한 것, 그리고 독립 이후 대부분의 주에서 의원들이 폭넓은 유권자에 의해 선출되었다는 경험에 의해서도 표현되었다. 건국의 시조들은 이것이 미국의 국가적 기질에 상응하는 정부의 본질이라는 점을 분명히 했다. "모든 합법적 권한의 순수하고 고유한 샘"[310]은 "미국민의 정신이나 독립혁명의 근본 원칙들, 더 나아가 모든 자유의 신봉자들에게 활력을 불어넣는 고귀한 결단과 조화를 이룰 수"[311] 있는 유일한 것이었다.

건국 초 미국인들이 선택한 이런 사상은 공동선을 실현하기 위해서는 시민의 '덕'virtue이 개인의 사적인 열정을 이겨야 한다는 마키아벨리와 루소의 생각을 단순히 반복한 것은 아니었다. 독립 직후 미국인들은 더는 열정만을 기준으로 사고하지 않았다. 그들은 몽테스키외

---

309 같은 책, 66쪽.
310 같은 책, 141쪽.
311 같은 책, 235쪽.

와 애덤 스미스처럼, 근대 사회가 상업 활동으로 지배된다는 점, 그리고 이로 인하여 과거에는 '열정'과 '야망'으로 알려진 것과는 다른 감정이 인간 사이에 생겨난다는 것을 알고 있었다. 상업 관계를 기반으로 하여 구축된 미국 사회는 이러한 새로운 사회학을 무시할 수 없었다.312

건국의 시조들은 유럽에서 애덤 스미스가 묘사한 '자연적인' 이해관계에 토대를 둔 정치형태를 선호하지는 않았지만, 전통적인 공화주의자들이 희망했던 '의지의 인위적인 조화'라는 메커니즘에 따른 정치체제를 주창하지도 않았다. 그들은 이 두 가지 요소를 조화시키려고 했으며, 정책으로 '상반되고 경쟁적인 이해관계를 통해 결함을 보충'313할 수 있다고 확신했다. 그들은 일상생활에서 볼 수 있는 이해관계의 상이함을 통제하고자 하는 강한 열망이 있었지만, 이러한 상이함을 근절할 수 없다는 것을 깨닫고 '바르게 이해된 이기주의의 원리'principle of interest rightly understood 314를 그들의 정책의 기반으로 삼기로 결심했다. 건국의 시조들은 자기들이 살고 있던 시대의 구체적인 어려움을 감안해 헌법을 만드는 데 온 힘을 쏟으면서, 자기들의 '정치학'에 실용적인 성격을 부여하고자 했다. 그들의 모든 정치적 발명품은 원칙 자체가 아니라 원칙이 취할 수 있는 유형적인 형태를 지향했다. 그들은 이러한 정치적 경험이 있었기 때문에, 수십 년 후 프랑스 자유주의자들이

---

312 Paul Magnette(2005), *Citizenship: The history of an idea*, p. 105.
313 알렉산더 해밀턴 외(1995), 『페더럴리스트 페이퍼』, 316쪽.
314 이 어구는 프랑스의 정치사상가 알렉시 드 토크빌(Alexis de Tocqueville)이 19세기 초에 쓴 『미국의 민주주의』 제2권 제2부 8장에 나온 것으로서 '개인 이익을 올바르게 이해하고 추구하는 원칙'을 의미한다. A. 토크빌(1997), 『미국의 민주주의』 II, 임효선 · 박지동 역, 한길사, 692쪽.

존 트럼불(John Trumbull), 〈독립선언서〉(1819). 1776년 토머스 제퍼슨 등 5인 위원회가 독립선언서 초안을 대륙회의에 제출하는 모습

그랬던 것처럼 정치철학에서 정치학으로 넘어갈 수밖에 없었다.[315]

건국의 시조들은 "후보자의 자격을 분석할 수 있는 능력이 있으며, 신중하고, 자신들의 선택을 좌우하는 모든 원인을 잘 판단할 수 있는 사람들"[316]이 직접 선거를 실시하도록 하여 서로 다른 열정과 이해관계의 갈등을 승화시키도록 했다. 이런 대표 제도가 필요했던 이유는 미국의 영토가 광대하고 사회 구성이 복잡했으며, 갈등 지역이 분산되었기 때문이다. 만약 공화국이 '훨씬 다양한 정당과 이권'을 포함하게 된다면, "시민의 권리를 침해하고자 하는 다수의 공통된 동기를 더

---

315 당대의 '민주주의 혁명'의 소용돌이 가운데, 미국의 특별한 성격은 이러한 제도적 혁신에 있었다. R. R. Palmer(1959), *The Age of Democratic Revolution*. Princeton: Princeton University Press, pp. 213~35.
316 알렉산더 해밀턴 외(1995), 『페더랄리스트 페이퍼』, 405쪽.

욱 불가능하게 만들고 만약 그런 공통된 동기가 존재하더라도 그것을 공감하는 모든 사람이 일사불란하게 행동하는 것을 더욱 어렵게 한다."317

이런 입장은 영토가 넓은 국가에서 공화정이 성립될 수 없다는 전통적인 견해와 상반된 것이었다. 그러한 국가에서는 의견이 다양해질수록 다양성으로 인한 해악은 줄어들고, 특정한 집단이 소수에게 자신의 의지를 강요하기가 어렵다. 따라서 여러 노선에 따른 시민사회의 분열, 종교적 신념, 지역, 직업, 사회 집단에 대한 시민의 충성심이 다양하더라도, 그것은 화합에 위협이 되는 것이 아니라 오히려 사회적 조화를 보장할 수 있었다. 다만 단일한 지배자가 없는 '다원주의' 사회 사람들의 절반과 나머지의 다른 절반의 분열에는 합의가 필수적이었다. 다른 사람들에게 존중받기 위해서 다른 사람들을 존중하는 것이 각각의 '소수'에게 이익이 되었기 때문이다. 정리하자면, 프랑스인들은 구성원의 사회적 소속감을 제거하고 시민의 형식적 평등을 증진하려고 노력했던 반면에, 미국인들은 다양한 정체성을 가치 있게 여기며, 이것을 파벌주의의 항구적인 위험을 방지하는 중요한 요소로 보았다.318

그러므로 미국 헌법의 작성자들은 공권력의 지리적 분할을 추가했다. 이는 주권의 불가분성이라는 관념에 기반을 두고 성립된 유럽 정신에 부합하지 않았지만, 미국의 구체적인 현실에서는 타당했다. 연방정부가 기존의 주州를 폐지할 수 없었으므로 주권의 분할을 생각해

---

317 같은 책, 67쪽.
318 Paul Magnette(2005), *Citizenship: The history of an idea*, p. 107.

야 했기 때문이다. 더욱이 해밀턴은 어떤 이론적 반대도 선험적으로 반박하기 위해 다음과 같이 말했다.

> 이런 동격의 권한이 존재할 수 없다는 추상적 원칙에 대해 논쟁하는 일은 사실과 현실에 맞서 가정과 이론을 세우는 것과 같다. 어떤 것이 존재하지 않아야 함을 밝히는 데 그런 추론이 아무리 적절하다 할지라도, 사실의 증거와는 반대로 그것이 존재하지 않는다고 증명하는 데는 쓸모가 없다.[319]

헌법은 연방과 주ᵂ의 특징을 결합하고 권한의 분배와 의회 의원 지명을 위한 연방적 성격 및 권한과 규범의 위계질서를 수행하기 위한 수단으로서 개별 단위 주들의 속성을 혼합했다. 따라서 미합중국 헌법은 전통적인 분류를 벗어났다. 토크빌은 이런 상황을 가리켜 "논리의 원칙들이 깨졌다."[320]라고 표현했다. 미국인들은 표현상 제기될 수 있는 문제에 신경을 쓰지 않았고, 그들이 만든 공화국을 '복합'compound이라고 부르는 데 만족했다. 두 가지 수준의 공권력이 주권의 동일한 속성을 공유할 수 있다는 사실은 그들에게 비논리적으로 보이지 않았다. 실제로 미국에서는 독립 이전에도 영국 의회와는 달리 식민지 의회가 있었기 때문이다. 미국은 독립 이후에는 어떤 경우에도 연합체적confederal 구조를 유지할 수도 없었고, 주 정부의 법적 존재를 박탈할 정도로 중앙집권화할 수도 없었다. 국민은 주권의 유일한 소유자였으며 다양한 권력은 국민의 다양한 대리인과 대표자에 불과했

---

319 알렉산더 해밀턴 외(1995), 『페더럴리스트 페이퍼』, 200쪽.
320 A. 토크빌(1997), 『미국의 민주주의』 I, 임효선·박지동 역, 한길사, 183쪽.

다. 건국의 시조들에 따르면, 이러한 혁신은 정치학에서 권장하듯이 정부를 국민에게 복종시키는 보장책을 강화하는 것이었다.

권력은 언제나 경쟁적이기 때문에, 중앙정부는 주 정부들의 권리 침해를 감시할 준비가 되어 있을 것이며, 주 정부들 또한 중앙정부에 대해 똑같은 성향을 갖고 있을 것이다. 어느 한 정부를 국민들이 지지함에 의해, 한쪽이 반드시 우세해지게 된다.[321]

공권력의 이러한 이중적 구조는 국민과 권력 사이의 관계를 매개하는 데 이바지한다. 모든 권위는 어떤 방식으로든 선거에서 비롯되며, 그것이 행정부이든, 입법부이든, 사법부이든, 연방 차원이든, 국가 차원이든 예외가 없다. 일정한 의미에서 주권 문제에서는 지방색이 없어졌으며, 또 주권에는 적절한 자리가 부여되지 않는다. 이 점과 관련하여 정치학자 한나 아렌트 Hannah Arendt는 "공화국이라는 정치체 내의 주권의 지속적인 폐지"를 미국의 정치 혁신이 가진 가장 위대한 핵심이라고 보았다.[322] 미국인들은 주권 개념에서 보았던 전제정치의 망령을 몰아내고자 했다. 연방 헌법을 옹호한 사람들은 공화주의의 요구와 자기들 국가의 구체적 조건을 조화시키는 유일한 해법을 자신들이 발견했다고 확신하면서 다음과 같이 주장했다.

미합중국의 경우 국민이 양도한 권력은 우선 두 개의 독특한 정부들 사이

---

321 알렉산더 해밀턴 외(1995), 『페더랄리스트 페이퍼』, 173쪽.
322 한나 아렌트, 『혁명론』, 홍원표 역, 한길사, 257쪽.

에 나뉘고, 그런 다음 그 분할된 권력은 두 정부하의 개별적이고 독립적인 부문들에게 할당된다. 그리하여 국민의 권리에 대한 이중의 안전책이 마련된다. 서로 다른 두 정부는 서로 견제하며 동시에 그들은 각각 자신에 의해 견제된다.[323]

이러한 논리가 공화주의 패러다임의 변형인 것과 마찬가지로, 미국의 시민권 개념은 유럽에서 형성된 것과는 달랐다. 독립 직후 미국에서 '시민권'이라는 단어는 유럽에서와 마찬가지로 널리 확산하지는 않았다. 매디슨이 시민권에 대해 말했을 때, 그는 무엇보다도 법적인 의미에서 국적을 의미했다. 그가 이 지위에 포함된 정치적 권리를 언급한 것은 부수적이었다. 미국의 공법 전문가들은 당시 이 단어를 알고 있었으며 그 의미를 매우 일반적으로 이해하고 있었다. 토머스 페인 Thomas Paine 은 '시민의 권리'를 '시민적' 권리, 즉 '자연권'에 추가하여 공화국이 개인에게 부여하는 권리라고 불렀는데, 이는 공화주의 전통에서 그 단어에 부여된 의미와 완전히 일치했다. 유럽의 정치 이론에서 비롯된 미국의 시민권 개념은 고전적인 공화주의 어휘를 모두 채택했다. 이 점은 19세기 중반 대법원의 유명한 판결인 드레스 스콧 대 샌드포드 사건 Dred Scott v. Sandford, 1857 에서 분명하게 드러났다.[324]

미국의 인민(People of the United States)과 시민(Citizens)이라는 어휘는 같은 뜻의 용어이고 동일한 것을 의미한다. 이 두 용어는 우리들의 공화국

---

323 알렉산더 해밀턴 외(1995), 『페더랄리스트 페이퍼』, 317~318쪽.
324 Paul Magnette(2005), *Citizenship: The history of an idea*, p. 110.

제도에 따라서 주권(Sovereignty)을 형성하고, 그들의 대표를 통하여 권력을 장악하고 정부를 지휘하는 정치 집단(Political Body)을 의미하는 것이다. 이 용어들은 우리가 익숙하게 '주권을 가진 인민'(Sovereign People)이라고 부르는 것과 같은 것이다. 그리고 모든 시민은 이런 인민의 한 사람이고 주권의 구성원들이다.[325]

미국의 시민권은 이러한 추상적인 용어로 표현되었다는 점에서 유럽의 시민권과 다르지 않았다. 차이점은 미국의 시민권이 '주'가 아닌 '정부'를 상기시켰고, 연방제를 둘러싼 갈등으로 연방 구성원들을 위해 '주'라는 실질적인 용어가 유지되었다는 것이다. 프랑스에서와 마찬가지로 미국의 시민권은 공화주의적 이상, 시민 참여, 국가 구성원, 평등에 대한 열망을 동시에 불러일으켰지만, 다른 한편으로 깊은 불평등과 인종적 차별을 포함하고 있었다.[326]

미국과 유럽의 시민권이 지닌 주요 차이점은 국민주권 개념이 제도화되는 방식에 있다. 프랑스에서는 국민주권의 형태를 묘사하기 위해 '국민'nation이라는 추상적인 조직을 만드는 것이 필요했다. 국민nation이란 사실상 의회의 의원들로 구성되었으며, 당연히 의회를 선출한 사람들the people과 동일한 실체로 간주되었다. 시민이 자유로운 존재라는 주장은 이러한 장치를 통해 법이 시민 자신의 소산이라는 논리에 기반을 두었다. 미국인들은 동일한 기능을 수행하는 시민권을 더 정교하게 표현했다. 권력은 기능적으로나 공간적으로 분할되었지만,

---

325 「드레드 스콧 사건의 최종 판결」, 미국사연구회 편역(1992), 『미국 역사의 기본 사료』, 115쪽.
326 Paul Magnette(2005), *Citizenship: The history of an idea*, p. 110.

공통의 근원인 국민^{the people}에게서 비롯되었다. 미국에서 개인들은 대통령을 선출하든, 하원의원, 주지사 또는 상원의원을 선출하든, 법원에 자신의 권리에 대한 보상을 요구하든, 자기가 가진 시민권을 행사하게 되었다. 이렇듯 공화정을 채택한 미국은 매우 다원적인 방식으로 자유를 표현할 수 있었다.[327]

유럽 전통의 기준으로 보자면, 미국의 시민권이 지닌 가장 큰 특징은 아마도 공간적 이중성에 있었다. 복합 공화국인 미국에서 시민권은 이중적이다. 시민은 자신의 주와 연방에 동시에 소속되며 연방 법률에 복종하는 자이자 그러한 법률을 제정하는 자이기도 했다. 토크빌은 미국의 일상적인 정치 생활에 등록된 것과 같은 이 이중 시민권의 정치적, 문화적 특성을 다음과 같이 설득력 있게 설명했다.

> 국가의 주권은 사회의 몇 가지 주요한 이익에 영향을 미친다. 그것은 거대하기는 하지만 개인들과는 멀리 떨어진 나라를 나타내는 것으로 막연하고 정의내리기 힘든 감정이다. 주의 권력은 시민 개개인을 언제나 어느 상황에서나 통제한다. 주의 권력은 시민의 재산, 자유, 생명을 보호하고 항상 그의 행복이나 가난에 영향을 미치는 것이다. 주의 권력과 연관되어 있는 전통, 관습 및 지방적 애향심의 편견을 고찰해 보면 인간 심성에 타고나는 본능적인 애향심에 기초하는 권력이 우세하다는 것은 의심할 수 없는 사실이다.[328]

---

327 *Ibid.*
328 A. 토크빌(1997), 『미국의 민주주의』 I, 234쪽.

즉, 주州의 시민권은 사람들의 감정을 불러일으키는 일상적인 정치적 관행인 반면, 연방 시민권은 이성적인 판단을 하게 만드는 추상적인 문제들을 다루었다. 그러나 주와 연방의 시민권은 별도의 것이 아니었고, 전자는 후자를 완성했다. 말하자면, 미합중국의 각 시민은 자신의 작은 공화국이 그에게 고취한 공동의 조국에 대한 사랑을 고취시킨다. 모든 시민은 연방을 수호하는 것이 "자신의 주나 카운티의 번창을 옹호하는 것"[329]이라는 점을 알았기 때문이다. 따라서 시민권이 지닌 두 지위는 양립할 수 있을 뿐만 아니라 상호보완적이었다. 연방의 시민권은 그것 없이는 주의 시민권이 불가능한 번영과 안전을 허용했다. 여기에서도 프랑스혁명이 수행한 개념과의 차이점이 분명하게 드러난다. 프랑스인들은 공화국의 통합을 주장하고 권위의 위계를 조직하는 데 모든 노력을 기울였고, 그리하여 최후의 수단으로 그들은 모두 입법부로 다시 돌아갔던 반면에, 미국인들은 시민들의 자유의 보장책으로서, 그리고 공화주의에서 비롯된 자유에 필수적인 애국심의 방향타로서 권력의 공간적 분할을 발전시켰다.[330]

그렇기는 하지만, 투표권을 누구에게 부여해야 하는 문제는 여전히 명확하게 정리되지 않았다. 혁명 이전의 식민지 주에서는 다양한 종류의 투표권이 행사되었다. 가령, 1706년에 노스캐롤라이나의 선거에서는 모든 종류의 사람들, 심지어, 노예, 흑인, 이방인, 유대인과 일반 선원들의 투표가 허용되었다. 하지만 대체로 아메리카 식민지에서 투표권을 정할 때 중요한 기준은 고대로부터 시민권을 고려할 때 핵

---

329 같은 책, 229쪽.
330 Paul Magnette(2005), *Citizenship: The history of an idea*, p. 111.

심적으로 작용했던 재산 소유 여부였다. 독립전쟁 직전 버지니아주에서는 농촌 지역에서 집이 없더라도 50에이커의 토지를 가진 사람들, 혹은 적어도 12평방피트의 집이 있는 25에이커를 가진 사람들에게 투표권이 부여되었다. 그리고 타운에서는 동일한 최소 면적의 집을 가진 사람들이 투표권을 가지고 있었다. 따라서 버지니아에서는 남성 자유인 중 선거권을 가진 사람들의 수는 절반 이하였다. 비교적 선거권자들이 많았던 매사추세츠에서는 선거권자의 비율이 80퍼센트를 상회했다.[331]

독립전쟁이 시작되기 직전 일부 주에서 기안된 헌법도 투표권을 다양하게 규정했다. 버지니아인들은 독립선언서가 공포되기 이전인 1776년 6월 29일에 자체적인 헌법을 공포했다. 그에 따르자면, 양원을 위한 선거에서 투표권은 이전과 동일하게 행사하도록 규정했다. 반면에 펜실베이니아에서는 21세의 성년이자 대표들을 위한 선거일 전에 1년의 기간 동안 이 주에 거주하고, 그 기간에 공적 세금을 낸 모든 자유민이 선거인의 권리를 향유할 수 있었다. 또한 이곳에서는 세금을 내지 않는 부동산 소유자들freeholders의 성년 아들들도 투표권을 가질 수 있었다.[332]

민주주의를 향한 진전을 드러낸 이런 종류의 증거는 상당한 불안감을 자아냈다. 1787년 연방 헌법의 틀을 짜는 데 도움을 주도록 소환된 입헌 공회 토론에서 이런 불안감이 명확하게 드러났다. 매디슨은 이런 회의 중 한 곳에서 부동산 소유자들freeholders이 공화주의적인 자

---

331 Derek Heater(2004), *A Brief History of Citizenship*, p. 75.
332 *Ibid.*, p. 76.

유의 안전한 보고寶庫라고 말했다. 13개 주가 각자의 선거에 대한 참정권을 다르게 정의한 것은 연방 차원의 선거를 위한 준비 과정이기도 했다. 미국 헌법에서는 아직 연방 선거권이 규정되지 않고 있었다.[333]

그러나 투표권은 정치적 시민권의 유일한 징표가 아니었으며, 투표권에는 공직을 맡을 수 있는 권리도 포함되었다. 종종 선거에서 투표하기 위한 것 이상으로 정치적 직책을 차지하기 위한 자격과 관련하여 더 엄격한 규칙이 적용되는 경우도 있었다. 이 문제에 관해 연방헌법은 구체적인 사례를 제시했다. 즉, 만약 그가 적어도 25세가 되지 않았고 법적으로 적어도 7년 동안 미국 시민이 아니라면, 어느 누구도 연방 하원의원이 될 수 없었다. 상원의원은 30세 이상이며 9년 동안 미국 시민이어야 했다. 그러나 특이하게도 상원이든 하원이든 의원이 되기 위해서는 어떠한 재산 자격도 요구되지 않았다.[334] 적어도 헌법에 따르면, 시민적 혹은 법적 시민권은 노예 이외의 모든 사람에게 허용되었다. 이러한 권리들은 수정헌법 제5조 형사사건에서의 제 권리에서 명문화되어 있다. 또한 이 조항에는 자기에게 불리한 진술을 강요받지 않을 권리와 적법절차 due process 의 원칙이 포함되어 있다.

누구라도 배심원에 의한 고발 또는 기소가 있지 아니하는 한 사형에 해당하는 죄 또는 중죄에 관하여 심리받기 위하여 구금되지 아니한다. 다만, 육군이나 해군에서 또는 전시나 사변 시에 복무 중에 있는 민병대에서 발생

---

333 *Ibid.*
334 *Ibid.*

한 사건에 관하여서는 예외로 한다. 누구라도 동일한 범행으로 생명이나 신체에 대한 위협을 재차 받지 아니하며, 어떠한 형사 사건에 있어서도 자기에게 불리한 증언을 강요당하지 아니하며, 누구라도 정당한 법의 절차에 의하지 아니하고는 생명, 자유 또는 재산을 박탈당하지 아니한다. 또 정당한 보상 없이 사유재산을 공공용(公共用)으로 수용당하지 아니한다.

이와 관련하여 우리는 "규율 있는 민병은 자유로운 주州의 안보에 필요하므로 무기를 소장하고 휴대하는 인민의 권리를 침해할 수 없다."[335]라는 권리장전 제2조에 주목해야 한다. 20세기 후반 총기에 의한 희생자 수가 증가하자 강력한 영향력을 가진 전국 총기협회가 이런 헌법적 권리에 근거하여 총기 판매와 소유를 제한하려는 시도에 저항할 때, 이 조항은 커다란 논란거리였다. 그러나 수정조항의 진정한 목적은 '자유로운 주州의 안보에 필요'라는 부분에 있었다. 무기 소지의 권리는 국가 방어의 시민적 의무로부터 유래하며, 그것은 1776년 독립전쟁 당시에 등장한 민병대인 '미니트맨'Minutemen으로까지 소급된다.

신생 미국인들 앞에는 연방제 문제 말고도 또 다른 문제가 있었다. 헌법이 변덕스러운 분파적 열의로부터 권력을 상대적으로 독립시키는 것을 보장한다고 할지라도, 권력은 국민이 더는 통제할 수 없을 정도로 비대해져서는 안 되었다. 국민이 대표를 선출하고, 일단 권력이 부문별 이해관계의 압력에서 벗어나게 되더라도, 권력이 자율적인 힘을 갖게 되는 것을 방지할 필요가 있었다. 미국 헌법의 작성자들은 이

---

335 미국사연구회 편역(1992), 『미국 역사의 기본 사료』, p. 427.

중대한 문제에 대한 해결책을 토크빌이 말한 바 있는 권력의 분할에서 찾았다.336 이것은 무엇보다도 몽테스키외의 가르침에 따라 다양한 기관들 사이에 권력을 적절하게 분배하는 것과 관련이 있었다. 각 권력기관이 서로 독립적인 위상을 갖고 서로 간의 균형을 통해 '권력이 권력을 막는' 것이다. 미국인들은 이 원칙을 몽테스키외 같은 유럽의 사상가들이 생각했던 것 이상으로 진전시켰다. 이 문제에 관한 고전적인 이론가들은 재판권, 즉 '사법권'의 역할에 적극적인 의미를 부여하지 않았다. 로크와 루소에게 사법권은 행정권의 일부였고, 몽테스키외는 비록 재판권의 유기적 자율성을 언급했지만 "말하자면 눈에 보이지 않아 무無로 화한다."337라고 생각했다. 입법권이 우위에 있거나 과도한 행정권을 가진 프랑스는 아주 강한 유보조건을 달고서만 사법부의 독립을 받아들일 수 있었다. 일반적으로 유럽에서는 사법권을 다른 두 가지와 같은 수준의 '권력'으로 보지 않았고 행정관들이 보다 우월한 지위를 확보했다.

반면에 독립을 성취한 미국인들은 재판권의 독립을 보장하고자 노력했다. 그들은 판사에게 법을 적용하고 해석하는 임무를 부여함으로써 국민의 주권을 세 가지 근거로 침해하지 않았다고 말했다. 첫째는 재판권은 법에 대한 존중을 전제로 하기 때문에 실제로 권력이 아니었고, 둘째는 판사가 간접적으로 국민에 의해 선출되었기 때문이며, 마지막으로 판사의 자율성은 '적법행위 중'338에만 지속되기 때문이라는 것이다. 게다가 미국인들은 판사와 법관에게 단순히 사건에 법을

---

336 A. 토크빌(1997), 『미국의 민주주의』 I, 118쪽.
337 몽떼스뀨(1978), 『법의 정신』 I, 194쪽.
338 알렉산더 해밀턴 외(1995), 『페더럴리스트 페이퍼』, 457쪽.

적용하는 권한을 부여한 것이 아니라, 법률의 헌법 적합성을 확인할 수 있는 권한을 부여했다. 헌법은 국민의 행위이자 주권의 최고 표현이므로 헌법에 의해서만 권위를 가질 수 있는 국민 대표들의 의지보다 우선되어야 했다.[339]

> 그렇지 않다면, 헌법이 시민의 대표자들이 자신들의 의지를 자신들의 선거인의 의지로 대체시키려 한다는 것을 가정할 수 없을 것이다. 오히려 법정은 시민과 입법부 사이의 중재 역할을 위해 존재한다고 가정하는 것이 더 합리적일 것이며, 다른 것보다도 입법부의 권한을 제한하는 것을 중요한 역할로 보아야 할 것이다.[340]

따라서 비록 실질적으로 실현하는 데 한 세기가 걸리기는 했지만, 미국에서는 더 높은 가치의 이름으로, 특히 권리장전에 명시된 가치의 이름으로 입법권을 통제한다는 원칙이 수립되었다. 이것은 사법 절차를 정상적인 경로 중의 하나로 간주함으로써 미국 시민권의 다원주의를 확산하는 결과를 가져왔다. 판사를 국민 가운데서 임명하고 그들이 국민의 다른 대표인 입법자들에 반대할 수 있다면, 사법부의 결정은 국민주권의 한 형태이자 피지배자가 통치자를 견제할 수 있는 시민권의 권한 중의 하나였다.

미국에서 시민권을 논할 때 특별한 이슈가 있는 것은 바로 미국이 이민자들에 의해 건국된 나라라는 점 때문이다. 아메리카 토착민들은

---

339 Paul Magnette(2005), *Citizenship: The history of an idea*, p. 108.
340 알렉산더 해밀턴 외(1995), 『페더럴리스트 페이퍼』, 460쪽.

미국 건국 과정에서 거의 고려 대상이 되지 못했다. 독립 당시 미국 13개 주의 영토는 매우 넓었으나 인구는 많지 않았다. 1790년에 실시한 최초의 인구조사에 따르면, 13개 주 인구는 채 390만 명이 되지 않았고, 그중 70만 명은 흑인으로서 대부분이 노예였다. 이는 1801년 기준으로 거의 920만 명에 달한 잉글랜드와 웨일스의 인구에도 크게 미치지 못하는 수치였다.[341]

혁명 이전에도 영국령 아메리카 식민지에는 경제를 발전시키고 토착민들의 공격을 방어하기 위해 많은 이민자가 필요했다. 귀화에 대하여 영국 본국 정부가 제정한 규정은 식민지인들이 원했던 것보다 엄격했다. 식민지 중 일부 지역, 특히 뉴잉글랜드에서는 이 문제를 두 가지 방식으로 해결하고자 했다. 그중 하나는 외부인들을 영국 신민인 것처럼 대우해 주는 것이었다. 예를 들어, 1641년 매사추세츠는 외부인들에게 타운 회의에 참석하여 어떠한 합법적이며 시의적절하고 중대한 사안에 대하여 문제를 제기하거나, 필요한 동의안, 항의, 청원, 법안 또는 정보를 제출하는 것을 허용했다. 식민지인들이 본국의 규제를 피하는 다른 방법은 자기들 자신의 법을 식민지 의회가 통과시키는 것이었다. 영국 정부는 1773년에 이러한 절차를 금지함으로써 식민지인들이 독립을 추구하게 된 또 다른 이유를 제공했다.

독립을 쟁취한 이후 미국인들은 스스로 시민권과 관련된 법을 제정할 수 있었다. 각 주마다 이 문제에 대한 접근은 달랐으나, 기본적으로는 시민권을 부여하거나 혹은 적어도 완전한 정치적 권리를 주기 이전에 이주자들에게 충성 선서를 요구하고 일정 기간 거주할 것

---

341 Derek Heater(2004), *A Brief History of Citizenship*, p. 77.

을 요구했으며, 연방 헌법은 하원의원들에게 주거지와 관련된 자격요건을 규정했다. 또한 미국 헌법 제1조 8항 4에 따르자면, 연방 의회가 가진 권한 중에 "합중국 전체에 공통되는 통일적인 귀화 규정과 파산 문제에 관한 통일적인 법률을 제정한다."는 내용이 포함되어 있다. 이후에도 미국 영토가 확대됨에 따라 많은 사람이 미국으로 이주했고, 이로써 시민권과 관련된 문제는 더욱 중요해졌다. 국민주권의 원칙과 사회적 위계질서의 유지라는 상반되는 가치를 동시에 충족시켜야 하는 과제는 미국에서만이 아니라 프랑스에서도 중요했다.

5. 프랑스혁명과 시민권

1789년 프랑스혁명은 미국독립혁명보다 십여 년 늦게 시작되었지만, 프랑스혁명의 배경이 되었던 사상은 미국 혁명이 일어난 시기보다 오히려 앞서 제기되었다. 토크빌은 프랑스인들이 미국 혁명 안에서 이미 자기들에게 익숙한 이론들이 눈부시게 구현되는 모습을 보았다고 생각했다. 또한 미국 혁명 이전에 심지어 프랑스 농민들도 자기 이웃들을 '동료 시민들'이라고 언급하고 있었음에 주목했다. 프랑스혁명이 발발하기 이전에 프랑스에서는 국가적 시민권 개념이 이미 널리 확산되어 있었기 때문에, 1790년 6월 국민의회에서 내려진 결정에 따라 사회적 신분 칭호가 폐지된 것은 그런 현상의 귀결점에 불과했다. 'citoyens/citoyennes'라는 명칭은 비록 국민공회 시기의 정치적으로 들뜬 분위기 속에서 널리 사용되기는 했지만, 혁명을 전후로 하여 프랑스에서는 모든 사람이 이미 시민이 되어 있었다.

그러나 프랑스혁명 이전에는 시민에 대한 설명에서 시민적 참여라는 생각이 강조되지는 않았다. 디드로$^{\text{Denis Diderot, 1713~84}}$가 편집한 백과사전의 '시민'이라는 항목에 따르면 시민은 "많은 가족으로 이루어진 자유 사회의 일원"이며, "그 사회의 권리를 누리고, 그 사회의 자유를 누리는" 사람이다.[342] 프랑스혁명 이전에 프랑스에서 시민권은 대체로 몽테스키외가 말한 바대로 이해되었다. 즉, 시민권은 '폭정'에 반대되는 법의 혜택이었던 것이다. 시민권이 대중의 주권에 대한 참여를 수반한다는 생각은 아직 널리 확산하지 못했다. 혁명 직전에 작성된 진정서 cahiers de doléance 에서도 '서로 다른 시민계급', 그리고 '시민신분들' 사이의 관계를 언급한 내용을 찾아볼 수 있다. 이런 의미에서의 '시민'이라는 용어는 구체제에서 사용된 바대로, 유기체적이고 조합주의적인 위계적 의미를 여전히 포함하고 있었다.[343]

삼부회의 소집으로 시작된 프랑스혁명은 시민 개념에서도 근본적인 변화를 초래했다. 영국에서 내전으로 말미암아 홉스나 로크 같은 새로운 정치사상이 분출된 것처럼, 프랑스에서도 체제의 위기는 사상가들에게 커다란 자극을 주었고 대중 사이에서도 정치적 주제가 활발한 토론 거리가 되었다.[344] 이제 명확하게 평등주의적이고 인민주권 개념과 불가분의 관계에 있는 근대적 시민권 개념이 대두되었다. 가령, 콩도르세 Nicolas de Condorcet, 1743~94 는 1793년 국민공회에 자신의 헌법안을 제출하면서 "오로지 이성과 정의의 원칙에 기초하여 시민들이 자신의 권리를 최대한 누릴 수 있도록 보장하면서도, 법률에 대한 복종 및 개별 의지를 일반의지에 종속시켜야 할 필요성과 인민주권,

---

342 "Document No. 24: Citizenship in the Encyclopédie", in Peter Riesenberg(2002), *A History of Citizenship: Sparta to Washington*, p. 166.
343 Paul Magnette(2005), *Citizenship: The history of an idea*, p. 112.
344 프랑스에서는 1789년에 184종, 1790년에는 335종의 정기간행물이 발행되었다. 1799년까지에 이르는 프랑스혁명기에는 1만 2천 권의 소책자가 간행될 정도로 정치사상에 대한 논의가 활발히 전개되었다. Peter Riesenberg(1992), *Citizenship in the Western Tradition: Plato to Rousseau*, p. 255.

시민들 간의 평등, 타고난 자유의 행사가 온전히 존속할 수 있도록 이 헌법의 각 부분을 결합"하는 것이 자신이 해결할 문제라고 설명했다.[345] 또한 루소가 공식적으로 표명한 시민권 개념의 중심에 있는 이론은 프랑스혁명 초기에 작성된 여러 문서에서 표현되었다. 즉, 인간은 천부적으로 권리를 가지고 있으며, 이를 보장하기 위해서는 공권력에 의해 일반 규칙이 명시되고 제정되어야 한다는 것이다. 그리고 이러한 규칙은 천부적인 권리의 보유자들에 의해서만 제정될 수 있다는 결론이 도출되었다.[346]

물론 프랑스혁명의 직접적인 발발 원인은 정부의 재정 악화에 있었다. 왕실은 재징적자 문제를 해결하기 위해 거의 잊힌 신분의회 States-General, 즉 삼부회를 소집했다. 선거민들은 세 신분의 대표들이 발언할 수 있도록 진정서를 작성하여 제출했다. 진정서는 당대의 사상, 견해, 그리고 문제점들을 세세하게 열거함으로써 시민권에 대한 사람들의 생각을 잘 보여준다. 그중 시민과 관련된 규정이 중요했다. 가령, 어떤 진정서에서는 시민이 군사적 의무를 지고 있다는 시민적 공화정 전통을 거론하고 있으며, 또 다른 진정서에는 시민교육의 중요성을 강조하고 있기도 했다.

진정서의 내용은 삼부회의 안건으로 제시되었고, 삼부회 중 제3신분을 중심으로 한 의원들이 국민의회를 선포함으로써 프랑스에서는 구체제를 전복시킨 '법률 혁명'[347]이 시작되었다. 프랑스는 이제 신분제에 기초한 국가로부터 대의제적 국가로 변모함과 동시에 평등한 시

---

345 이기라(2023), 「콩도르세의 민주주의 정치사상」, 『철학·사상·문화』 42호, 236~237쪽.
346 Paul Magnette(2005), *Citizenship: The history of an idea*, p. 112.
347 알베르 소불(2018), 『프랑스혁명사』, 최갑수 역, 교양인, 143~162쪽.

1789년 5월, 프랑스 국왕 루이 16세는 세금인상을 통해 국가 재정 파탄을 막기 위해 신분 대표들을 소집하여 삼부회를 개최했다.

민으로 구성된 사회에 대한 원자론적 개념이 계층적 신분에 대한 유기적 개념을 대체했다. 루이 16세는 국민의회가 과세에 동의할 수 있는 권리, 그리고 공공의 자유를 보장할 수 있는 권리를 가졌음을 인정했다. 1791년 헌법에 의해 절대왕정은 입헌군주정이 되었고, 이제 의회는 중요한 정치적 주체가 되어 왕을 견제할 수 있었다. 의회는 주권의 주요 무대가 되어 법을 제정하는 권한을 가지게 되었는데, 이 안에는 보댕에 의해 시작된 입법주의 전통에 따라 온갖 다른 권한도 포함되었다. 의회는 이 권한을 이용하여 구질서를 근본적으로 변화시키고 현대 프랑스 공화국을 탄생시킨 수많은 법률을 제정했다.[348]

프랑스는 이제 낡은 질서를 파괴하는 일을 완수해야 했다. 삼부회를 폐지한 것만으로는 충분하지 않았고, 사회 조직에 남아있는 특권

---

348 Paul Magnette(2005), *Citizenship: The history of an idea*, p. 115.

신분들이 가지고 있던 권력을 근절해야 했다. 국민 봉기를 승인하면서 국민의회는 1789년 8월 4일의 그 유명한 밤 동안, 특정 개인을 다른 사람의 세습적 지배에 종속시키는 모든 특권을 폐지했다. 십일세, 강제 노동 및 기타 개인적인 속박 관계가 철폐되었으며, 수렵권과 사냥 전용지, 영주 재판권과 관직 매매도 사라졌다. 지방, 도시 또는 조합, 그리고 곧 가톨릭교회의 특권과 면제도 마찬가지였다. 모든 사적 권력과 왕조차 폐지할 수 없었던 봉건적 잔재들은 국민의회의 결의에 따라 모두 청산되었고 신분제 없는 사회가 생겨났다. 혼란스러웠던 지방행정 구역은 도, 군, 면, 코뮌으로 나누어지고, 국토는 분권화 단계를 거쳐 중앙집중적인 새로운 체제로 변모되었다. 또 구체제의 신분 질서가 사라진 대신 국가와 시민들이 직접 대면하게 됨으로써 중앙의 권력이 행정조직을 통해 영토의 가장 깊숙한 곳에서까지 행사될 수 있었다.

　이러한 프랑스혁명의 이념은 1789년 8월 26일 채택된 「인간과 시민의 권리선언」(이하 인권선언)에 아주 명확하게 표현되어 있다. 유럽에서 최초로 국가 시민권의 법적인 토대를 제공한 [349] 이 선언은 자연법에 담긴 원칙 및 자연법의 기반이 된 개인주의를 담았다. 선언문을 작성한 국민의회 의원들은 앞서 미국 식민지의 권리장전을 만든 엘리트들처럼, 자연권이 보장되기 위해서는 그러한 선언이 공포되어야 한다고 확신했다. 즉, 자연에 내재하고 인간에게 새겨진 권리는 권력을 통제하기 위해 실정법의 문서에 반영되어야 했다. 선언문의 작성자들은

349　Krazysztof Trzcinski(2021), "Citizenship in Europe: The Main Stages of Development of the Idea and Institution", p. 18.

자기들이 이러한 권리를 창안하고 작성한다고 주장한 것이 아니라, 선언문의 서문에 드러나 있듯이 "그 권리를 인정하고 선언한다."라고 말했다. 루소가 생각했던 것처럼, 인간은 시민이 되었을 때에도 여전히 인간이었으며, 선언문의 제목은 이러한 권리를 인간과 시민에게 동시에 부여함으로써 이 점을 강조하고자 한 것이다.[350]

인권선언은 그 이후 제정될 1791년 헌법의 전문이 되었다. 우선, 인권선언은 제1조부터 제17조까지 인간의 기본적인 권리를 규정했다. 그중 제1조부터 제5조는 인간, 주권, 자유, 법에 대한 일반적인 내용이다. 유명한 제1조에 따르면 "인간은 자유롭고 평등한 권리를 가지고 태어났다. 사회적 차별은 공공의 이익을 근거로 해서만 있을 수 있다." 또 제2조는 인간의 권리란 "자유, 재산, 안전, 그리고 압제에 대한 저항"이라고 명시했으며, 제3조는 "모든 주권은 본질적으로 국민에게 있다."라고 했다. 그 이후에 정치적 자유[제4조]와 법의 중요성[제5조]이 강조되었다.

인권선언의 제6조부터는 시민에 관한 좀 더 구체적인 내용을 언급한다. 제6조는 "법이 일반의지의 표현"이라고 하면서도, "모든 시민은 직접 또는 대표를 통해서 법 제정에 참여할 수 있는 권리를 가진다."라고 했다. 그리고 제11조는 "모든 시민은 자유롭게 말하고, 쓰고, 출판할 수 있다."라고 규정하고 있다. 또 제13조는 "조세는 모든 시민이 그 능력에 따라 평등하게 분담해야 한다."고 했으며, 제14조는 "모든 시민은 스스로 또는 대표자를 통해 공공 조세의 필요 사항, 조세의 용도, 세액, 징수 방법 및 기간을 결정하는 데 자유롭게 발언할 권리가

---

350 Paul Magnette(2005), *Citizenship: The history of an idea*, p. 116.

있다."라고 함으로써 프랑스혁명을 촉발한 직접적인 원인이 된 재정 문제에 대한 시민의 권리를 밝히고 있다.

여기서 인간과 시민은 어떤 차이가 있고, 왜 별개로 언급하고 있는지 알아볼 필요가 있다. 인간이자 시민이라는 말은 원래 계약주의 논리를 반영하고 있다. 다시 말해, 인간은 자신의 천부적인 권리를 보호하기 위해 인간임을 중단하지 않은 채 시민이 되어야 했다.[351] 인권선언을 작성한 사람들은 '인간'과 '시민'이라는 이 두 정체성 사이에 선순환 관계가 있다고 주장했다. 제2조는 "모든 정치적 결사의 목적은 인간의 천부적이고 소멸할 수 없는 권리를 보장하는 데 있다."고 명시한다. 이것은 근본적으로 개인주의를 신성시한 표현이다. 미국의 권리장전은 공화국의 목표 가운데 '공동선'을 부각한 반면, 프랑스의 인권선언은 개인과 그의 권리에 초점을 맞추기 위해 이러한 집단적인 목적을 배제했다. 법과 국가를 통합함으로써 국가가 법을 보호할 수 있도록 보장해 준 도구는 제6조의 루소적 용어에 따른 '일반의지의 표현'인 법이었다. "모든 주권은 본질적으로 국민에게 있다."[제3조], 그리고 "모든 시민은 직접 또는 대표를 통해서 법 제정에 참여할 수 있는 권리"[제6조]를 가지기 때문에, 법은 필히 인간의 권리를 보장할 수 있었다. 스스로 법을 제정한 시민은 자신의 권리도 합리적으로 침해할 수 없다. 선언문의 작성자들은 루소와 마찬가지로, 국민주권의 원칙에 따라 법이 권리를 보장할 것이라고 확신했다. 그 대가로, 인권이 보호

---

351 마르크스가 인정했듯이 그 차이는 분명하다. 인간의 권리는 소극적인 것으로, 개인이 자신의 사적인 삶을 추구할 수 있도록 허용하는 것이지 공동체의 구성원인 시민으로서의 삶을 강요하는 것은 아니다. 마르크스는 자유란 "타인에게 해를 입히지 않으면서 모든 것을 행하고 추구할 수 있는 권리"라고 정의했다. 마르크스(2021), 『유대인 문제에 대하여』, 김현 역, 책세상, 52쪽.

되고 "행정권뿐만 아니라 입법권의 행위"가 "더욱 존중받을 것"이라고 서문은 말했다. 인간의 권리는 법의 실효성을 강화하고, 법은 인간의 권리를 보호함으로써 선순환이 이루어진다는 것이다.

그러나 법과 권리 사이에는 미묘한 긴장 관계가 있었다. 혁명 초기에 국민의회 의원들은 스스로 절제력을 가지고 있다고 확신했기 때문에 이 선언이 숨긴 이중성이 갖고 있는 위험을 제대로 인식하지 못했다. 국민의회 의원들은 권리의 범위를 결정하는 책임을 입법자들에게 위임할 정도로 법의 절제를 한순간도 의심하지 않고 있었다. 제4조는 일반적으로 자유의 한계를 정하도록 허용했다. 그리고 제10조는 의견과 신앙의 자유를 선언했지만, 법률이 정의하는 공공질서보다 우선시될 수는 없었다. 같은 방식으로 제11조는 법이 표현의 자유를 제한하도록 허용하고 있다. 선언 제5조에는, "법은 사회에 해로운 행위가 아니라면 금지할 권리를 가지지 아니하다."라고 나와 있는데, 이것은 개인을 둘러싼 사적인 영역의 경계를 규정하여, 법이 개입하지 않는 영역이 존재함을 시사하는 듯했다. 그러나 '사회에 해로운 행위'를 어떻게 해석해야 하는지의 문제는 여전히 남아있었다. 인권선언의 작성자들은 군주와 끊임없이 다투면서 스스로 입법권을 장악했기 때문에 행정권을 두려워했으나, 스스로에 대해서는 경계하지 않았다. 이런 맥락에서 그들은 "사회는 모든 공직자에게 그 행정 업무에 관한 보고를 요구할 권리가 있다."(제15조)라고 규정했다. "권리의 보장이 확보되어 있지 않고 권력의 분립이 확정되어 있지 아니한 사회는 헌법을 갖고 있지 아니하다."(16조)라는 내용도 같은 관점에서 이해할 수 있다.

필요한 것은 권리를 침해하지 않도록 모든 권한이 법에 종속하도록 하는 것이었다. 법 자체는 거의 정의상 이러한 권리를 보장할 수 있을 뿐이었다. 인권선언의 작성자들은 권력을 분할하고 국민의회로 하여금 우위를 장악하는 헌법 조직이면 충분할 것이라고 생각했다. 그들의 신념은 너무나 강해서 제16조는 토론을 거치지 않고도 채택되었다. 그리고 1791년 헌법에 관해서는 기본 조항에만 "입법권은 시민권과 자연권의 행사를 훼손하고 방해하는 법을 통과시키지 않을 것이다."라고 명시되었다. 그러나 이 원칙을 구현하기 위한 제도적 보장책은 마련되지 않았으며, 이 조항은 결과적으로 아무런 효력도 가지고 있지 못했다. 입법 권력이 권리의 행사 방식과 사용을 규제할 수 있는 권한을 동시에 부여받았으므로, 그 권력이 결국, 사실상 이러한 권리의 적법성 여부 자체를 결정하게 되었기 때문이다.[352]

콩도르세는 당대 사상가로는 드물게도 이런 상황의 위험성을 인식했다. 그는 1793년에 국민공회에 제출한 헌법안 보고서에 추가한 '인간의 자연적-시민적-정치적 권리선언' 제32조에서 "모든 자유로운 정부에서 다양한 압제 행위에 대한 저항의 방식은 헌법에 의해 규정되어야 한다."라고 썼다. 이로써 그는 인민주권이라는 이름으로 일부 군중, 특히 파리 상퀼로트의 정치 개입을 차단하고자 했다.[353] 콩도르세는 모든 권위가 법을 존중하는 데 있게 된다는 소위 '법치 국가'라고 불리는 원칙을 제시했다. 법이 인간의 권리를 침해하지 않는다면, 법의 지배를 받는 모든 권력자는 인간의 권리를 침해하고자 시도할 수 없었다. 그는 실제로 시민들에게 억압에 저항하는 법적 수단을 제공하고 다음과 같은 것, 즉 공직자들에 의한 법 위반, 법의 표현에 반하

---

352 Paul Magnette(2005), *Citizenship: The history of an idea*, pp. 117~118.
353 이기라(2023), 「콩도르세의 민주주의 정치사상」, 『철학·사상·문화』, 238쪽.

는 권리를 침해하는 자의적 행위, 그리고 또한 법이 보장해야 하는 천부적, 시민적 및 정치적 권리를 침해하는 경우를 억압의 형태에 포함할 것을 요구했다. 콩도르세의 이러한 주장은 그가 법의 정당성에 대하여 의구심을 품고 있었으며, 법의 합헌성을 통제하기 위한 제도적 메커니즘이 있어야 한다는 생각을 표명하고 있음을 드러냈다.[354]

콩스탕과 같은 자유주의자들은 이 문제와 관련하여 법보다 개인의 자유가 우선이라는 입장을 취했다. "독립과 개인의 실존이 시작되는 시점에서 주권의 관할권은 끝난다."[355]라는 말은 이런 맥락에서 이해될 수 있다. 나아가 이런 원칙을 적용하기 위한 수단이 발명될 필요가 있었다. 콩스탕은 그 이유를 다음과 같이 설명한다.

> 프랑스에 부여된 모든 헌법은 개인의 자유를 보장했지만, 이러한 헌법의 지배하에서 개인의 자유가 끊임없이 위반되었다. 사실 간단한 선언만으로는 충분하지 않다. 적극적인 안전장치가 필요하다.[356]

콩스탕에 따르면, 이러한 보호 장치는 언론의 자유, 장관 및 공직자의 책임, 법적 절차의 형식성 및 광범위한 정치적 대표성의 존재 등에서 찾을 수 있다. 그러나 이마저도 예방적 보장책에 불과할 뿐, 충분하지 않다는 사실이 다시 한번 증명되었다. 프랑스인들은 고통스러운 정치적 실험을 거친 후에야, "헌법이 입법자의 손이 닿지 않는 시민의

---

354 Paul Magnette(2005), *Citizenship: The history of an idea*, p. 118.
355 B. Constant(1988), 'Principles of politics', in *Political Writings*, translated and edited by B. Fontana, Cambridge: Cambridge University Press, p. 177.
356 Paul Magnette(2005), *Citizenship: The history of an idea*, p. 118.

개인적 권리를 최후의 수단으로 결정하고 보장"할 때에만 비로소 경험적으로 법의 지배가 완성된다는 점을 이해할 수 있었다. 그리고 시민들에게는 입법자가 인권을 침해하는 행위를 저질렀을 경우, 비록 모든 조치가 취해졌다 하더라도 여전히 발생할 수 있는 이러한 침해를 사후적으로 확인하고 제재할 수 있는 수단이 시민들에게 제공되어야 한다는 점을 이해하는 것이 여전히 필요했다. 법의 지배가 마침내 제도화되어 인간과 시민을 화해시키게 된 것은 입법 중심의 정치 문화의 길고도 어려운 작업의 끄트머리에서 헌법, 특히 개인의 권리선언의 수호자인 자율적이고 최고인 사법 기관에 의하여 법의 합헌성에 대한 통제가 허용되었을 때뿐이었다.[357]

법과 권리 사이에 이와 같은 긴장이 있었음에도 불구하고, 프랑스는 혁명을 통해 삼부회가 상징하는 신분제에 기초한 국가에서 국민의회를 중심으로 한 대의제 국가로 전환했고, 인간을 법의 직접적인 통제하에 두는 모든 위계질서와 봉건적 특권을 제거했으며, 인권선언으로써 법과 국가를 자연법 아래에 둘 수 있게 되었다. 이 모든 것에 대한 비유적 표현은 '구체제의 사망 증명서'였다.

이제 문제는 시민권의 범주였다. 인권선언은 인간과 시민의 균형을 주장했더라도, 후자^{시민}를 장려하는 것보다 전자^{인간}를 보호하는 데 더 강조점을 둔 것처럼 보였다. 인권선언은 정치 결사에 자연법 보호라는 유일한 목적을 부여함으로써, 참정권으로 이해되는 시민권을 보호의 도구로 전락시키고 참여 자체의 가치를 과소평가한 측면이 있었다. 시민의 참여는 로베스피에르가 말한 것과는 반대로, 자연권 중의

---

357 *Ibid.*, p. 119.

하나가 아니라 그것을 옹호하는 시민적 수단으로 간주되었다. 인권선언에서 선거권을 전혀 언급하지 않은 것도 이런 맥락 때문이었다. "모든 주권은 본질적으로 국민네이션에게 있다."라고 했으나, 국민은 추상적인 실체이지 모든 시민의 총합은 아니었다. 시에예스가 말했듯이, 선거에 참여하지 않고도 국민의 구성원이 될 수 있었다. 여전히 '법은 일반의지의 표현'이지만, 일반의지는 모든 사람의 의지가 아니었다. 세심하게 선출된 소수의 사람이 집단 이성을 대중만큼, 아니 대중보다 더 잘 드러내 줄 수 있다고 생각했다. 그리하여 "모든 시민은 스스로 또는 대표자를 통해 법 제정에 참여할 권리를 갖는다."제6조고 인정했지만, 인권선언에서는 누가 시민인지 명시되어 있지 않았다. 자연권은 인간에게 속해서 누구도 그것을 빼앗을 수 없었지만, 정치적 권리는 시민단체에 속했고 일부 사람들은 그 단체에서 제외되었다.[358]

16세기 프랑스에서 국민으로 인정받기 위해서는 적어도 부모 중 한 사람이 프랑스인이어야 했을 뿐만 아니라, 상속을 위해서는 프랑스에 거주해야 했다. 18세기에는 프랑스에서 태어났거나 프랑스인 부모에게서 태어났다면 프랑스인의 지위를 획득했다. 혁명은 시민의 범위를 극적으로 확대했다. 『제3신분이란 무엇인가』의 저자인 시에예스는 "국민네이션이란 무엇인가?"라는 질문을 제기하고는, "동일한 입법부에 의해 대표되며, 공통의 법률하에서 살아가는 구성원들의 집단이다."[359]라고 대답했다. 이것은 시민적, 정치적 의미에서 시민에 대한 올바른 정의였다.

---

358 *Ibid.*
359 E. J. 시에예스(2009), 『제3신분이란 무엇인가?』, 박인수 역, 책세상, 23쪽.

나아가, 프랑스혁명 초기에는 국민이 반드시 민족으로서의 프랑스인에 국한되지 않게 하는 결정이 내려졌다. 1791년 헌법에 따르자면, 외국인에게도 프랑스 시민권이 부여될 수 있었다. 이로써 시민의 지위는 문화적, 인종적, 혹은 종족적 의미에서의 국적^{nationality}과 반드시 일치하지 않아도 되었다. 이 헌법에 따르자면, "프랑스에서 태어나고, 외국인 아버지로부터 항구적으로 왕국에 거주하는 자들," 그리고 "왕국 바깥에서 외국 부모들에게서 태어났으나 프랑스에 사는 자들은 만약 프랑스에 대한 헌신을 나타내는 조건들을 충족시킨다면 왕국에서 지속적인 거주 5년 이후에 프랑스 시민이 된다." 이로써 18세기에는 프랑스와 영국에서 과거의 시민적 공화적 애국심의 덕목이 근대의 국가주의적^{nationalist} 정치 문화라는 새로운 환경으로 전환되고 있었다.[360] 1791년 헌법은 그 이전까지 지역에 따라 달랐던 프랑스 국적 부여의 기준을 통일시켰고, 국가 주권 문제에 시민이 참여할 수 있도록 했다.

그러나 프랑스는 혁명 초기에 국민^{네이션}으로부터 유래한 법의 지배에 복종하는 것으로 이해되었던 근대적 시민권을 일부 종교 신도, 소수 민족, 그리고 사회적 약자에게 부여하는 데에는 다소 주저했다. 이런 문제와 관련하여, 위그노교도, 유대인, 노예 그리고 여성이 논란의 대상이었다. 그렇지만 결국 위그노교도는 1789년 12월 24일, 남부의 유대인은 1790년 1월 28일, 그리고 동부의 유대인은 1791년 12월 27일에 가서야 시민권(도시에 자유롭게 거주할 수 있는 권리)을 부여받았다.[361] 또

360　Derek Heater(2004), *A Brief History of Citizenship*, p. 89.
361　알베르 소불(2008), 『프랑스혁명사』, 212~213쪽.

「인간과 시민의 권리선언」에서는 모든 사람의 평등을 규정했기 때문에, 노예제 문제는 쟁점이 되지 않을 수 없었다. 노예제는 일단 프랑스 본토에서 1791년 9월 28일에 폐지되었으나 식민지에서는 여전히 유지되었다. 심지어 1791년 9월 24일 제헌의회는 모든 유색인이 시민권을 갖지 못한다고 결정하기까지 했다. 그 무렵 프랑스혁명에 자극받은 흑인 및 혼혈인들은 1791년에 생 도밍고에서 봉기를 일으켜 1804년에 아이티라는 국명으로 독립을 쟁취하기에 이르렀다. 결국 프랑스가 노예제를 완전히 폐지한 것은 1848년에 가서였다. 여성들은 다른 유럽 국가들과 마찬가지로, 프랑스에서도 여성 참정권 운동이 활성화된 이후인 20세기 초에야 투표권을 부여받음으로써 시민의 범주에 포함될 수 있었다.[362]

시민권과 재산 사이의 관계는 고대에도 중요하게 생각했지만, 프랑스혁명기에도 이 문제는 논란거리였다. 프랑스혁명 당시에 시에예스 같은 사람은 정치적 권리와 재산을 연결시키자는 입장을, 그리고 콩도르세와 로베스피에르 같은 사람은 단절하자는 입장을 대변했다.

'아베 시에예스'로도 알려진 시에예스Emmanuel Joseph Sieyès, 1748~1836는 1748년에 태어나 프랑스혁명기와 나폴레옹 시대, 그리고 왕정복고가 이루어진 이후인 1836년까지 생존했다. 그는 대부분 소책자이기는 하지만 30권 이상의 저술을 출판했는데, 그중 가장 유명한 것은 프랑스혁명 직전인 1789년 1월에 나온 『제3신분이란 무엇인가』였다. 이 소책자에서 시에예스는 시민권에 대해 특별한 정의를 내리면서, "우리는 특권에 의해서가 아니라 모든 인민에게 속하는 권리, 시민의 권

---

362 Derek Heater(2004), *A Brief History of Citizenship*, p. 81.

리에 의해서 자유로운 것이다."³⁶³라고 주장했는데, 이는 자신의 공화주의 사상을 표현한 것이다. 그런 다음 매우 엄격한 논리와 도발적인 정치적 발언으로, 모든 특권층은 공동의 질서에서 배제된다고 주장했으며, 시민권의 능동적 권리에 근거하여 "시민단체는 공통적 관심사에 의해서만 만들어질 수 있고, 입법에 대한 권리를 가질 수 있는 정도의 공통된 자격만 있다."³⁶⁴라는 결론을 내렸다. 시에예스에 따르자면, 국가를 대표하는 임무는 시민 전체가 아니라 '자유로운 계층'에게 위임되어야 했다.

> 나는 모든 사람 중에서 일종의 여유로움으로 자유 교육을 받을 수 있고 양식을 함양할 수 있고 마침내 공적인 문제들에 관심을 가질 수 있는 그런 계층을 자유로운 계층이라고 부른다. 이러한 계층은 여타 인민(the People)의 이익과 다른 이익을 가지고 있지 않다.³⁶⁵

따라서 시에예스는 일부 사람들을 정치적으로 배제해야 한다는 주장을 자기 나름대로 구성했고, 이로써 이중적인 시민권 대표 개념을 제시한 셈이다. 국민과 소부르주아는 이해관계 면에서 동일하고, 또 유권자들이 소부르주아가 자기들을 정치적으로 대표할 사람들을 선택했기 때문에, 소부르주아는 운명적으로 다수 대중을 사회적으로 대표한다는 것이다. 시에예스의 독창성은 세기의 두 가지 상반된 요구 사항, 즉 시민들의 평등과 사회적 위계질서의 보호라는 두 가지 입장

---

363 E. J. 시에예스(2009), 『제3신분이란 무엇인가?』, 27쪽.
364 같은 책, 131쪽.
365 같은 책, 47쪽.

을 조화시킨 데 있었다.³⁶⁶

두 입장에 대한 이런 교묘한 균형은 당시에 의미론적으로 새롭게 제기되던 개념인 '네이션'ⁿᵃᵗⁱᵒⁿ이라는 용어에 표현되어 있었다. 원래 라틴어인 '나스키'ⁿᵃˢᶜⁱ에서 유래한 명사인 '네이션'은 애초에 같은 장소에서 태어나거나 공통된 조상을 가진 일군의 사람들, 혹은 같은 지역 출신이거나 같은 언어를 말하는 대학생 집단을 가리켰다. 이 단어는 14세기 고古 프랑스어인 '나시옹'ⁿᵃᶜⁱᵒⁿ으로부터 'nation'이 되었고, 16세기 무렵이면 느슨하게나마 '집단'이나 '부류'를 의미했다.³⁶⁷ 그러다가 이 단어는 18세기 들어 '국가'나 '조국'과 동의어로 사용되기 시작했다. '시민'이라는 단어가 자치시와 분리되어 국가에 연결되었듯이, '네이션'이라는 단어 역시 이제 국가와 연관되어 사용되었다. 물론 앞서 살펴보았듯이, '네이션'이 '국가'가 되는 과정에서는 프랑스혁명이 중요한 역할을 했다는 점은 부인할 수 없다.³⁶⁸

'네이션'은 18세기 중반까지는 특수한 의미만을 가졌고, 몽테스키외Montesquieu는 오늘날 우리가 엘리트라고 부르는 사람들, 즉 활동적이고 사고 능력을 가진 사람들을 가리키는 데 이 단어를 사용했다.³⁶⁹

---

366 Paul Magnette(2005), *Citizenship: The history of an idea*, p. 113.
367 Valerie Kivelson, and R. G. Suny(2016), *Russia's Empires*, New York: Oxford University Press, p. 79.
368 Derek Heater(2004), *A Brief History of Citizenship*, p. 89. 네이션이라는 용어가 우리나라에 소개된 것은 19세기 말이었다. 처음에는 '국민', 그리고 '민족'으로 번역되었지만, 이 둘의 관계는 그 이후 매우 복잡해졌고, 아직도 혼란이 해결된 것은 아니다. 이 용어의 우리말 번역과 관련된 논란을 이해하기 위해서는 다음 논문들을 참조하시오. 박명규(2009), 「네이션과 민족: 개념사로 본 의미의 간격」, 『동방학지』, 147호, 27~65쪽; 강진웅(2018), 「민족의 사회학—네이션과 종족성의 관계에서」, 『사회와 역사』 제117집, 한국사회사학회, 287~323쪽.
369 G. Zernatto(1944), "Nation, the history of the Word", in *The Review of Politics*, VI/3, pp. 351~366.

그런데 1750년 이후 이 단어의 의미는 확대되었다. 네이션은 제3신분이 스스로에게 부여한 이름이 되었고 인민 the people과 동의어가 되었다. 시에예스는 그의 대부분의 사회 이론을 이런 범주에서 공식화했으며, 그가 이 단어에 부여한 의미는 당시의 정치적 어휘에 널리 확산했다.

시에예스는 먼저 네이션이란 다름 아닌 '시민들 전체', 즉 조국이라고 말하고 있다. 여기에서 그는 예외적인 지위와 특권 때문에 '전체' generality에 속하지 않는 사람들을 배제했다. 그러나 프랑스와 같은 큰 나라의 현실을 관찰하면 일반의지 신화가 비현실적임을 잘 알 수 있다. 시에예스는 미국 헌법의 저자들이 그랬던 것처럼, 주권 사상과 대의 사상을 불가분의 관계로 연결했다. 법률은 네이션 이외의 다른 기원을 가질 수 없지만, 네이션은 대표자를 통해서만 자체적으로 법률을 부여할 수 있었다. 이로써 이 단어는 이중적인 의미를 띠게 되었다. 네이션은 일반적이고 추상적 의미에서 모든 시민이었으며, 전문적이고 실제적인 의미에서는 대표자 집단이었다. 프랑스의 헌법은 국민의회의 현실적인 의지와 네이션의 정당한 의지를 동일시하기 위해 시에예스에게서 이 기술을 차용했다.[370]

네이션, 그리고 시민이 가지고 있던 이러한 이중적 의미를 시에예스는 수동 시민과 능동 시민으로 정리했다. 그의 이런 주장은 고대로부터 이어져 온 것으로, 하층민의 지적 능력과 도덕적 절제에 대한 불신을 감추고 있었다. 나아가 자유주의적 전통에서와 마찬가지로, 시에예스는 또 다른 구실을 찾아냈다. 즉, 정치란 이해관계를 조직하고

---

370 Paul Magnette(2005), *Citizenship: The history of an idea*, pp. 113~114.

정확히 이해관계가 있는 사람만이 참여할 수 있다는 확신이 바로 그 것이다. 이러한 믿음으로 인해 그는 시민권이라는 개념 자체에 이중 성이 있음을 보여주었다. 시민권은 명칭 자체로는 보편적이지만, 권리로서 시민의 권리를 행사하는 데 필요한 능력을 지닌 사람들에게만 제한된다는 것이다.

시에예스는 혁명이 시작된 직후인 1789년 7월 인간과 시민의 권리에 대한 자신의 생각을 출판했다. 여기에서 그는 다음과 같이 천부적이고 시민적인 권리와 정치적인 권리를 구분한다.

> 이러한 두 종류의 권리의 차이는 사회가 천부적인 권리와 시민적인 권리의 유지와 발달을 위하여(for) 성립되었다는 사실에 있다. 반면에 사회는 정치적인 권리에 의하여(by) 성립되며 유지되는 것이다. 언어적 명료함을 위해 전자를 수동적 권리, 후자를 능동적 권리라고 부르는 것이 좋을 것이다. 어떤 국가의 모든 주민은 그 안에서 시민의 수동적 권리를 향유해야 한다. 모두는 자기의 인격, 재산, 자유 등을 보호할 권리를 가지고 있다. 그러나 모두는 공적 권력의 형성에 대한 능동적인 참여를 할 권리를 가지고 있지 않다. 공적 수립의 지원에 아무것도 기여하지 않은 사람들은 공적 복리(weal)에 대한 능동적인 영향력을 행사해서는 안 된다.[371]

시민 개념이 더욱 중요한 의미를 얻은 것은 재정 위기에 직면한 루이 16세가 해결책을 찾기 위해 삼부회를 소집한 이후였다. 시에예스

---

371 M. Forsyth(1987), *Reason and Revolution: The Political Thought of the Abbé Sieyes*, Leicester University Press and New York: Holmes & Meyer, pp. 117~118. 필자는 이 문장에 대한 이해를 돕기 위하여 밑줄을 그었다. 원문에는 밑줄이 없다.

의 유명한 표현에 따르면, 이때 지금까지 모든 것이었지만 아무것도 아닌 것으로 간주되던 제3신분은 무언가가 되려고 의도했다.[372] 제3신분은 근본적인 정치적 범위 문제를 제기하면서 삼부회 내에서 투표하는 방법에 대해 이견을 제기했다. 신분별로 투표를 하게 된다면, 다수의 부르주아를 대표하는 제3신분은 성직자 신분과 귀족 신분에 비해 불리해질 것이 틀림없었다. 그러므로 이러한 봉건적 방식을 없애고 1인당 투표수를 사용하여 각 대표의 가중치를 동등하게 만들어야 했다. 제3신분은 대표의 권한을 공동으로 확인함으로써 이 변화를 구체화하기로 했다. 하급 성직자들과 자유주의 귀족의 일부 대표들이 그들과 힘을 합쳤다. 시에예스의 표현에 따르면, 대표들은 '네이션의 9,600분의 1'을 대표하고 스스로 '국민의회'라고 정당하게 선언했다고 생각할 수 있었다.[373]

시에예스의 이런 입장으로 인하여 제헌의회는 1789년 12월 22일에 공포한 법을 통해 유산자에게만 투표권을 부여했다. 이로써 시민들은 네 범주, 즉 수동 시민, 능동 시민, 선거인에 피선될 수 있는 자, 그리고 의원 피선거권자로 나뉘었다. 일정 규모의 재산을 가지지 못했으므로 선거권을 갖지 못한 수동 시민은 자신들의 신체, 재산 소유, 자유를 지킬 권리를 갖지만 공권력의 형성에 적극적으로 참여할 수 있는 권리를 얻지는 못했다. 시에예스가 말한 바에 따르면, 능동 시민은 '사회라는 큰 회사의 진짜 주주'였다. 이 사람들은 최소 비숙련 노동의 3일 치 일당에 해당하는 액수의 직접세를 납부하는 사람들이었다. 그

---

[372] E. J. 시에예스(2009), 『제3신분이란 무엇인가?』, 15쪽.
[373] Paul Magnette(2005), *Citizenship: The history of an idea*, p. 115.

금액은 지방에 따라 차이가 있지만 대략 1.5리브르에서 3리브르 사이였다.[374] 능동 시민 중에서도 10일 치 일당, 즉 지역에 따라 다르지만 5~10리브르의 금액을 직접세로 납부하는 사람들은 선거인 자격을 획득하여 의원 선출에 참여할 수 있었다. 의원의 자격은 이보다 더 엄격하여, 은 마르크marc d'argent로 환산하여 50일분의 임금을 세금으로 내는 자여야 했다.[375]

혁명 당시 프랑스의 전체 인구는 약 2,600만 명이었다. 그중 능동 시민은 '제1차 선거회'를 구성하여 지방자치 기구와 선거인을 지명할 수 있었다. 선거인의 숫자는 능동 시민 100명당 1명꼴로 프랑스 전체에서 약 5만 명 정도였다.[376] 이러한 권리의 차등 때문에, 역사가들은 오랫동안 이 제도가 출생의 귀족정치를 돈의 귀족정치로 대체했다고 비판하면서 인민이 정치 생활로부터 배제되었다고 평가했다.

그러나 보다 최근에 나온 해석은 이러한 비판의 강도를 약화시켰다. 이런 해석을 지지하는 사람들은 이제 첫 단계의 투표권에 대해 설정된 조건(국적, 연령, 거주지, 세금 및 비거주자)이 나중에 보통 선거권에 가까운 상황으로 귀결되었음을 강조했다. 이제 투표할 수 있는 연령의 남성 중 다수를 포함한 능동 시민[377]은 시민단을 크게 확장하려

---

374 알베르 소불(2018), 『프랑스혁명사』, 213쪽. 선거인이 되려면 10일 치에 해당하는 비용을 지불해야 하고 피선거 자격을 갖추려면 토지를 소유하고 1은 마르크를 낼 수 있어야 했다. 1은 마르크는 52파운드로서 선거인에게 요구된 것보다 5배에서 10배 정도의 금액이었다.
375 프랑스혁명 시기에 살았던 칸트(1724~1804)도 수동 시민과 능동 시민을 구분했다. 소유의 정도에 강조점을 둔 시에예스와는 달리, 칸트에 따르면, '자신의 것' 혹은 자기 작품과 같은 '자기 소유물'을 거래하는 시민이 능동 시민이고, '자기 힘의 사용'을 거래하는 시민이 수동 시민이었다. 김단아(2024), 「칸트의 '권리를 가질 권리'」, 문학석사학위논문, 서강대학교, 41쪽.
376 알베르 소불(2018), 『프랑스혁명사』, 213쪽.
377 이 당시에 능동 시민의 수는 총인구의 1/6, 약 400만 명으로 추산된다. 팔머(Robert R. Palmer)의 추정에 따르면, 성인 남성의 70% 정도가 능동 시민이었다. 박윤덕(2019), 「프랑스혁명 초기

는 국민의회의 의지를 나타냈다고 해석되기도 했다. 또한 투표권은 이제 사회적 지위를 정의하는 요소가 되었으며, 이것은 집단적으로 국왕을 대체한 국민의 일원으로서의 개인을 규정하는 것이었다. 투표권이 실제로 일반의지의 표현을 의미했는가는 부차적인 문제였으며, 중요한 것은 개인이 네이션(국민)을 구성하는 시민 집단에 속해있는가 하는 점이었다. 이러한 틀에서 정치적 권리, 즉 능동적 시민권으로부터 배제되었다는 것은 오직 자율성을 갖지 못했다는 점만을 정당화해 줄 수 있었다. 공적 영역에 직접 나타나지 않고 사적인 종속 상태에 남아있는 모든 사람은 국가를 구성하도록 요청받지 않았다. 가령, 가정 내에 갇힌 여성, 어린이, 하인은 자율적인 공적 존재가 아니었다. 그들은 아직도 시민사회의 구성원이 아니었다.[378]

그러나 시에예스의 주장대로 당시 프랑스에서 능동 시민과 수동 시민을 구분하는 일은 그다지 간단한 문제가 아니었다. 임금 수준이 매우 다양했기 때문에, 과세를 기준으로 시민들을 구분하는 것은 현실적이지 않았다. 더 큰 문제는 이 무렵 프랑스에서는 적극적으로 정치에 참여하는 시민층이 이미 존재했다는 것이다. 수많은 프랑스의 지방 도시와 파리에서는 많은 시민이 정치 상황에 분개하면서 빈번하게 자신들의 주장을 제기했다. 그 절정은 1789년 7월 14일의 바스티유 감옥 함락 사건으로 드러났다. 이 무렵 프랑스 시민은 자치체에서 과두제 지지자들oligarchs을 축출하고 좀 더 민주주의적인 구조를 세우고자 노력했다.[379]

의 수동 시민」, 『역사와 담론』, 호서사학회, 제90집, 418쪽.
378 Paul Magnette(2005), *Citizenship: The history of an idea*, p. 119.
379 Derek Heater(2004), *A Brief History of Citizenship*, p. 84.

프랑스에서는 1789년 12월에 제정된 법에 따라, 가게 주인들과 수공업자 시민들이 일으킨 자치시 혁명이 승인되었다. 이제 새롭게 선출된 도시 협의회는 자체적인 민병대를 창설하고, 자신들의 새로운 시민적 정체성과 자율성에 대한 자부심을 가질 수 있게 되었다.

파리에서도 자치행정의 변화가 시도되었다. 파리는 삼부회로 보낼 대표를 선출하기 위해 60개의 선거구로 구분되었다. 여기서 선출된 400명가량의 제3신분 대표들은 구체제 당국을 실질적으로 대체했다. 바스티유 감옥 함락 사건 이후에, 파리의 구들은 120명으로 구성된 코뮌을 구성하고 12,000명의 자체적인 민병대를 창설하여 국민 방어 시민군의 뿌리가 되게 했다. 파리는 1790년에는 48개 구역 Section 으로 개편되었는데, 이들 구역은 평균 17,000명 정도의 능동 시민과 수많은 특별 위원회, 그리고 자체적인 행정 법정에 의해 자치를 실시했다. 1792년부터 1794년까지의 격동기에 핵심 역할을 한 것은 바로 이들 구역이었다.

프랑스 전역에서는 혁명적 열기가 고조되어 시민들 사이에는 '자유의 나무 심기' 같은 행사를 통해 시민의식이 성장하기 시작했다. 바스티유 감옥 함락 1주년 기념식이 개최된 마르스 광장에는 25만 명 이상의 인파가 몰려들어 장엄한 연극을 관람했다.[380]

시민들의 정치 활동이 활성화되자, 정치적인 성향을 지닌 단체들도 다수 생겨났다. 이런 정치 클럽에는 1789년으로부터 구성된 일련의 대의기구의 의원들과 열정적이고 문자해독능력을 가진 시민들이 참여했다. 그 대표적인 경우가 바로 자코뱅 클럽이었다. 이 클럽의 파리

---

380 *Ibid.*, pp. 84~85.

장 밥티스트 르쉬외르, 〈자유의 나무 심기〉(1790)

본부는 뤼에 생 오노르 수도원에 소재했는데, 이들이 '자코뱅'으로 불리면서 클럽 명칭이 되었다. 1793년의 전성기 시절에 약 6천 개에 달한 자코뱅 클럽에서 활동한 사람들의 수는 약 50만 명 정도였다. 여기 참여한 사람들은 정치에 적극적인 관심을 가진 사람들로서 대체로 노동자들과 중간계급에 속한 사람들이었다.[381]

콩도르세 같은 사람은 시에예스가 제시한 시민들의 구분에 반대하고 평등주의적 입장을 주창했다. 그에 따르자면, 모든 시민이 투표권을 갖는 것만으로는 충분하지 않으며, 그들의 투표가 동일한 가중치를 가져야 한다. 콩도르세의 이런 입장은 혁명 이전의 신분 사회가 가지고 있던 두 가지 근본적인 문제를 지적하고 있었다. 첫 번째 문제는

---

381 *Ibid.*, p. 96.

제1, 제2, 제3신분으로 구성된 신분 사회에서는 어떠한 신분에도 속하지 않는 사람들을 배제하고 있었고, 두 번째 문제는 귀족과 성직자 신분이 제3신분보다 우위에 있었다는 것이다.

프랑스에서 1792년에 시민권이 확대되고 1794년에 능동 시민과 수동 시민의 구분이 없어졌을 때, 또 테르미도르 반동을 주도한 사람들에 의해서도 도전받지 않았던 2단계 선거 제도는 네이션 개념이 지닌 모호함을 반영했다. 능동 시민의 대중은 마키아벨리와 몽테스키외가 말했듯이 그들을 대표할 사람들을 선택하는 경향이 있었다. 그들은 넓은 의미의 네이션, 즉 시민단이었다. 그러나 대표자 자신은 합리적인 사람들 사이에서 찾아야 한다. 그런 사람들은 엄격한 의미에서의 네이션, 즉 입법의회였다. 의원들은 그들의 재산에 근거하여 선출될 것이며, 이 기준이 불법으로 간주될 때에는 실제로 부유층 출신 유권자들의 모임에 의해 선출될 가능성이 높았다.

만일 네이션만이 주권자이고 네이션이 표현한 의지가 모두 사람의 의지로 간주된다면, 사실 모든 사람이 일반의지의 표현에 참여할 필요는 없었다. 이중적인 허구는 이러한 배제를 정당화했다. 즉, 네이션은 법에 따라서 국민과 동일체였으며, 대표들은 법에 따라서 네이션과 동일체였다. 대표들은 네이션이었고, 네이션은 국민이었다. 이로써 선출된 대표들과 시민들 사이에는 허구적인 공통된 의지가 생겨났다. 이런 식으로 이해된 시민권의 정의에서는 정치적 권리가 필수적인 것이 아니었다. 선거인은 "국가의 의사를 확인하는 일을 담당하는 공무원일 따름이다." 엄밀히 말하면, 참정권은 권리가 아니라, 선거에 참여하는 것이 시민의 의무이자 과제라는 점에서 하나의 기능이었다.

시민권은 공법에서 부분적으로만 반영된 추상적인 원칙이었다.382

프랑스혁명기에 시민권은 원칙적으로 모든 사람에게 부여되었다. 모든 사람이 네이션의 구성원이고 주권의 공동소유자이기 때문에, 또 그들이 자신들이 만든 것이라고 간주되는 법에만 복종하기 때문에, 모든 사람은 자유롭다고 명시되었다. 그러나 고도로 법률적인 이 독특한 추상적 개념은 프랑스인들이 참정권의 확대에 주저한 이유 중 가장 중요한 것이었다. 1789~91년의 헌법은 능동 시민과 수동 시민 사이의 구별을 채택함으로써 기능으로서의 참정권 개념을 신성시했다. 국민공회는 모든 사람을 선거인과 시민으로 선언함으로써, 시민권과 선거인의 기능을 통합함으로써 그런 개념을 포기했다.383

국민공회 시기에 가장 강한 권력을 행사했던 막시밀리안 로베스피에르Maximilien de Robespierre, 1758~1794는 시민의 구분을 적극적으로 반대했다. 로베스피에르는 1758년 아라스에서 태어나 변호사로 훈련받은 다음, 1789년에 정계로 진출하여 자코뱅 클럽에서 두각을 나타냈다. 그는 '자유, 평등, 그리고 우애'라는 슬로건을 강조함으로써 혁명 정신을 요약한 인물이다. 그리고 그는 루소의 일반의지와 시민적 덕德의 이상에 대한 개념에 깊이 공감하고, 공안위원회의 테러 정치를 주도하다가 결국 테르미도르의 반동으로 실각해 단두대에서 처형당하고 말았다. 로베스피에르는 이미 정계에 들어오기 이전부터 민주주의에 대한 강한 신념을 가지고 있었다. 그는 아라스의 나막신 제조자들

---

382 Paul Magnette(2005), *Citizenship: The history of an idea*, p. 121.
383 여기서도 한계는 있었다. 25세 이상의 남성이어야 했고, 적어도 1년 이상 프랑스에 거주하고, 자신의 노동으로 생활해야 했다. 그래서 부랑자, 계절노동자, 편력 상인은 투표권을 갖지 못했다. 이전에 수동 시민이었던 사람들은 시민권 확대의 혜택을 별로 누리지 못했다.

이 자기들을 위해 진정서를 쓰도록 요청했을 때, "정확하게 보호, 배려, 존중을 받을 자격이 있는 사람들"이라고 생각한 빈자들에 대한 자치시 당국의 차별적인 태도를 공격한 바도 있었다.[384]

로베스피에르가 의원으로 선출된 이후, 의회에서 참정권의 제한 조치에 적극적으로 반대한 것도 당연했다. 그는 능동 시민과 수동 시민 사이의 차별이 인권선언에서 공언된 평등에 모순된다고 주장하면서 다음과 같이 말한다.

그러므로 각 사람은 자기를 지배하는 법을 만들 때, 그리고 자신의 것은 공공선의 행정에 참여할 권리를 가진다. 그렇지 않다면, 모두가 법안에서 평등하고, 각 사람이 시민이라는 말은 사실이 아니다. 노동의 하루에 해당되는 세금만을 지불하는 자가 3일 치의 세금을 지불하는 자보다 적은 권리를 가진다면, 10만 리브르의 수입을 가진 자는 천 리브르의 수입만을 가진 자보다 100배의 권리를 가지고 있는 것이다."[385]

그리고 그는 1791년 4월에도 이러한 주장을 이어간다.

우리를 시민으로 만들어준 것은 세금이 아니다. 시민권은 단지 사람이 자신의 능력에 따라 공적인 지출에 기여하도록 만드는 의무를 지울 따름이다. 당신은 시민들에게 새로운 법을 부여할 수는 있지만, 그들로부터 시민권을 빼앗을 수는 없다. 내가 비판하고 있는 이 체제의 지지자들조차 이 진

---

384 Derek Heater(2004), *A Brief History of Citizenship*, p. 83.
385 L. Hunt, ed.(1996) *The French Revolution and Human Rights: A Brief Documentary History*, New York: St. Martin's Press, p. 83; Derek Heater(2004), *A Brief History of Citizenship*, p. 83.

실을 깨닫고 있다. 그들은 시민으로 인정된 이들이 상속에서 배제된다고 정하고서도 감히 그들의 시민으로서의 지위를 부정할 용기를 내지는 못하고 있다. 그러므로 그들은 능동 시민과 수동 시민을 구별함으로써 시민권에 내재된 평등의 원칙을 위반하는 정도에 그쳤다.[386]

이런 식으로 로베스피에르는 지지자들을 배경으로 새로운 시민권 개념을 제시했다. 이에 따라 그는 능동 시민과 수동 시민의 구분을 없앴고, 루소에게서 영향을 받아 시민적 덕을 갖춘 덕의 공화국을 수립하고자 했다. 그도 역시 당시 프랑스에서 두 가지 부류의 사람들을 구분하고자 했는데, 그 기준은 시에예스처럼 재산이 아니라, 혁명에 대한 태도였다.

> 프랑스에는 두 종류의 사람들이 있다. 하나는 시민 대중으로서, 순수하고, 단순하고, 정의에 목말라 있는 자유의 친구들이다. 이들은 덕스런 사람들로서 자유의 기반을 놓기 위해 자기들의 피를 흘린다 … 다른 사람들은 선동적이고 음모를 꾸미는 폭도들로서 불량배들이고 외국인들이고, 위선적인 반혁명가들이다.[387]

덕의 공화국 건설에 방해되는 사람들은 어떻게 할 것인가? 로베스피에르가 생각한 방법은 고대 스파르타에서 실시된 리쿠르고스 체제

---

386 P. B. Clarke(1994), *Citizenship*, London: Pluto Press, p.114; Derek Heater(2004), *A Brief History of Citizenship*, p. 83.
387 A. Cobban(1968), *Aspects of the French Revolution*, London: Cape, p. 187; Derek Heater(2004), *A Brief History of Citizenship*, p. 87.

에서와 유사하게 단두대로 타락한 자들을 제거하는 것이었다. 그는 덕과 테러가 공생관계에 있다고 믿으면서 "덕이 없는 테러는 사악하고, 테러가 없는 덕은 무기력하다."[388]라고 생각했다. 이런 분위기 속에서 혁명은 더욱 급진화되었고, 프랑스의 모든 시민이 주권적인 국민이라는 생각이 확산했다.

그러나 1795년에 제정된 공화국 3년의 헌법은 프랑스를 1791년의 상태로 되돌려 놓았다. 이 법에 따라 상원에 해당하는 원로원Council of Ancients과 하원에 해당하는 5백인회Council of Five Hundred가 설치되었는데, 선출될 수 있는 의원들은 일정한 재산 요건을 충족시켜야 했을 뿐만 아니라 재산 자격을 갖춘 시민들이라야 투표에 참여할 수 있었다. 나폴레옹의 등장으로 성립된 통령체제와 제1제정은 원칙적으로나 실제로 시민권을 폐지해 버렸다. 국민공회가 제정한 원칙이 승리한 것은 1848년에 가서였고, 이로써 정치적 권리가 다시 한번 시민권의 중심에 놓일 수 있었다. 이처럼 18세기 후반과 19세기 전반에 프랑스는 시민의 지위가 보편적으로 인정되고 참정권을 모든 사람에게 확대하는 흐름과, 이와 반대로 선거권이 소수에게 제한되며 시민권이 축소되는 흐름이 교차하여 진행되었다.

프랑스혁명으로 시민권이 논란의 주요 주제가 되었음에도 불구하고, 18세기 말 프랑스 시민은 아직 시민권에 뒤따르는 책임을 떠맡을 준비가 되어 있지 않았다. 시민이라는 호칭으로 불린 사람들은 주로 법의 수동적 이익에 의해, 그리고 오직 우연히 법의 형성에 참여함으로써 형식적으로만 시민으로 남아있었다. 그리고 모든 의미론적 분석

---

388 https://revolution.chnm.org/d/880 (검색일자: 2025년 3월 8일)

과 모든 어휘학적 연구보다 더 많은 것을 말해주는 역사의 잔인한 아이러니로 인해 이 법은 조롱의 대상이 되기도 했다. '시민'이라고 불리는 유일한 사람들은 고용주의 빈정거림에 정면으로 맞서는 하인들이었다. "시민 장[Jean], 내 신발 닦고, 시민 앙고[Angot], 굴 껍데기를 까!"라는 말이 널리 유행을 탔다.[389]

그러나 프랑스혁명은 정치적인 성과를 언어로 표현했다. 국민공회에 대한 진정서에서는 "시민들이여, 혁명이 사실로 완성되면 말로도 이루어져야 한다. 시민이라는 칭호는 오직 당신에게서 발산되는 모든 행위에서 발견되어야 한다."라는 표현과, "더 이상 귀족 칭호도, 마담도, 왕도, 소위 누구도 아니다. 모두가 '시민'이다."라는 구절도 나온다. 나아가 프랑스혁명은 시민권 개념으로 평등이라는 기치를 내세울 수 있었다. 고대 세계의 엄격한 신분적인 차별을 타파하고 귀족, 성직자, 부르주아, 민중을 하나의 사회구조 안에서 통합시키는 개념은 바로 프랑스혁명기에 근대적 의미를 부여받은 시민권 개념이었다.[390] 이로써 프랑스혁명은 근대적인 시민권 제도와 근대적인 내셔널리즘이 등장하게 된 중요한 계기로 작용했다. 그 결과는 19세기의 역사가 증명하고 있다.

---

389 Paul Magnette(2005), *Citizenship: The history of an idea*, p. 122.
390 Gonçalo Matias(2016), *Citizenship as a Human Right: The Fundamental Right to a Specific Citizenship*, p. 33

제8장

근대의 시민권(3)

1. 19세기의 시민권 문제

18세기 이전에 시민권과 국적은 반드시 일치할 필요가 없었다. 고대 그리스의 폴리스 시민은 자기들의 사회적 지위를 특정 도시에 고정해 놓았고, 경쟁적인 폴리스들 사이에서는 격렬한 전쟁이 벌어지기도 했다. 그렇더라도 헤로도토스가 『역사』에서 그리스인들에 대해 "우리는 같은 피, 같은 언어를 가졌고 같은 신들을 모시며 같은 의식을 행하며 같은 생활 양식을 가지고 있소."[391]라고 말했듯이, 그리스인으로서의 정체성은 존재했다. 로마인은 자기들의 고유한 민족 문화를 박탈당하지 않고도 제국의 전 지역에서 별문제 없이 살아갈 수 있었다.

중세와 근대의 차이는 시민권 문제에서 나타났다. 중세에는 주로 도시 공동체에 대한 소속감으로 시민이라는 정체성을 유지했으나, 중앙집권적인 근대 국가가 발전함에 따라 시민의 범위를 확대할 필요가 있었다. 근대 자연법사상에서는 모든 인간이 시민이라는 인식이 생겨났고, 로크와 계몽주의 사상가들은 이를 논리적으로 표현했다. 18세기 미국과 프랑스에서 전개된 혁명으로 시민권은 국민주권과 긴밀한 관련성을 갖게 되었으며, 공화정의 가치는 존중을 받았다. 시민권이 부여되어야만 개인이 궁극적으로 국가의 구성원으로서 인정될 수 있

---

391 헤로도토스(1989), 『역사』, 박광순 역, 범우사, 629쪽.

음이 분명했지만,[392] 모든 국민이 시민으로 간주될 때까지는 여러 가지 난관이 놓여 있었다.

시민 지위의 보편성을 가로막는 가장 큰 문제는 지배계급에게 대중은 여전히 미숙한 존재였다는 점이다. 지배계급은 대중에 대한 불신감이 있었고, 대중을 무력화시키는 방법을 찾고자 했다. 대중이 권력에 참여할 기회는 엄격하게 제한되었고, 대중의 영향력을 축소하기 위해 시민권에 등급을 부여하는 방안도 강구되었다. 이런 상황에서 여성이나 어린이처럼 가부장pater familias에게 권한을 위임한 사람들이나, 하인 등 하층민들은 정치적 권리를 가질 수 없었다. 외국인도 국민nation에 속하지 못했으므로, 시민이 가지고 있는 어떠한 권리로부터도 혜택을 얻지 못했다.[393]

근대적 국가 건설nation-building의 핵심적인 요소는 시민으로 분류된 모든 성인의 권리와 의무의 성문화成文化였다. 19세기 동안, 시민의 범주에서 벗어난 사람들에 대한 제약이 축소되자,[394] 시민권으로서 자기들의 소속감을 갖는 사람들의 수가 증가했다. 나아가 19세기 전반에는 유럽 전역에서 진행된 산업혁명과 그로 인한 사회적 변화가 시민권 문제에 큰 영향을 끼쳤다. 신분적 차별이 폐지됨으로써 귀족은 특권적인 지위를 잃었고, 산업 자본주의가 발달함에 따라 부르주아 계급이 사회적 위계질서의 정상에 올랐다. 아울러 노동자, 상인, 소규모 고용주, 공무원, 그리고 군인들의 수가 증가했고, 이들에게 시민권

---

[392] Joseph Zajda and others(2009), *Nation-building, identity, and citizenship education: cross-cultural perspectives*, Springer, p. 1.
[393] Paul Magnette(2005), *Citizenship: The history of an idea*, p. 140.
[394] Reinhard Bendix(1996), *Nation-building and citizenship: studies of our changing social order*, Transaction Publishers, p. 90.

을 부여해야 한다는 당위성이 점차 설득력을 얻었다. 또한 경제 및 사회적 변화가 빠른 속도로 일어나고 있는 와중에 발생한 정치적인 혼란은 시민권 문제에도 영향을 미칠 수밖에 없었다.

우리는 국민의 정체성을 생각할 때 흔히 언어능력을 머리에 떠올린다. 19세기에 국적/민족주의라는 개념은 보통 언어와 연관되었다. 존 스튜어트 밀은 정치적 시민권과 국적이 언어를 통해 매개된다는 생각을 다음과 같이 표명한다.

> 이민족으로 구성된 나라에서는 자유로운 정치제도가 거의 불가능하다. 상호 유대감이 없는 사람들, 특히 서로 다른 말을 쓰는 경우 대의정부 작동에 필수적인 통일된 생각이 존재할 수가 없다.[395]

그러나 실상을 보면, 19세기에 언어적으로 통일된 지역은 그리 많지 않았다. 먼저 이탈리아의 경우를 보자. 이탈리아 통일의 선구자인 마치니는 "이탈리아가 포함하고 있는 모든 시민의 의지에 의해 반도의 민족적 통일을 실현했다."고 말했다. 그러나 그런 통일이 이루어졌을 때 1859년으로부터 1870년까지 이탈리아반도에 거주하는 인구의 단 2퍼센트만이 이탈리아어를 말할 수 있었던 것으로 추산되고 있다.[396] 심지어 유럽에서 전형적인 국민국가로 발전하고 있던 프랑스에서도 혁명이 발발하던 1789년에 절반 정도의 인구는 프랑스어를 말할 수 없었다. 이 점에 대해서 혁명가들도 우려를 표했는데, 1794년에 공안위원

---

395 존 스튜어트 밀(2013), 『대의정부론』, 서병훈 역, 아카넷, 287쪽.
396 Derek Heater(2004), *A Brief History of Citizenship*, p. 90.

회원인 바레르는 다음과 같이 말했다.

시민들이여! 자유 국민들의 언어는 하나이고 동일해야 한다. ⋯ 우리는 바-브레통 방언, 바스크 방언, 독일어와 이탈리아어가 광신과 미신의 지배를 고착화시켰음을 알고 있다. ⋯ 그리고 그러한 방언들은 혁명이 9개 도(道)에 관통하지 못하도록 방해하고, 프랑스의 적들에게 유리하게 했다. ⋯ 프랑스어를 가르침으로써 성직자들의 제국을 제거할 수 있다. ⋯ 시민들이 민족 언어를 모르도록 남겨두는 것은 조국에 대한 배반이다."[397]

이런 상황은 거의 한 세기가 지난 1870년대에도 크게 변하지 않았다. 공통의 언어와 그것을 수단으로 한 공통의 민족적 정체성에 의해 통합된 이상을 바라보던 자코뱅적인 이상에도 불구하고, 여전히 수백만의 프랑스 농민들은 자기들의 마을에서 사용되던 지방어에 대한 애착심을 버리지 않았다. 이 무렵 농촌 주민들도 법적으로는 시민이었고, 그중 일부는 심지어 투표에도 참여했다. 1876년 선거에서 투표자는 약 5백만 명이었다. 그러나 그들에게서 밀[J. S. Mill]의 '상호 유대감'은 거의 찾아볼 수 없었다. 이들은 자기 민족과 국가를 거의 연관시키지 못한 상태에 있었다. 그래서 제3공화정 시기의 프랑스 정부는 교육기관을 통해 모든 시민을 '국민화'[nationalize]하기 위해 부단히 노력했다. 렌느에 소재한 일부 학교는 "브르타뉴어를 발설하고 말하는 것을 금지한다."라는 경고문까지 붙일 정도였다.[398]

---

397 *Ibid*.
398 *Ibid*., p. 91.

한편 프랑스에서는 혁명으로 권력을 잃은 귀족들이 여러 차례 구질 서를 회복하려고 시도했고, 중간계급으로 편입된 사람들은 지속적으로 정치적인 권리를 요구했다. 노동자 계급 역시 정치적, 경제적 측면에서 부당하다고 생각되던 처지에서 벗어나고자 기존 질서에 반기를 들었다. 18세기 후반부터 19세기에 정치적으로 불안정했던 프랑스는 전제정, 입헌군주정, 공화정이 반복되어 나타났으며, 이로 인해 가히 홉스봄이 『혁명의 시대』라고 부른 시기의 한가운데 놓여 있었다. 귀족이 급성장 중인 부르주아와 비교적 평화로운 방법으로 타협을 이룰 수 있었던 영국에서도, 상층 엘리트들은 프랑스로부터 혁명적 분위기가 옮겨올까 우려했다. 프랑스혁명의 정신은 혁명 당시만이 아니라 나폴레옹 집권기에 전 유럽으로 확산하고 있었기 때문에, 영국만이 아니라 유럽 전역의 군주 체제는 불안하지 않을 수 없었다.

이런 상황에서 시민권과 관련된 프랑스의 정책은 19세기에 자주 변경되었다. 프랑스혁명 이후 프랑스에서는 속인주의$^{jus\ sanguinis}$가 중시되었으나, 점차로 속지주의$^{jus\ soli}$를 강화하는 방향으로 변화했다. 특히 보불전쟁에서 패배함으로써 알자스-로렌 지방이 독일로 합병되자, 프랑스인들은 시민권의 기준을 바꾸기로 결정했다. 그리하여 제3공화정 시기인 1889년에 프랑스에서는 비록 외국인 부모일지라도 프랑스에서 태어난 아이는 프랑스 시민이 될 수 있게 함으로써 속지주의에 적극적인 의미를 부여했다.[399]

앞서 살펴보았듯이, 프랑스혁명에서는 '네이션'이라는 용어가 중요했는데, 독일어에서 그와 유사한 단어는 폴크^{Folk}였다. 이것은 헤르더

---

[399] Thomas Dynneson(2001), *Civism: Cultivating Citizenship in European History*, p. 241.

Johann Gottfried Herder, 1744~1803가 자기 사상의 중심으로 삼은 용어로서, 혈연만이 아니라 언어와 역사적 경험 등을 공유하는 사람들을 가리켰다. 그는 개별 국가가 폴크가이스트Volkgeist, 즉 폴크의 정신에 의하여 다른 국가와 구분된다고 생각했다.400 독일 지역에서는 근대적 의미의 시민권 개념은 혁명의 시대에 낭만주의 운동의 결과로 서서히 등장했으나, 본격적인 모습을 갖추기 위해서는 우선 정치적인 통일을 이루어야 했다. 프랑스에 의해 프로이센군이 예나 전투에서 패배한 이후, 피히테는 1807~1808년에 『독일 민족에게 고함』이라는 소책자에서 독일의 국적을 시민권과 연결하고자 했다. 여기서 그는 개인들이 독일 조국을 많이 사랑하면 할수록, 국가의 더 좋은 시민이 된다고 주장했다. 그러나 이 무렵에는 폴크 개념이 더욱 강조되고 있었다. 민족성을 폴크와 연결하는 이러한 믿음은 사람이 국적을 가지고 태어났다는 것을 의미한다. 달리 말해, 국적은 부여될 수 없고, '피' 안에 있는 것이며, 법적 지위에 있지 않다는 것이다.

  독일은 1871년 통일을 달성한 이후, 폴란드어, 프랑스어, 그리고 덴마크어를 사용하는 주민들에 대한 독일화 정책을 추구했다. 그러나 이들 독일 외곽에 살고 있던 사람들이 독일어를 배웠다고 할지라도, 그들은 '진정한' 독일인으로 간주되지 않았다. 즉 폴크의 구성원이 아니었던 것이다. 19세기에 법적 시민권을 국적과 사실상 동일하게 간주했던 미국, 영국, 프랑스와 비교하자면, 독일에서는 국적과 시민권

---

400 이런 주장은 나중에 나치에게서는 피와 토양이라는 독트린으로 변질되었다. 그것은 주로 1935년의 반유대주의적 제국 시민권 법과 그 끔찍한 결과를 정당화시켰다. 그 법의 제2조에는 다음과 같은 정의가 나온다. "제국의 시민은 독일인이거나 친족 혈통에서 나온 신민들뿐이다. 그리고 그의 행동에 의해, 그가 독일 민족과 제국에 충성스럽게 봉사하기에 적합하다는 것을 개인적으로 보여주며 열망하는 사람들이다."

의 동일화 과정이 두 가지 요인에 의하여 방해를 받았다. 첫째로 독일은 1871년이 되어서야 통일을 달성했다. 그리고 둘째로 독일에서는 폴크 개념이 각별한 중요성을 지니고 있었다. 그러므로 1789년 이후의 프랑스 전통과는 다르게, 독일의 시민권과 문화적 민족성^{nationhood}은 실제로 아주 긴밀하게 결합하여 혼합되어 있었다. 이런 해석은 1913년에 독일에서 입법화되어, 모든 독일인은 어떤 나라에 거주하든지 간에 독일 시민권의 항구적인 권리를 부여받았다.

사실 프랑스는 국민적^{national} 시민권을 개방한 국가의 모범적인 사례는 아니었다. 이주민들에게 대규모로 시민권을 부여한 모범은 오히려 미국이었다. 1820년부터 1865년 사이에 5백만 명의 이주민들이 미국에 도착했고, 1870년부터 1920년 사이에는 거의 2천만 명의 사람들이 이주했다. 한편 미국에서는 특히 흑인들에게 시민권을 부여하는 문제가 복잡했다. 1860년대 남북전쟁으로 약 400만 명의 미국 흑인들이 노예 상태에서 해방되었다. 노예제를 폐지한 헌법 제13 수정조항은 3년 후인 1865년 다음과 같은 제14조^{공민권}로 이어졌다.

제1항 합중국에서 출생하거나 귀화한 합중국의 관할권에 속하는 모든 사람은 합중국 및 그 거주하는 주의 시민이다. 어떠한 주도 합중국 시민의 특권과 면책권을 박탈하는 법률을 제정하거나 시행할 수 없다. 어떠한 주도 정당한 법의 절차에 의하지 아니하고는 어떠한 사람으로부터도 생명, 자유 또는 재산을 박탈할 수 없으며, 그 관할권 내에 있는 어떠한 사람에 대하여도 법률에 의한 평등한 보호를 거부하지 못한다.

그러나 미국에서 흑인들이 백인들과 동등한 시민권을 가지게 된 것은 아니었다. 린치를 가하는 폭도로부터 '짐 크로우 법'Jim Crow Laws에 이르기까지 미국의 흑인들, 특히 남부의 흑인들은 여전히 '2등'second-class 시민 취급을 받았다. 이 용어는 웬델 윌키Wendell Wilkie라는 정치인이 이러한 차별 관행을 비판하기 위해 1944년에 만든 용어였다. 미국의 흑인들은 백인들의 적개심에 대항하여 꾸준히 저항조직을 결성함으로써 자기들이 시민의식을 가지고 있음을 입증했다. 흑인들은 인종차별에 대항하기 위하여 투표권을 활용하고, 효율적이고 공정한 재판을 받을 시민적 권리를 요구하고, 자기들의 사회적 권리를 시위로 표명하며, 버스나 식당에서 격리 공간을 철폐하고 경제적으로나 고용 수준에서 백인 미국인들과 어느 정도 평등을 달성함으로써, 1960년대에는 백인과 비슷한 시민적 지위를 획득했다.

미국 흑인들이 당한 이러한 차별은 미국 독립선언서에서 미국인들의 천부적 권리로 열거된 평등, 생명, 자유, 행복 추구라는 조항과 모순되었다. 또한 유색인들에 대한 차별 정책과 현실은 "모든 인간이 평등하게 창조되었다."는 18세기의 명제와도 모순되었고, 노예해방 이후에 소위 "모든 시민은 동등한 지위를 가진다."는 원칙에도 배치되는 것이었다.[401]

미국에서는 시민권을 부여할 때, 노예제와 유색인에 대한 차별 이외에도 언어적인 문제도 중시했다. 영어를 사용하지 않는 유럽과 아시아에서 온 19세기의 이민자들은 영어를 학습한 이후에야 시민권을 획득할 수 있었다. 그럼으로써 인디언이라고 불린 토착 미국인들은 1924년까지 시민권을 부여받지 못했을 뿐만 아니라, '야만적 언어'로

---

401 Derek Heater(2004), *A Brief History of Citizenship*, pp. 89~93.

간주된 자기들의 언어를 잃어버리기까지 했다. 그렇지만 다수의 에스파냐어 사용 시민들이 몰려옴으로써, 미국이 이중언어 국가가 되어야 하는지가 논란이 되기도 했다.

영국은 18세기 후반과 19세기 전반에 계약주의 패러다임으로부터 공리주의 패러다임으로 전환함으로써 시민들이 보편적인 참정권을 가져야 한다는 논거를 끄집어냈다. 이전에는 국가란 의지를 인위적으로 조화시키는 목적을 가진 조직이라고 한다면, 일반의지의 형성에 참여하도록 요청받은 사람들은 어느 정도의 이성적 능력rationality과 사회적 동질성social homogeneity을 가지고 있어야 한다는 전제가 암묵적으로 있었다. 공리주의 철학자인 벤담은 처음에는 이러한 견해를 공유하였다. 그러나 스미스와 마찬가지로 그는 점차 그로부터 거리를 두게 되었다. 그에 따르자면, 모든 사람은 이해관계를 가지고 있으며 그것을 즉각 인식할 수 있는 존재이므로, 정치적 판단은 더 이상 특정한 부나 지식을 전제하지 않게 되었던 것이다.

참정권에 대한 이러한 개념은 영국에서 강력한 영향력을 발휘했다. 19세기 자유주의, 특히 존 스튜어트 밀의 자유주의는 이 주장을 반복했고 1832년, 1867년, 1884년에 영국에서 선거권이 단계적으로 확대될 때 근거가 된 논리이기도 했다. 프랑스에서는 국민주권이라는 공리에 의해 전통적인 권력 개념이 전복되고, 왕정복고와 쿠데타로 인하여 신민 개념에 대한 급격한 변화가 일어났지만, 영국에서는 공리주의적 사고방식대로 개인들이 재산을 소유하게 됨에 따라 점진적으로 국민에 편입되는 과정이 전개되었다.[402] 케사라니D. Cesarani에 따르

---

402 Paul Magnette(2005), *Citizenship: The history of an idea*, p. 130.

면, "이렇게 자유주의는 복지국가를 탄생시켰고, 한 유형의 시민권이 다른 시민권과 결합되었다."[403]

근대 이후에는 각 시대마다 필요한 정치사상이 있었다. 16세기에 봉건제가 쇠퇴할 때에는 마키아벨리, 내전과 종교전쟁이라는 혼란기에 강력한 권력이 필요했을 때에는 보댕과 홉스, 절제된 권력 이론이 필요했던 17, 18세기에는 로크와 몽테스키외가 등장했다. 19세기에 서양 사회의 중요한 특징 중의 하나는 시민권 자체만이 아니라, 시민권을 가진 사람들이 사회의 중추가 된 시민사회가 성립되었다는 점이다.[404] 절대주의가 등장했을 때 시민사회는 절대주의에 반대하는 비판적 세력이었다. 이때 시민사회는 반절대주의적이며 반신분집단적인 청사진으로 장차 이룩할 이상적인 계획을 대변하는 용어였다.[405] 절대주의가 극복된 19세기에는 국가와 시민사회의 관계에 대한 새로운 사상이 필요했다. 헤겔, 토크빌, 밀, 마르크스 같은 인물들이 바로 거기에 응했던 대표적인 사상가들이다.

403　Thomas Dynneson(2001), *Civism: Cultivating Citizenship in European History*, p. 239.
404　'시민사회'(civil society)라는 용어가 처음으로 정치철학 전통에 등장한 것은 18세기였다. 마이클 에드워즈(2018), 『시민사회』, 서유경 역, 명인문화사, 193쪽.
405　위르겐 코카(2004), 「역사적 시각에서 본 시민사회」, 『서양사론』 81호, 234쪽.

2. 사상가들

1) 헤겔: 국가와 시민사회

프랑스혁명을 계기로 사상가들은 역사적 현실을 바라보며 권력 투쟁의 실상을 인식함으로써 낙관적인 자연법의 오류를 인식했다. 헤겔 G.W.F. Hegel, 1770~1831 도 청년기에 저술한 『자연법』에서 근대 자연법 이론의 두 가지 형태인 경험주의적 자연법 이론과 형식주의적 자연법 이론을 비판하면서, 근대적 시민권의 실재에 관한 아주 명확한 개념 중의 하나를 제시했다.[406]

헤겔은 나폴레옹이 집권한 이후인 1801년부터 2년 동안 집필한 『독일의 헌법』의 '서문'과 '서론'에서 "독일은 더는 국가가 아니다." 또는 독일에서는 "국가가 더는 존재하지 않는다."라고 말했다. 당시 독일은 국가 내 각 부문이 독자적인 세력을 형성하여 각자의 권리를 관철하고자 하면서, 보편적 국가권력에 기반을 둔 단일 국가를 형성하지 못했기 때문이다.[407] 국가가 아니기 때문에 당연히 시민권도 존재하지 않았다. 중세 유럽에서처럼 개인의 정치적 정체성은 공통된 법 아

---

[406] Paul Magnette(2005), *Citizenship: The history of an idea*, p. 131.
[407] 윤삼석(2021), 「헤겔 청년기 정치철학에서 권력국가의 이념」, 『헤겔연구』 49호, 78~79쪽.

래에서 포괄되는 것이 아니라, 부분적이고 사적인 공동체에 대한 복합적인 충성심에 의해 규정되었기 때문이다. 근대 국가에서는 시민권이 헌법과 법률에 의해 정의되었던 반면에, 통일 이전의 전前 국가적 독일에서는 개인의 지위가 헌법과 법률에 반하여 규정되었으며, 개인들은 매일 공동체의 영향에서 벗어나려고 시도하고 있었다.

헤겔은 독일 국가에 대한 설명에서, 시민권은 개인의 특권을 관장하는 법이 통치하는 공적 질서 속에서 구성원이 가진 자격이라고 말했다. 그리고 보댕과 홉스가 말했듯이, 그것은 법에 대한 순종에서 비롯되는 자유였다. 국가의 주권을 실현함으로써 조합주의적 권위와 가부장적 지배가 종식될 수 있었기 때문에, 시민권은 복종이 아닌 해방을 의미했다. 그것은 국가가 성립되기 이전 사회의 예속 상태와 달리, 근대 국가에서 개인이 갖는 지위였다. 헤겔에게 있어 개인이 주권 행사에 참여하는 방식은 이차적인 문제였다. 말하자면, 보편적인 정치권위에 복종하는 개인들 사이에서 시민권이 통일성을 가졌다거나 그렇지 않다거나 하는 질문은 그다지 중요하지 않았다.[408]

동시대인들처럼, 헤겔의 정치사상에서는 프랑스혁명의 역할이 매우 컸다. 그는 1789년에 19세의 청년으로서 구시대의 종말과 근대적인 정치의 등장을 예고한 프랑스혁명에 열광했다. 그렇지만 로베스피에르의 테러 정치, 나폴레옹의 등장과 독일을 희생양으로 삼은 프랑스 제국의 부상을 보면서, 혁명에 대한 그의 열정은 가라앉았고, 왜 혁명이 실패했는지 고민하게 되었다. 「인간과 시민의 권리 선언」을 하면서 시작된 운동이 왜 테러와 전쟁, 그리고 폭정으로 변질된 것일까?

---

408 Paul Magnette(2005), *Citizenship: The history of an idea*, pp. 131~132.

헤겔은 생애 말년에 집필한 『법철학』에서 이 질문에 대한 자신의 답을 제시했다. 헤겔의 분석에 따르자면, 프랑스혁명이 실패한 이유는 혁명가들의 방법론적인 오류에 있었다. 혁명가들은 구체제를 폐기하고 그것을 공화정으로 대체함으로써, 너무 급속하고도 과격하게 역사의 흐름을 거슬렀다. 그들은 맹목적일 정도로 '계몽주의'를 신뢰했고, 이론적인 추론과 현실을 무시한 채 정치제도 전체를 새롭게 구축할 수 있다고 믿었다.

> 그리하여 이러한 추상적 관념이 폭력으로 화하여 실로 이것은 한편으로 인류역사상 그 유례를 찾아볼 수 없을 만큼의 가공할 광경을 야기했다. 즉 그들은 기존의 모든 제도나 전승되어 온 것을 전복하고 현실로 있는 위대한 국가의 헌법을 아예 처음부터 새롭게 사상을 통해 개편함으로써 단지 마음 내키는 대로의 이성적인 것을 새로운 체제의 토대로 삼고자 했던 것이다.[409]

헤겔이 보기에 프랑스인들은 자신들이 역사를 만들 수 있다고 생각할 만큼 과도한 자신감을 가지고 있었다. 헤겔에 따르면, 국가는 점진적으로 형성되는 것이지, 포고령을 발표한다고 하여 생겨나는 것이 아니었다. 헤겔은 사회에서 규칙이 등장하고 재판소와 같은 제도가 수립됨으로써, 국가 성립의 배아가 나타나게 된다고 생각했다. 사실 국가는 사회 안에서 자발적으로 태어나는 제도들의 총합, 그리고 사람들이 관습적인 방식으로 스스로 인정한 법과 권리의 총합, 사람들

---

[409] 헤겔(2008), 『법철학』, 임석진 역, 한길사, 444쪽.

이 갈등을 해결하기 위해 만든 권위 조직과 다르지 않다.

정치체제란 단순히 만들어지는 것이 아니기 때문이다. 그것은 여러 세기에 걸친 노력의 소산이고 한 국민에게서 발전해 있는 만큼의 이념이며 이성적인 것의 의식이다.[410]

"이성적인 것은 현실적이며, 현실적인 것은 이성적이다."Was vernünftig ist, das ist wirklich; und was wirklich ist, das ist vernünftig.[411]라는 헤겔의 유명한 발언도 이런 맥락에서 이해할 수 있다.

헤겔은 『법철학』에서 근대 시민사회의 토대가 된 개인의 권리에 대한 제도적 보장책을 강구하고 근대 국가의 이념을 제시하고자 했다. 이 책은 제1부 「추상법」, 제2부 「도덕성」, 제3부 「인륜」으로 구성되었다.[412] 이 책에서 말하는 '법'은 독일어로 'Recht'인데, 헤겔은 이것을 '법'만이 아니라 '권리', '정의'도 포함하는 광의의 의미로 사용했다. 여기서 헤겔은 근대 사회에서 법의 객관성과 도덕의 주관성의 분열, 달리 말하자면 '정의'의 객관성과 '선'의 주관성의 분열이라는 모순을 극복함으로써 객관적인 이성적 법칙을 파악하고자 했다. 그 답은 시민사회에 대해 설명한 제3부 「인륜」에서 제시되어 있다. 그에 따르면, 인류 사회는 필연적으로 가족으로부터 시민사회, 그리고 국가라는 세 단계를 거쳐 발전한다. 헤겔은 다른 주제에서와 마찬가지로 여기서도

---

410 같은 책, 498쪽.
411 같은 책, 48쪽.
412 헤겔 『법철학』 제3부에 대한 상세한 해설은 다음 자료를 참조하시오. 박배형(2017), 『헤겔과 시민사회』, 서울대학교출판문화원.

가족을 보편, 그리고 시민사회를 특수로 위치시키고, 국가는 그 양자의 통일이라고 생각했다. 그는 루소처럼 가족으로부터 시민사회로의 발전이 부패와 타락의 과정이 아니라, 가족이라는 사랑의 공동체로부터 자립한 개인이 시민사회에서 좀 더 높은 통일, 즉 자유로운 정신에 기초한 통일을 열망한다고 보았다.[413]

헤겔은 국가의 권위가 사적 권력의 잔재와 경쟁하는 국가에서 국가의 주권을 명확히 하는 데 집중했던 반면에, 국민주권이라는 개념은 그다지 중요하게 생각하지 않았다. 시민권은 그 보유자가 주권 국가의 구성원이기 때문에 권력 행사에 참여하지 않더라도 그 보유자의 자유를 보장했다. 시민은 "결국 국가에서는 실체적인 것에 대한 나의 책무^{Verbindlichkeit}가 동시에 나의 특수한 자유의 현실존재"라는 점을 인정할 수 있어야 했으며, "개인은 스스로의 의무를 이행하는 가운데 어떤 방법으로든 동시에 자신의 이익과 만족을 구하고 타산을 갖추어나가야만" 했다.[414] 헤겔은 이 점을 다음과 같이 보충 설명한다.

> 의무 면에서는 신하인 개인이 시민으로서는 의무를 이행함으로써 스스로의 인격과 재산이 보호되고 스스로의 특수한 복리가 고려되게 하며 또한 스스로의 실체적 본질이 충족되는 동시에 그 전체의 성원이라는 의식과 자기감정을 누리는 것이다.[415]

헤겔은 자신이 생각한 모델이 옳다고 확신하면서, 역사 속에서 자

---

413 사카모토 다쓰야(2022), 『사회사상의 역사』, 최연희 역, 교유당, 254~255쪽.
414 헤겔(2008), 『법철학』, 454~455쪽.
415 같은 책, 456쪽.

신의 모델의 가치를 확인하고자 했다. 그에 따르자면, 가장 이성적인 국가는 가장 강력한 역사적 기반을 가진 국가로서, 인간의 모험을 통해 인내심을 갖고 현실에 의해 검증되어 왔으며, 이러한 이유로 이런 국가는 단순히 지적 사변에 기반을 둔 원칙으로부터 탄생한 국가보다 더 견고하다.[416]

최고의 자유주의적 전통과 당시의 현실에 따라, 헤겔은 정치권력과 정부는 권위를 조직하고 유지하는 자신의 역할에 필수적이지 않은 것은 무엇이든 시민의 자유에 맡겨야 한다고 생각했다. 헤겔이 생각한 국가는 '최소한의 국가'로서, 국내적으로는 경찰과 사법, 그리고 외부의 위험에 대한 방어 기능으로 축소되었다. 그 외의 경제적, 사회적, 문화적 기능은 공권력의 간섭 없이 사회에 맡길 수 있었다. 이로써 국가는 다음과 같은 세 가지 필수적인 권리를 가지고 있었다.

1. 일반 원칙을 결정하고 확정하는 권력(입법권)
2. 특수한 분야나 개별 사례를 일반 원칙 아래 포섭하는 능력(통치권)
3. 최종적인 의지 결정으로서의 주관성의 권력(군주권). 군주권 밑에서 갖가지 권력이 개체적인 통일로 총괄된다. 그리하여 이 개체적인 통일이 전체의, 즉 입헌군주제의 정점이며 기점이다.[417]

헤겔이 생각하는 국가의 주요 요소이자 국가에 본질을 부여하는 것은 바로 군주였다. 최고 권력으로서 그는 모든 것이 자신에게 의존하

---

416 Paul Magnette(2005), *Citizenship: The history of an idea*, p. 133.
417 헤겔(2008), 「법철학」, 492쪽.

는 제도의 통합을 대표한다. 이는 헤겔이 다시 한번 19세기 유럽의 현실을 개념적으로 해석한 것에 지나지 않았다. 국가는 지도자에 의해 의인화되었다. 그는 외국에 대하여 국가를 대표하고, 국민에게는 공적 권위를 구현했다. 군주가 없으면 국가도 없다. 그렇게 된다면 왕을 중심으로 권력이 조직되지 않고 분산되어 국민이 스스로 국가에 속해 있음을 이해할 수 없기 때문이다.[418] 헤겔은 이 점을 다음과 같이 자세히 설명한다.

> 국민이라고 하지만 자기의 군주를 빼놓고 이해된 경우, 또는 군주와 필연적이며 직접적으로 관련되는 전체의 계통적 조직이라는 점을 빼놓고 이해된 경우라면 이는 아무런 틀도 짜여 있지 않은 뭉치 덩이와도 같아서 더 이상 국가가 아니다. 이런 뭉치 덩이라면 내부 형식이 다듬어진 전체 속에만 존재하는 어떤 단 하나의 규정도―즉 주권, 정부, 재판소, 지방정부, 의회 등 그 어떤 것도―다스릴 수 있는 권리마저 갖지 않은 것이다.[419]

그렇지만 헤겔은 결코 절대군주제를 지지하지 않았다. 실제로 그가 생각한 군주제는 입헌군주정으로서, 자유주의적 교리에 따르면 당국의 행동에 한계가 있어야 함을 의미한다. 국가는 법의 지배를 준수해야 하며, 의회, 정부, 법원, 행정부 등도 시민의 권리가 보호되도록 법을 존중해야 한다. 이것은 왕의 기능이 본질적으로 상징적이라는 의미였다. 왕은 권위를 대표하지만, 그것을 사용하지는 않는다.

---

418 Paul Magnette(2005), *Citizenship: The history of an idea*, p. 134.
419 헤겔(2008), 『법철학』, 506~507쪽.

헤겔이 정의한 다른 두 가지 근원적인 정치적 기능은 입법 기능과 행정 기능이다. 전자는 일반의지를 법적으로 번역하는 역할을 하며, 후자는 이러한 필연적인 일반법을 개별적인 사례에 적용하는 역할을 한다. 헤겔의 역사주의는 그의 권력 조직 방식의 모든 세부 사항을 결정했다. 그는 법이 사회생활의 과정에서 서서히 형성된다고 보았기 때문에, 입법 기능을 순수한 법의 창조 행위로 보지 않았다. 그 대신 입법 기능은 이미 존재하는 국민의 의지를 간파하고, 그것을 법조문 안에서 명료하게 표현하는 작업이었다. 의회는 법을 결정할 권한을 가지고 있지 않았고, 국민의 기존 의지를 이해하고 이것을 언어로 표현하는 역할을 맡았다. 헤겔의 말을 직접 인용하면 다음과 같다.

> 의회의 사명은 공동체의 임무를 단지 잠재적으로 인지하는 데 그치는 것이 아니라 이를 의식적으로 표면에 드러나도록 하는 데 있다. 즉 주관적, 형식적인 자유의 요소인 공공의식을 다수인의 의견 또는 사상이라는 경험적인 공동성으로 현현되도록 하는 데 있다.[420]

입법 기능에 대한 이러한 소극적인 개념은 헤겔이 조합주의적 의회 조직을 제안한 사실과 부합한다. 의회는 두 개의 원院으로 구성되고, 각각 법 제정에 기여해야 했다. 첫 번째는 지주를 대표하고, 두 번째는 각 직능을 대표한다. 첫 번째 원院은 보편적인 이해관계를 드러내는 역할을 하는데, 대부분의 당대 사람과 마찬가지로 헤겔은 두 가지 이유로 정치적 권리를 지주에게만 한정했다. 첫째, 지주만이 자신

---

[420] 같은 책, 535쪽.

의 의사를 자유롭게 표현할 수 있는 유일한 시민이었던 데 비해, 주인에게 의존하는 다른 사람들은 사상의 자유를 박탈당했기 때문이다. 둘째, 지주들만이 방어할 '이익'을 가졌던 반면에, 아무것도 가진 것이 없는 '서민'은 오로지 감정에 의해서 움직인다고 보았기 때문이다. 이러한 원院 다음에는, 모든 직능을 대표하는 의원들로 구성된 조합주의적 원院이 존재하며, 이것은 각 직능의 개별적 이익을 대변한다. 헤겔에 따르자면, 결국 모든 사람의 일반의지는 지주들의 일반적인 이익과 직능별 특수한 이익이라는 두 가지 유형의 의지를 결합하여 추론할 수 있었다.

  헤겔은 의회는 일반 법률만 제정해야 하며, 개별 사안에 관여해서는 안 된다고 생각했다. 후자는 정부의 역할이었다. 그러나 사회적 현실을 반영하기 위해서는 정부가 사회와 긴밀하게 연결되어 있어야 했다. 따라서 헤겔은 행정에 큰 중요성을 부여했으며, 사회구조 속에서 깊이 활동하는 유능한 공무원들로 구성된 대규모 관료 체제의 발전을 강조했다. 이것이 바로 과두제 정부의 장점을 유지하는 방식이었다. 행정부에 맡겨진 광범위한 업무는 '과학자들', 즉 훈련을 통해 사회를 이해하고 문제 해결 능력이 탁월한 전문가들이 담당해야 했다. 전통적으로 관료들은 출생으로 특권을 가진 귀족이었고, 종종 무능했다. 헤겔은 이 전통적인 정당성을, 개인적 역량에 기반을 둔 기술적인 정당성으로 대체하고자 했다.

  이로써 헤겔은 오늘날 우리가 알고 있는 유럽 국가에서 볼 수 있는 것과 매우 비슷한 국가 개념을 제시했다. 국가의 주권을 구현하지만 통치하지 않는 국가 원수, 개인의 다양한 의지를 조정하려 하지만 실질적으로 입법행위를 거의 하지 않는 의회, 노동조합의 역할을 상기시키는 직능 대표제, 사회 전체에 퍼져 있는 광범위한 관료제를 활용하여 대부분의 정치적 문제를 다루는 정부, 모든 결정을 준비하고 실행하는 기술관료적 행정 등이 바로 그러하다.

 헤겔은 있는 그대로의 당대의 국가, 즉 근대 국가 그 자체를 구상했다. 이와 같은 방식으로, 그는 실제 국가에서 시민권이 어떤 모습을 띠는지 예견했다. 시민권의 물질적 형태는 개인이 스스로 제정한 법에 대한 복종을 통해 자율성을 실현하는 데 있지 않았다. 즉, 개인과 국가 사이의 매개 없이 법에 따르는 것이 시민권의 본질이 아니었다. 오히려 시민권은 국가에 대한 즉각적인 소속감, 즉 개인의 사회적 존재가 정치적 정체성으로 승화되는 개념 속에서 존재했다. 헤겔에 따르면, 시민이 된다는 것은 자유가 실현될 수 있는 장소로서 국가를 인정하는 것이며, 주권의 적극적인 구성원으로서 자유로운 존재가 되는 것을 의미하지는 않았다.[421]

2) 토크빌: 미국의 민주주의

알렉시 드 토크빌 Alexis de Tocqueville, 1805~1859 은 『미국의 민주주의』와 『앙시앙 레짐과 프랑스혁명』이라는 두 성공적인 저술로 정치철학사에서 커다란 발자국을 남겼다. 앞의 책에서 그는 미국과 프랑스를 비교했고, 뒤의 책에서는 영국과 프랑스를 비교했다. 토크빌은 이들 책에서 미국이나 영국과 달리, 프랑스에서는 왜 혁명적 전제정과 보수적 반동 정치의 양 극단적인 경향이 나타났는지 분석했다.

---

421 Paul Magnette(2005), *Citizenship: The history of an idea*, pp. 134~135.

특히 토크빌은 『미국의 민주주의』에서 시민권의 성격에 대해 깊이 있는 분석을 시도했다. 이 책은 토크빌이 미국의 행형제도行刑制度를 시찰하기 위해 26세인 1831년 5월 미국에 도착하여 뉴잉글랜드, 켄터키와 남부의 여러 주를 방문했던 때의 경험을 바탕으로 서술했다. 이 책은 무엇보다도 유럽 대륙에서 태어난 토크빌이 미국을 방문한 직후 받은 충격을 출발점으로 삼는다. 그는 신분제로 인한 사회적 불평등과 사회경제적 차별을 경험한 바 있는 유럽과 달리, 미국 사회의 문화, 습속 및 사회구조를 관찰하면서 느낀 생각을 다음과 같이 서술한다.

내가 미국에 머무는 동안 나의 관심을 끈 신기한 일들 가운데 국민들 사이의 생활상태의 전반적인 평등만큼 강렬하게 나를 놀라게 한 것은 없다. 이 기본적인 사실이 사회의 모든 과정에 작용하는 엄청난 영향력을 나는 단시일 안에 발견했다.[422]

파리의 유서 깊은 귀족 가문에서 태어난 그의 눈에는 신생 미국 사회에서 계급의식이 희박하다는 사실이 매우 생소하게 보였다. 그의 판단에 따르자면, 이러한 추세는 미국에서만이 아니라 보편적인 것으로서, 신분제와 귀족의 특권이 폐지되고, 경제 및 사회생활의 변화로 인하여 사회 상황과 도덕 및 정치구조에서 급격한 변화가 전 세계적으로 일어나고 있었다.[423]

토크빌이 보기에 산업혁명 초기 사회계급 간의 갈등이 고조되던 유

---

422 A. 토크빌(1997), 『미국의 민주주의』 I, 59쪽.
423 Paul Magnette(2005), *Citizenship: The history of an idea*, p. 147.

럽과 대조적으로, 미국에서는 자유와 평등이 양립 가능했다. 그는 미국의 정치질서의 평등화의 원인이 도덕 및 사회적 상황에 있다고 확신하면서 다음과 같이 설명한다.

코네티컷에서는 처음부터 시민 전체로 선거인단이 구성됐다. 막 생겨난 이 지역사회에서는 재산 소유가 거의 완벽할 정도로 평등했으며, 의견은 훨씬 더 통일되어 있었다.[424]

시민권을 확대함으로써 정치적인 평등이 이루어진 것은 사회적 평등이 가져온 논리적인 결과였다. 토크빌은 이런 경향이 필연적임을 인정하면서, 다음과 같이 인간이 하는 선택의 중요성을 강조한다.

현대 국가는 인간의 조건이 평등화하는 것을 막을 수 없다. 그러나 이 평등의 원리가 인간으로 하여금 노예 상태와 자유, 지혜와 야만, 번영과 고통 중에서 어느 길로 나아가게 할 것인가 하는 것은 전적으로 인간 자신에게 달려 있다.[425]

그러나 당대 사상가들처럼, 토크빌도 범용함이 승리하는 데 대해 개탄하면서 민주주의가 자유를 위험에 빠뜨릴 가능성이 있음을 우려했다. 그는 역사적으로도 고대와 르네상스 시대를 되돌아보자면, 만인이 통치하며 자유로운 통치를 하게 된 정부는 자연스럽게 파멸을

---

424 A. 토크빌(1997), 『미국의 민주주의』 I, 98쪽.
425 A. 토크빌(1997), 『미국의 민주주의』 II, 906쪽.

초래한다고 생각했다. 그는 평등주의 체제에서 권력이 집중되고 확대되는 경향이 있음을 지적하면서, 그로 인한 문제점을 다음과 같이 지적한다.

> 그러나 이것은 아직 문제의 한 면에 불과하다. 정부의 권위는 우리가 방금 살펴본 바와 같이 기존의 모든 권력의 영역을 지배할 뿐만 아니라, 지금까지 개인의 독립에 의지하고 있던 영역까지 침범하게 되었다. 지난 시대에는 행정력이 전혀 미치지 못하던 많은 부문이 이제 행정의 통제하에 놓이게 되었으며, 그 수는 끊임없이 증가하고 있다."[426]

또한 토크빌은 국가의 성장이 그 자체로 파괴의 씨앗을 품고 있다고 생각하면서, 가부장적인 권위주의 국가를 다음과 같이 비판한다.

> 만일 만사에 빈틈없는 권위가 나의 자유와 나의 생명을 절대적으로 지배한다면, 그리고 그 권위가 행동과 생명을 너무나 독점해서 그것이 게으름을 부릴 때는 그 주변의 모든 것도 따라서 게으름을 부리고 그것이 잠들면 모든 것도 따라 잠들고 그것이 죽으면 국가 자체도 따라 멸망해야 하는 것이라면, 그 권위가 언제나 평온한 나의 기쁨을 보호해 주고 내가 신경이나 관심을 쓸 필요도 없이 언제나 나의 앞길에서 모든 위험을 제거해 준다고 해도 결국 그것은 나에게 별 이득을 주지 않는다.[427]

---

426 같은 책, 876쪽.
427 A. 토크빌(1997), 『미국의 민주주의』 I, 153쪽.

이런 문제점을 극복하기 위해 토크빌은 개인으로서의 시민이 중요하다고 판단했다. 그가 보기에, 개별 시민들에게 헌신적으로 공동생활에 봉사하도록 강요하는 것은 불가능했다. 그러므로 그는 개인들이 자신의 이익을 추구하되, 단지 적절히 이해된 자기 이익이 중요하다고 보았다. 그는 로마제국의 쇠퇴 원인이 바로 공중도덕의 원천이 고갈되었던 데 있다고 보았던 몽테스키외의 주장에 공감을 표했다. 그런 나라에서는 자발성을 가진 시민은 사라지고, 신민들만 남게 되었다는 것이다.[428] 따라서 토크빌은 민주주의라고 할지라도 국가를 구성하는 개별 시민들이 가져야 하는 덕성을 중요하게 생각했다. 미국이 민주주의를 유지할 수 있었던 이유는 미국인들이 능동 시민으로서 사적인 영역에서도 공익을 의식했던 데 있었다. 이러한 맥락에서 토크빌은 지방정치의 문제를 지역 주민들끼리 상호 협력하고 토론하는 기회로 활용하고, 지방자치가 개별 시민들의 이기적인 관심을 공공적인 관심으로 유도할 수 있다고 보았다.[429]

토크빌이 시민사회의 자율성을 옹호한 근거는 그와 마찬가지로 자유주의를 지지했던 콩스탕의 것과는 달랐다. 콩스탕은 시민권이 사적 권한을 누리기 위한 도구라고 보았던 반면에, 토크빌은 사적인 활동을 시민적 정체성의 도구라고 간주했다. 이런 맥락에서 토크빌은 사회주의를 비판했다. 사회주의는 온정주의적 권위를 행사하는 국가를 설정하고 개인의 책임감을 약화시켰기 때문에, 시민 생활의 토대를 위협했다. 토크빌이 보기에, 건강한 공화정을 유지하기 위해서는 시

---

428 같은 책, 154쪽.
429 강정인(2002), 「토크빌: 자유민주주의의 결함과 그 보완의 모색」, 『사상』 54호, 297쪽.

민사회의 활력을 온전히 보존하는 것이 필수적이며, 이를 위해 국가가 시민사회에 개입해서는 안 되었다.[430]

고대인들과 마키아벨리처럼, 토크빌은 재생과 개선을 위한 자체적인 힘을 생성할 수 있는 국민 정부가 가진 덕성에 감탄했다. 이런 체제는 공화국 정부에 시민들을 참여시켰기 때문에 시민들이 자신의 이익이 일반 이익과 동일하다는 것을 확신시킬 수 있는 유일한 체제였다. 이런 의미에서 토크빌은 다음과 같이 말한다.

사람은 자기 나라의 복리가 자기 자신의 복리에 미치는 영향을 잘 안다. 법률이 허용함으로써 그는 그 번영에 기여할 수 있다는 것을 깨닫게 되며 또 우선 그 번영이 그 자신에게 이익을 가져다주기 때문에, 둘째로 그 번영이 부분적으로 자기 자신의 과업이기 때문에 그는 번영을 촉진시키기 위해서 노력하는 것이다.[431]

이런 식으로 민주주의적인 사회와 정치적 민주주의 사이에는 선순환이 존재한다. 즉, 이런 사회에서는 사회활동이 시민 활동을 준비하며, 시민 활동은 돌이켜서 사회활동을 장려한다.

근대의 주요 사상가들, 즉 로크, 스피노자, 루소, 칸트 등은 정치에 참여하기 위해서는 어느 정도의 이성적 능력rationality이 필요하다고 생각하면서, 이성적 능력을 갖추지 못한 빈자들이 시민 공동체로부터 배제되는 것을 당연시했다. 토크빌은 이러한 비관적인 입장을 극복할

---

430 Paul Magnette(2005), *Citizenship: The history of an idea*, p. 148.
431 A. 토크빌(1997), 『미국의 민주주의』 I, 317쪽.

수 있는 정치적 자유주의의 핵심 논거를 개발했다. 그의 생각에 따르자면, 정치적 권리를 행사할 수 있는 기회를 가지는 것은 시민적 정체성을 학습하는 가장 좋은 학교이며, 공화국이 존속하는 데 있어서 필수적인 공공 정신을 유지하는 가장 확실한 보장책이라고 보았다. 즉, 시민권은 그 자체로서 가능성을 지닌 조건이라는 것이다.[432]

토크빌은 미국식 민주주의가 유럽 정부의 결함을 보완하고 대중적인 체제에 내재된 위험을 방지할 수 있는 대안이라는 점을 보여주고자 했다. 귀치아르디니로부터 로크, 몽테스키외에 이르는 정치적인 온건함을 특징으로 하는 전통에서는, 권력의 범위를 제한하고 권력의 과잉을 스스로 통제하는 것이 중요하게 생각되었다. 몽테스키외가 영국의 시스템에 놀랐던 것처럼, 토크빌은 미국의 시스템에 놀랐고, 미국이 시도한 혁신적인 조치들에 주목했다. 그는 가장 순수한 자유주의 전통에서 공권력의 과도한 행사는 여러 가지 방지책에 의해 억제되어야 한다는 점을 상기시켰다. 그는 콩도르세의 '사회적 보장' 개념을 반영하여 행정을 통제할 것을 주장했는데, 행정이 국가 그 자체와는 구별되어야 한다는 의미였다. 따라서 "주는 통치하지만, 법률을 집행하지는 않는다."[433] 즉, 행정은 법의 통제하에 있어야 한다는 것이다. 또한 그는 자유주의적 도구에서 차용하여 정치적 대표 제도만이 유일하게 가능한 국민주권의 형태라는 개념을 수용했다.[434]

이 모든 것은 이전 사상가들의 이론을 이어받은 것인데, 그의 방법론적 독창성은 다른 데 있었다. 토크빌은 미국에서 권력을 기능별로

---

432 Paul Magnette(2005), *Citizenship: The history of an idea*, pp. 148~149.
433 A. 토크빌(1997), 『미국의 민주의』 I, 142쪽.
434 같은 책, 239쪽.

나누는 것만으로는 충분하지 않다고 확신했으며, 건국의 시조들의 발자취를 따라 다양한 공간적 수준의 권력을 서로 대비시켰다. 그에 따르면, 미국의 법률은 기능적 수준뿐만 아니라 지리적 수준에서도 권력의 균형을 확립했기 때문에 공화국의 보존에 이바지했다. 무엇보다도 토크빌은 미국 헌법의 연방적 성격을 높이 평가했다. 그는 연방과 주가 각자의 영역을 정확히 설정하고 있기 때문에, 여기에 공권력의 효율성의 원천이 있다고 믿었다. 미국에서는 타운의 자치권이 인정되고, 연방정부의 권력 집중을 방지하기 위한 지방분권화가 실시되었다. 이러한 타운 제도는 미국 시민정신의 원천이자 정치적 사회화의 주요 원천일 뿐만 아니라, 모든 시민이 타운의 행정에 관심을 가지게 된다는 커다란 장점을 보여주었다. 이 점을 토크빌은 "타운 집회가 자유에 대해 가지는 관계는 초등학교들이 학문에 대해 가지는 관계와 같다. 타운 집회에서는 자유가 주민들의 손이 닿는 범위에 들어 있게 되며, 그런 집회는 사람들에게 자유를 어떻게 사용하는가 그리고 어떻게 누리는가를 가르쳐준다."[435]라고 설명했다. 미국에서 연방주의와 지방 분권은 시민과 정치권력 사이에 다양한 중간 기관들의 설치를 가능하게 하고, 정치공동체가 불편함이 없이 중앙 권력의 이점을 누릴 수 있도록 만들어주었다는 것이다.[436] 토크빌은 권력의 분산이 가져오는 이점을 다음과 같이 설명했다.

민주국가의 정부가 활동적이 되고 강력하게 되는 것은 필요한 일이기도 하

---

435 같은 책, 121쪽.
436 Paul Magnette(2005), *Citizenship: The history of an idea*, p. 150.

거니와 바람직스러운 일이기도 하다. 그리고 우리의 목적은 정부가 허약하거나 나태하도록 하는 데 있지는 않고, 단지 정부가 그 속성이나 권력을 남용하는 일이 없도록 하는 데 있다.

귀족주의 시대에 개인의 독립을 보장하는 데 가장 공헌했던 일은 바로 최고의 통치권자가 그 사회의 정치와 행정을 독점하려 하지 않았던 점이었다. 그러한 기능이 부분적으로는 반드시 귀족계급의 구성원들에게 속했다. 그래서 통치권이 언제나 분산되어 작용했으므로 큰 힘으로 내리누르는 일이 없었으며, 개인에게도 크게 부담스럽게 느껴지지 않았다. … 오늘날은 이러한 방법에 의지할 수 없다는 것을 나는 쉽게 인정하지만, 이것에 대체할 수 있을 만한 어떤 민주적인 방법을 찾아낼 수 있을 것 같다. 동업조합이나 귀족으로부터 빼앗은 모든 행정권력을 정부에만 맡기지 아니하고 그 일부를 개인 자격의 시민으로 구성된 잠정적인 하위 공공집단에 맡길 수 있을 것이다. 이렇게 함으로써 개인의 독립은 보다 안정된 상태에서 보장될 수 있을 것이며, 평등도 후퇴하지 않을 것이다.[437]

사회기구에 권력이 부여되고 자치 기관에 권력이 분산되는 것은 국가권력의 오용을 막기 때문에 '소극적 자유'를 보장한다. 또한 시민을 정치 생활에 직접 참여시킴으로써 '적극적 자유'의 매개체가 된다. 따라서 토크빌은 시민과 공화국, 사회와 국가를 대립적으로 보는 공화주의적 중앙집권주의에 반대하고, 중간 계층을 형성해야 한다고 주장한다.

토크빌의 사상은 19세기 정치 이론에서 자유주의의 영향을 받아 일어난 언어의 변화를 다른 어떤 것보다 잘 보여주었다. 앞서 살펴본 바

---

437 A. 토크빌(1997), 『미국의 민주주의』 II, 894~895쪽.

와 같이, 프랑스혁명과 미국 혁명 직전의 지배적인 어휘와 구문은 여전히 대부분 자연법적인 용어로 표시되어 있었다. 정치적 자유는 준법률적 용어로 정의된 시민권 개념을 통해 체계화되었다. 국가 형성에 대한 가상의 개념 즉, 자연상태와 사회계약이 실제 원리를 이해하는 데 사용되었고, 시민권은 인간이 자신의 자연권을 방어하기 위해 획득하는 추상적 지위로 정의되었다. 그러나 토크빌이 활동했던 19세기에는 이러한 자연법적인 원리를 그대로 적용하기는 어려웠다. 이제 자연과 시민이 대립하는 것이 아니라, 국가와 시민이 구분되었다. 국가권력을 합법화하는 것이 아니라, 그것을 개혁하는 것을 중요하게 생각했기 때문이다.[438] 토크빌이 스스로를 '새로운 자유주의자'라고 부르면서, '질서 속에 규율 있는 자유'를 제창한 것[439]도 이러한 맥락에서 이해할 수 있다.

3) 존 스튜어트 밀: 자유와 시민사회

존 스튜어트 밀John Stuart Mill, 1806~1873은 토크빌보다 한 살 어렸지만, 주요 저술 활동은 그보다 한참 늦게 시작했다. 밀의 『논리학 체계』는 1843년에, 『정치경제학 원리』는 1848년에 집필되었고, 그의 대표작인 『자유론』은 토크빌이 사망한 연도인 1859년에, 그리고 『공리주의』와 『대의정부론』은 1861년에 발간되었다. 밀은 어린 시절부터 고전을 원어로 공부할 만큼 천재성을 보였으며, 부친인 제임스 밀로부터 엄격

---

438 Paul Magnette(2005), *Citizenship: The history of an idea*, p. 150.
439 서병훈(2011), 「토크빌의 '새로운 자유주의'」, 『한국정치학회보』 제45집 제4호, 69~87쪽.

한 공리주의 교육을 받았다. 벤담을 대표로 하는 공리주의자들은 인간의 정신생활마저 어떠한 법칙에 의해 통제된다고 보면서, 모든 도덕적 규칙과 사회관계의 평가 기준으로서 '최대 다수의 최대 행복'이라는 목표를 제시했다. 그러나 청소년 시기의 밀은 우울증을 겪을 정도로 공리주의가 제시한 '행복'을 느낄 수 없었다. 그는 공리주의자들이 행복을 증진하는 일에서 내면적인 삶이나 자기 수양의 중요성을 간과했다고 판단했다. 그는 공리주의적 비전보다는 개인적인 발전을 궁극적인 목표로 삼는 인간관을 발전시켰고, 그의 시민권 사상도 이러한 변화를 반영하여 성립되었다.

밀의 사상이 가장 잘 드러난 지서는 당연히 『자유론』이다. 여기서 그는 사회의 자율성과 개인의 독립성을 다음과 같이 서술한다.

> 그러나 어떠한 이해관계를 가진다 할지라도 개인과는 구별된 것으로 사회가 단지 간접적인 이해관계밖에 갖지 못하는 활동의 영역이 있다. 그 영역 속에는 개인 자신에게만 영향을 미치는 개인 생활의 행동, 또는 그것이 다른 사람들에게도 영향을 미친다 할지라도 그 사람들이 자유롭고 자발적으로, 그리고 기만당하지 않고 그것에 동의하여 참가하고 있는 개인의 생활과 행동의 전부가 포함되고 있다.[440]

밀이 거의 구분하지 않고 사용한 용어인 국가, 정부, 권력은 개인의 보존과 감정 발달 및 진화를 위해 행동하거나 사용될 때만 정당화된다. 밀의 사상의 중심에는 개인의 도덕적인 권리, 그리고 정치적인

---

[440] J. S. 밀(1997), 『자유론』, 신윤곤 역, 배재서관, 27~28쪽.

권리가 있었다. 국민은 개인의 이익을 반영하는 방식으로 의사결정의 원천이 되어야 하고, 정치 영역에서 대표되어야 하며, 대표자들은 정부의 행동을 감시만 할 수 있고, 권력은 분립되어야 하며, 중앙 권력은 지방 조직이 효과적으로 할 수 없는 기능만을 수행한다는 보완 원칙을 지켜야 했다.

밀은 여기서 멈추지 않는다. 그가 보기에, 민주주의는 개인 발전의 수단에 불과했다. 밀은 지성의 진보가 실질적인 실험의 결과라는 생각에 기초하여, 시민권에 내재된 모든 가능성과 시민권이 직면해야 하는 어려움을 밝혀내고자 시도했다. 이와 관련하여 밀은 민주주의 정치제도로 인하여 개인의 자질이 향상된다고 주장했던 토크빌의 주장에 동의한다.[441] 밀이 보기에, 시민이 된다는 것은 그 자신의 계발의 가능성을 얻는 것이었다. 국가 기구가 민주적으로 운영된다면, "사회의 최하위 계층 사람들까지 지성과 심성을 교육시키는 효과"를 얻게 되며, 육체노동자도 선거권을 행사할 때 정신적으로 성숙해질 수 있다는 것이다.[442] 나아가 밀은 민주주의가 자유주의와 결합함으로써 인간이 이기주의적인 이해관계에서 벗어나 인간의 양심을 발전시키는 데 도움을 줄 수 있다고 보았다.

한편으로 밀은 민주주의가 성장함으로써 다수의 독재가 초래되지 않을지, 그리하여 개인의 권리가 소수 집단의 권리로 질식되지나 않을지 우려하기도 했다. 그럼으로써 시민의 지적 수준은 매우 중요했

---

[441] 그렇지만 밀은 토크빌의 자유주의론에 완전히 동의하지는 않았다. 밀은 종교와 질서를 앞세워 이상적인 자유를 내세운 태도, 귀족적 자유에 대한 주장, 사회주의에 대한 입장 등에서 토크빌에 비판적이다. 서병훈(2015), 「자유: 토크빌과 존 스튜어트 밀」, 『정치사상연구』 제21집 2호, 123~148쪽.
[442] 존 스튜어트 밀(2013), 『대의정부론』, 서병훈 역, 아카넷, 164쪽.

다. 밀은 시민권의 효과를 중요하게 생각하면서도, 정치적 권리 부여의 조건을 다음과 같이 정의한다.

> 나는 글을 읽지도 못하고 쓸 수도 없으며 기초적인 산수도 할 줄 모르는 사람이 선거에 참여하는 것은 전혀 옳지 않다고 생각한다.[443]

이처럼 밀은 정치 참여가 지적 능력을 발전시키지만, 적어도 기초적인 조건이 사전에 고려되지 않는다면 바람직한 결과가 창출될 수 없다고 판단했다. 밀에 따르면, 시민들은 기초적인 지식을 바탕으로 스스로 정치 역량을 발전시킬 수 있다. 이런 능력을 보유한 사람들이라면, 시민으로서의 권리를 가질 수 있기 때문에, 밀은 당시로서는 파격적이게도 여성들의 참정권을 옹호했다. 그는 정치적인 권리 면에서 남녀 간의 차이에 대한 문제가 사람의 키나 머리 색깔의 차이만큼이나 아무 상관이 없다고 보았다.[444] 도덕적 자질이나 신분적 독립성보다는 지적 능력이 시민권 취득의 조건이기 때문에, 지적인 여성을 시민권에서 배제할 이유가 없다는 밀의 논리는 설득력이 있었다.

이런 식으로 밀은 시민권의 범위에 대해 새로운 해석을 제시했다. 그의 사고방식에 따르자면, 사회가 지적으로나 도덕적으로 발전함에 따라 시민권에 대한 접근성이 확대될 수 있다. 시민권이 점진적으로 확대된다면, 정치적 권리를 행사하는 것이 공공 정신의 발전을 위한 가장 강력한 도구 중의 하나가 될 수도 있다. 밀은 약 3년 동안 영국

---

443 같은 책, 168쪽.
444 같은 책, 181쪽.

의 웨스트민스터 지역을 대표한 하원의원으로 활동했고 글래드스턴에 의해 '합리주의의 성자'The Saint of Rationalism라고 불릴 정도로 많은 존경을 받았기에, 그의 시민권 사상은 19세기 말 영국에서 남성들의 보통 선거권 부여로 이어진 선거법 개정에도 큰 영향을 미칠 수 있었다.

물론 참정권을 확대하게 되면 유권자들이 선동에 취약해진다는 논리를 펴면서, 밀의 주장에 반대한 사람들도 있었다. 이에 대해 밀은 다음과 같이 반박한다.

> 문맹인 유권자는 파렴치한 선동가들에 의해 잘못된 길로 인도될 가능성이 높다는 주장에 힘이 실리지만, 첫째로 영국 국민은 문맹이 아니며, 둘째로 이성과 경험에 따르면 투표권을 박탈당하게 되면 필요한 교육 시설이 매우 천천히 제공된다는 것을 알 수 있다.[445]

일반적으로 밀을 비롯한 자유주의자들의 사상은 시민권 개념에 큰 영향을 미쳤고, 또 새로운 정치 언어와 긴밀한 관계에 있던 시민권 개념에 변형을 가져왔다. 공화주의 원칙의 핵심은 남아있었지만, 이제 그것이 논란의 대상이 될 수 없을 정도로 신성시되지는 않았다. 정치적인 주제는 이제 현실에 바탕을 두고 논의될 수 있었으며, 정치학에 새로운 분석의 틀을 제공할 수 있었다. 이로써 19세기 후반과 20세기 초반 영국의 정치사상은 개인의 자유를 지키기 위한 효율적인 수단, 권력 간의 견제, 최대한 다수의 국민에게 정치적 권리를 부여할 수 있는 문제를 다루게 되었다. 나아가 연방제와 지방 분권, 그리고 의무교

---

445 Paul Magnette(2005), *Citizenship: The history of an idea*, p. 153.

육이 시민적 참여에 대해 미칠 수 있는 영향도 정치사상의 지속적인 관심의 대상이 되었다.

그러나 밀은 당대에 심각해지고 있던 사회 문제의 함축적 의미에 대해서는 현실적인 대안을 제시할 수 없었다. 그는 자유와 재산권의 부여만으로도 공정한 사회를 구현할 수 있다고 보았기 때문에, 노동 문제에 국가가 적극 개입하는 것에 찬성하지 않았다. 노동자의 증가로 인한 시민권 문제에 대하여 혁신적인 입장을 제시하는 과제는 마르크스의 몫이었다.

4) 마르크스: 시민사회와 계급

서양 근대 정치사상사의 중요한 두 축은 계약주의와 자유주의이다. 그중 전자는 국가권력의 행사에서 어떠한 한계가 있다는 점을 지속적으로 환기시켰다. 홉스는 국가 성립 이전의 상태는 국가의 영역에 속하지 않는다고 보았다는 점에서, 로크는 자연법에 의지했다는 점에서, 루소는 자연권을 선포했다는 점에서 계약주의적 전통에 서 있었다. 이에 따르자면, 인간의 기본권은 어떻게 해서든지 보호되어야 했다. 반면에 자유주의자들은 개인의 자율적인 영역을 더욱 확장하면서, 사적인 것이라고 지칭할 수 있는 모든 측면의 개인적인 권리를 중요하게 간주했다. 따라서 자유주의적 원칙에 따라, 사회적 불평등과 경제적 불평등은 당연시될 수 있는 이론적 근거가 마련되었으며, 심지어 다양한 공공적 성격의 기능마저 사유화될 수 있었다.

한편 계약주의적 전통이나 자유주의적 전통 둘 다 19세기 중반에 새롭게 부상하고 있던 사회문제에 대한 해결책을 제시할 수 없었다.

프랑스혁명기에 공포된 「인간과 시민의 권리 선언」은 신분제적인 구습을 타파할 수는 있었으나, 거기에서 표현된 평등은 여전히 원칙에만 머물러 있다는 비판을 받았다. 물론 보수주의자들도 인권선언에 동의할 수 없었지만, 급진파들도 인권선언에서 표명된 천부적이고 양도 불가한 성격의 권리가 형식에만 머물러 있다는 데 대해 분개하고 있었다.

카를 마르크스Karl Marx, 1818~1883는 자유주의의 한계가 드러남과 동시에 산업혁명으로 인한 사회적 변화의 속도가 빨라지던 시점에 프로이센의 트리어에서 태어났다. 그는 본, 베를린, 그리고 예나 대학 등에서 교육을 받았고, 예나대학에서 「데모크리토스와 에피쿠로스의 자연철학의 차이」라는 제목의 논문으로 1841년 박사학위를 취득했다. 마르크스는 24세의 나이에 쾰른에서 발간되고 있던 『라인신문』의 편집을 맡았으나 곧장 이 신문이 폐간되었고, 그 이후 1848혁명으로 전 유럽이 격변을 겪을 때 『신라인신문』의 편집장이자 급진 성향의 언론인으로 활동했다. 청년기의 마르크스는 일련의 사태를 겪으며 진보주의의 좌절을 경험하고는 1849년 영국으로 망명을 떠나 저술가와 사회활동가로서 평생을 보냈다.

마르크스의 평생에 걸친 작업은 그가 살던 시기를 감안하지 않으면 제대로 이해할 수 없다. 그는 일반론으로서는 19세기의 사회적 변화에 대하여, 그리고 특수론으로서는 자본주의에 대한 세밀한 분석으로 정치사상사에서 경이로운 업적을 남겼다. 마르크스는 청년기에 프로이센의 군주 체제에 불만을 가진 진보적인 지식인들과 교유하면서 공화주의를 적극 지지했다. 그는 헤겔 좌파라 불리던 진보 지식인들이 헤겔의 사상 속에서 기존 질서에 대한 비판 및 보수적 견해에서와는 다른 비판적 방법론을 발견한 데 주목했다. 또 그는 검열과 전체주의에 맞서기 위하여 칸트와 피히테의 합리주의와 휴머니즘을 인용하기도 했다. 그에게는 이성적인 존재로서의 인간관에 기반을 둔 공화주의적 전통은 법의 통치와 권리에 대해 무지한 고리타분한 국가관에 대한 안티테제였다. 이런 점에서 마르크스는 계몽주의의 아들이었다고 볼 수 있다.

마르크스의 수많은 저술 가운데 시민권과 관련하여 특히 주목할 만한 저술은 1843년 집필한 『헤겔 법철학 비판』, 『헤겔 국법론 비판』 그리고 『유대인 문제에 대하여』이다. 여기서 마르크스는 그 이전에 다른 사상가들이 제시한 시민론이 기만적 주장이라는 생각을 표명한다. 특히 『헤겔 국법론 비판』은 헤겔의 『법철학』의 §261부터 §313까지를 비판적으로 분석한 글이다. 헤겔의 저서의 이 부분은 객관적 정신의 현현체로서 국가에 대한 내용을 담고 있다. 마르크스가 보기에 국가는 헤겔이 생각하던 바대로 보편적인 이성을 법의 형태로 구현할 수 있는 능력을 결여하고 있으며, 국가가 지닌 결함은 국가의 본질 내에 있는 것으로서 교정이 불가능한 것이었다. 마르크스가 이러한 견해를 갖게 된 것은 포이어바흐의 도움을 받아 헤겔이 상징하는 독일 철학의 특수성을 깨달았기 때문이었다. 마르크스에 따르면, 독일 철학은 종교적 표상을 비판하고, 그것을 세속적 정치 개념으로 대체하고자 시도했으나, 여전히 처음에 거기에 동력을 부여했던 이상주의의 포로로 남아있었다.[446] 이런 한계를 극복하기 위해서는 새로운 질문을 제기할 필요가 있었다.

---

446 루이 알튀세르(2017), 『마르크스를 위하여』, 서관모 역, 후마니타스, 383~422쪽.

인간의 자기소외의 신성한 형태가 폭로된 다음, 신성하지 않은 형태들 속에 있는 자기소외를 폭로하는 것은 무엇보다도 역사에 봉사하는 철학의 과제이다.[447]

철학적 근대성의 흐름에 따라, 헤겔은 종교의 불변하는 교리를 정치 영역의 법적인 표현으로 대체했다. 마르크스는 이 점을 하나의 소외를 다른 소외로 바꾼 것이라고 보았다. "그런 까닭에 천상에 대한 비판은 지상에 대한 비판으로, 종교에 대한 비판은 법에 대한 비판으로, 신학에 대한 비판은 정치에 대한 비판으로 전환된다."[448]라고 그는 이러한 신비화의 해체 작업을 계속 이어갔다.

마르크스는 헤겔을 통해 독일의 이상주의만이 아니라, 근대 사상가들이 구축한 공화주의 전체에 대해 비판적인 시각을 갖게 되었다. 그의 이런 생각은 『헤겔 법철학 비판』과 같은 해에 저술된 『유대인 문제에 대하여』에서 구체적으로 표명되었다. 이 책에서 마르크스는 헤겔 철학으로부터 영향을 받아 종교 비판으로써 현실을 비판하고자 했던 청년 헤겔학파의 우두머리였던 브루노 바우어를 정면으로 비판했다. 원래 공화주의자들은 자연적, 신적 제약으로부터 인간을 해방하려는 목표를 설정하고 있었는데, 사회계약이라는 개념, 즉 사람들의 의지에서 비롯된 국가는 이런 목표를 달성하기 위한 그들의 도구였다. 마르크스의 말을 빌리자면, "우리는 인간이 정치적으로 해방됨으로써 인간이 우회적 방식으로, 다시 말해 비록 그 매체가 필연적이라 할지

---

447 마르크스(2011), 『헤겔 법철학 비판』, 강유원 역, 이론과실천, 9쪽.
448 같은 쪽.

라도, 매체를 통해 해방된다는 것을 알 수 있다."[449] 마르크스는 바로 이 점 때문에 인간의 해방이 환상에 불과하다고 보았다. 그에 따르자면, 국가는 인간의 이전의 예속 상태를 대체하는 것이 아니라, "국가가 구성원의 이러한 구별을 고려하지 않고, 그들을 국민주권의 동등한 참여자로 소환할 때"[450] 부자유한 상태를 부분적으로만 완화할 따름이다. 국가는 인간을 보편적인 범주에서 이해하지만, 국가가 부여하는 평등한 지위가 그들의 본래적 조건을 삭제하지는 않는다. 마르크스가 보기에, "이 사실적인 구별을 지양하기는커녕, 국가는 오히려 이 구별의 전제 아래에서만 실존하고, 스스로 정치적인 국가로 자각하며, 오직 이 국가의 요소와 대립함으로써만 자신의 보편성을 타당하게 만든다."[451]

마르크스도 헤겔처럼 국가란 시민사회의 승화된 형태, 즉 시민사회를 전복시키지 않고 그것을 완성하는 것으로 이해했다. 그러나 그는 국가를 보편성이 성취된 형태, 즉 인간이 공동체를 통해 자유의 효과를 자각함으로써 완전히 발전하는 곳으로 보는 관점을 거부했다. 그가 보기에 헤겔적인 국가는 인간을 완전히 흡수하는 것이 아니라, 그의 정치적 차원만을 흡수하고 그의 사회적 조건을 무시하기 때문이다. 마르크스의 말을 빌리자면, "이 이기적 삶의 모든 전제는 국가 영역 외부의 시민사회에서 시민사회의 속성으로 존립한다."[452] 마르크스가 보기에, 시민사회는 소외의 실질적인 장소이기 때문에, 정치적

---

449 마르크스(2021), 「유대인 문제에 대하여」, 31~32쪽.
450 같은 책, 33쪽.
451 같은 쪽.
452 같은 책, 34쪽.

해방은 환상에 불과하다. 이런 맥락에서 그는 이렇게 말한다.

> 이 시민사회가 모든 역사의 진정한 초점이자 무대라는 것은, 그리고 현실적인 관계들을 무시하고 군주나 국가의 행위에만 관심을 기울이는 종래의 역사관이 얼마나 불합리한 것인지는 여기서 이미 명백해진다.[453]

마르크스는 애덤 스미스 등 정치경제학자들로부터 영향을 받아 『임금 노동과 자본』[1849]과 『가치, 가격, 이익』[1865] 등의 저술에서 자본주의 분석을 시도했다. 여기서 그는 생산과 교육의 영역이 인간의 삶의 주요 장소라고 생각하면서, 국가란 본질적으로 시민사회에 제한적인 영향력만 미칠 수 있는 '상부 구조'라고 평가했다. 헤겔이 불완전한 시민사회의 완성된 형태가 국가라고 보았던 반면에, 마르크스는 국가의 실패를 비판하면서 시민사회의 우위를 반대한 것이다. 헤겔이 공화주의적 전통이라는 도구를 사용하여 애덤 스미스를 반박했다고 한다면, 마르크스는 초창기 자유주의자들이라는 무기를 가지고 공화주의 사상을 해체한 것이다. 그렇다고 마르크스가 공화주의적 전통 안에서 시민권 개념이 중요한 역할을 했음을 부정하지는 않았다. 그는 "인간이 공인公人과 사인私人으로 분열되는 것"[454]에 기반하여 정치적 해방이 이루어진다고 말하면서, 다음과 같이 주장한다.

> 인간이 유대인과 공민(citoyen)으로, 프로테스탄트와 공민으로, 종교적 인

---

453 마르크스·프리드리히 엥겔스(2015), 『독일 이데올로기』, 김대웅 역, 두레, 76쪽.
454 마르크스(2021), 『유대인 문제에 대하여』, 37쪽.

간과 공민적 인간으로 분리되는 것, 이것은 공민성(Staatsburgertum)에 어긋나는 기만이 아니다. 이 분리는 정치적 해방을 회피하는 것이 아니다. 이 분리는 정치적 해방 자체이며, 종교로부터 해방되는 정치적 방식이다.[455]

마르크스는 프랑스혁명기에 국민의회가 공포한 「인간과 시민의 권리선언」에서 '인간'과 '시민'이 구분되어 표현된 것에서 시민권의 특별한 성격을 보았다. 그는 시민권이란 법적인 지위에 불과한 것으로서 인간이 인간으로서의 완전한 모습을 방어하기 위해 입어야 하는 겉모습에 불과하다고 보았다. "소위 인권, 즉 공민권droits de l'homme과 구별된 인권이 시민사회 구성원의 권리 이외에 아무것도 아니라는 것을, 다시 말해서 인간 및 공동체로부터 분리된 이기적인 인간의 권리 이외에 아무것도 아니라는 사실을 확인한다."[456]는 것이 마르크스의 설명이다. 마르크스는 근대의 공화주의적 전통에 자유주의적 편견이 있다고 생각했다. 그는 인간과 시민 사이에 선순환이 이루어진다는 공화주의적 주장, 즉 시민권이 인간의 권리를 보호하고 그것이 정치 활동의 효율성을 가능하게 한다는 주장을 부정했다. 법의 힘과 국가에 대해 부정적이었다는 점에서, 마르크스는 자유주의자들과 공통점을 가지고 있었다. 그러나 그 이유는 정반대였다. 자유주의자들은 국가의 힘이 자발성에 기반한 사회적 조화를 깨뜨릴 수 있다고 보았기 때문에, 국가에 대해 호의적인 태도를 보이지 않았다. 반면에 마르크스는 자유주의적인 국가가 사회 문제를 해결하는 데 무능하다고 생각

---

455 같은 책, 38쪽.
456 같은 책, 51쪽.

했기 때문에 국가를 비판했다. 마르크스에게 있어서 사회권력과 정치권력의 분리는 자유주의 정치사상의 특성을 이해하기 위한 열쇠였다.[457] 마르크스는 근대적인 시민권 개념이 어느 정도의 성과를 거두었다고 판단했지만, 그 목표가 완전히 달성되었다고 생각하지는 않았다. 반대로 그는 이 개념이 그 창시자들의 바람대로 인간의 발전을 허용하기는커녕, 오히려 인간을 빈곤하게 했다고 하면서[458] 다음과 같이 적는다.

> 국가, 즉 정치공동체가 정치적 해방자로부터 분리된 채 인권 보존을 위한 단순한 수단으로 전락했다는 사실을 인식하는 순간, 따라서 공민이 이기적 수단으로 전락했다는 사실을 인식하는 순간, 따라서 공민이 이기적 인간의 종복으로 설명되며, 인간이 공동체적 존재로서 행동하는 영역이 단편적 존재로 행동하는 영역으로 강등됨으로써, 마침내 공민으로서의 인간이 아니라 시민(bourgeois)으로서의 인간이 고유하고 참된 인간으로 간주된다는 사실을 인식하는 순간, 저런 수수께끼는 한층 더 의문스러워진다.[459]

마르크스는 공동체적 존재인 시민과 고립된 인간을 구분하고, 전자를 후자에 종속시켰기 때문에 근대의 시민권이 성공을 거두지 못한 것이라고 보았다. 자유주의자들은 개인주의적 관점에서 인간의 해방을 생각했지만, 마르크스는 공동체에 소속된 개인의 해방에 관심을

---

457 Richard Ashcraft(1984), "Marx and Political Theory", *Comparative Studies in Society and History*, Vol. 26, No. 4, p. 652.
458 Paul Magnette(2005), *Citizenship: The history of an idea*, p. 157.
459 마르크스(2021), 『유대인 문제에 대하여』, 55쪽.

가졌다. 마르크스에게 인간의 진정한 해방은 자유에 대한 집단적인 접근을 통해서 이루어질 수 있는 것이며, 자유주의자들이 생각하는 자유는 이러한 목표 달성에 오히려 방해가 되었다. 따라서 그는 인간의 자연권에 전적으로 의지하는 근대의 정치법을 경멸했다. 이런 맥락에서 마르크스는 인간 해방의 방법을 다음과 같이 제시한다.

> 현실적이고 개인적인 인간이 추상적 공민을 자기 안으로 환수하고, 자신의 경험적 삶 안에서, 개별적 노동 안에서, 개별적 관계 안에서 개별적인 인간으로 유적 존재가 될 때에야 비로소, 인간이 자신의 '고유한 힘'을 사회적 힘으로 조직함으로써 사회적 힘이 더 이상 정치적 힘의 형태 안에서 그 자체로 분리되지 않을 때에야 비로소, 인간 해방이 완성된다.[460]

근대의 정치법과 사상적으로 결별한 마르크스는 대의제를 허상이라고 간주하며, 소외라는 정치적인 문제에 대한 답을 찾고자 했다. 독일 철학과 정반대로, 그는 자신의 출발점을 『독일 이데올로기』에서 다음과 같이 제시하고 있다.

> 우리는 인간이 말하고 상상하고 관념화시킨 것으로부터 출발하거나, 또는 말해지고 상상되고 표상된 인간으로부터 출발하여 그로부터 육체를 가진 인간에게 도달하려는 것이 아니다. 오히려 우리는 현실적으로 활동하는 인간으로부터 출발하며, 또한 그의 현실적인 생활 과정 속에서 이 생활 과정의 이데올로기적 반영과 반향(der ideologischen Reflexe und Echos)을

---

[460] 같은 책, 61~62쪽.

서술하려고 한다.[461]

그가 보기에 독일 철학은 더는 현실을 드러내지 않았고, 현실을 분석하면 철학의 허구성이 드러날 수도 있었다. 마르크스는 이제 정당한 정책을 이상적으로 정교화하는 것이 아니라 현실 정치의 과학을 구축하는 것을 자신의 과제로 삼았다. 그럼으로써 마르크스는 역사적 유물론의 방법과 인간 사회의 발전사를 최초로 체계화시키기 위해 1845년부터 1846년 사이에 엥겔스와 함께 『독일 이데올로기』를 집필했다. 이 저서에서 마르크스는 현실의 개별 이익과 전체 이익으로부터 분리된 하나의 독립적 행태를 취한 국가는 분업이 낳은 계급에 그 실질적 토대를 두고 있을 따름이며, "국가 내의 모든 투쟁, 곧 민주제, 귀족제 그리고 군주제 사이의 투쟁, 선거권 등을 위한 투쟁은 각 계급 상호 간의 현실적인 투쟁이 행해질 때의 환상적 형태에 지나지 않는다."[462]라고 판단했다. 달리 말해, 국가는 공공의 이익을 보장하기 위한 공정한 장이 아니라, 지배계급이 자신들의 이익을 지키기 위해 국가를 이용하는 도구였다. 국가는 시민사회의 모순을 해결하는 것이 아니라 오히려 모순을 강화했다. 이윽고 마르크스는 이해관계를 조화시킨다는 이데올로기의 오류를 '과학적으로' 증명하는 것을 목표로 설정했다.

이제 마르크스는 정치법에 대한 비판을 정치경제에 대한 비판으로 확대했다. 시장 사회는 인간이 자신의 노동력을 자유롭게 사용할 수

---

461 마르크스 · 프리드리히 엥겔스(2015), 『독일 이데올로기』, 61쪽.
462 같은 책, 72쪽.

없는 한, 인간을 자신으로부터 분리시켰다. 그는 인간을 해방하기 위해서는 맹목적인 생산관계의 게임을 "개인들의 자유로운 발전과 운동의 조건들을 자기 통제 아래 두는 개인들의 결합체"[463]로 대체해야 한다고 생각했다. 그는 "처음으로 의식에 의거해서 자연발생적인 모든 전제들을 지금까지 존재했던 인간의 창조물로 취급하며, 그 전제들에서 자연발생적인 성질을 박탈시킴으로써 단결된 개인들의 힘에 복속"[464]시키는 이러한 형태의 자유로운 결합체에 도달하는 것을 목표로 삼았다. 그렇게 할 때라야, 개인적 발전과 물질적 삶이 결합하여 "개인이 총체적인 개인으로 발전"할 수 있었고, "그때야 비로소 노동이 자기실현으로 전환되고, 이제까지 제한되었던 교류가 개인들 사이의 교류로 전환된다."[465] 사람들이 (정치적, 경제적) 소외를 자각하게 되었을 때, 그들은 스스로를 해방시키고 인간이 자신과 화해할 수 있는 자율적인 공동체를 만들기로 결심할 수 있다는 것이다. 그에 따라, "계급과 계급 대립으로 얼룩진 낡은 부르주아 사회 대신에 각자의 자유로운 발전이 전체의 자유로운 발전의 조건이 되는 연합체가 나타나게 될 것이다."[466]

여기서 마르크스가 말하고 있는 것은 공산주의였다. 그는 근대 사상가들이 시민권이라는 개념으로 제시한 모든 것을 부정했다. 시민권과 관련하여, 그는 집단적인 문제를 전문화된 틀 내에서 처리하고자 한 고대로부터의 정치제도를 다시 환기했다. 그에 따르자면, 정치

---

463 같은 책, 137쪽.
464 같은 책, 131쪽.
465 같은 책, 127쪽.
466 마르크스, 엥겔스(1848), 『공산당 선언』. 제2장 "프롤레타리아와 공산주의자" https://www.marxists.org/korean/marx/communist-manifesto/ch02.htm (검색일자: 2025년 2월 12일)

파리코뮌은 1871년 파리 노동자들이 세운 자치 정부였다.

란 전체 사회 속에서 바라보아야 했다. 우리는 파리코뮌(1871)에 관하여 마르크스가 쓴 글에서 그의 이상적이고 완전하고 단일화된 공동체에 대한 대략적인 정치적 공식을 발견할 수 있는데, 마르크스는 국가 없는 시민권을 옹호했다고 말할 수 있다. 말하자면, '생산자들의 자치 정부'가 국가 조직을 대체하는 것이다. 국민^{nation}은 국민 그 자체에 대해 독립적이며 우월한 통일성의 구현임을 주장해 온 '기생적인 파생물'에 불과한 국가권력으로부터 해방된 후 스스로를 통치했다. 권력의 기능은 더는 분할되거나 위임되지 않았으며, 보통 선거권에 의해 선출된 관리들은 해명 의무를 지고 해임될 수 있는 노동자가 되었다. 마르크스는 코뮌 제도를 높이 평가하면서, "코뮌 제도는 사회의 자유로운 운동을 희생시켜 생존하고 또한 이를 방해하는 국가라는 기생충에 의해 여태까지 흡수된 모든 힘을 사회 조직체에 복귀시켜 주었을

제8장_ 근대의 시민권(3)

것입니다."467라고 말했다. 마르크스에게 있어서, 시민들의 정치 활동은 공동의 문제를 자율적이고 집단적으로 관리한다는 의미에서 매우 중요하지만, 그것은 단연코 국가라는 틀 바깥에 있었다.468

마르크스는 파리코뮌에 대한 해석을 통해 코뮌이라는 정책이 어떤 고정된 장소에서만 적용되지 않는다는 점을 보여주고자 노력했다. 여기서 그는 중세의 봉건 도시를 자신이 생각하는 공산주의 체제와 혼동하지 않도록 다음과 같이 설명한다.

> 약간의 유사성이 나타날 경우 좀 더 오랜 형태의 사회생활 그리고 심지어 소멸된 형태의 사회생활의 복제품으로 오인되는 것이 완전히 새로운 역사적 창조의 일반적인 운명입니다.469

공산주의communism라는 용어가 중세의 자치공동체인 코뮌commune에서 유래한 데서 알 수 있듯이, 마르크스는 전근대적 형태의 정치에서 일부 개념을 차용했다. 우리는 또한 그의 사상에서 공화주의 정신과 유사한 점도 적지 않게 발견할 수 있다. 그렇지만 마르크스는 공화정의 핵심이라고 할 수 있는 시민권 개념을 부정했다. 그에게는 시민이라는 동질적인 집단이 아니라 계급이 중요했다. 이는 곧 자본주의 사회에서 부르주아와 프롤레타리아트의 구분을 의미하는 것이었다. 마르크스는 국가와 시민에 관한 기존의 정치사상과 근본적으로 다른 이론을 제시하고 있었다.

---

467 마르크스(2017), 『프랑스 혁명사 3부작』, 임지현·이종훈 역, 소나무, 410쪽.
468 Paul Magnette(2005), *Citizenship: The history of an idea*, p. 159.
469 마르크스(2017), 『프랑스 혁명사 3부작』, 409쪽.

5) 마르크스 이후의 사회주의자들

사회적 불평등이 혁명으로 분출될 위험성이 있다는 것은 19세기를 살아가고 있던 사람들 대부분이 알고 있었다. 보수주의자들 역시 사회 문제에 관심을 가지고 혁명 운동을 저지하고자 시도했다. 대표적인 인물이 비스마르크였다. 독일 통일을 완수한 이후, 그는 한편으로는 사회주의 탄압법으로 반체제 인사들을 억압하면서도, 다른 한편으로는 노동자보험제도 등 소위 사회복지제도의 초기 형태에 해당하는 정책을 실시했다. 이보다 앞서 영국에서 사회 문제의 해결책으로 1834년 제정된 신구빈법도 사회적 갈등의 분출을 방지하기 위해 제정되었다. 이에 따르자면, 원외구호를 일체 폐지하면서 건강한 사람들의 경우에는 구빈원 안에서의 생활 조건이 구빈원 밖의 노동자들보다 높지 않도록 했다. 또 구빈원에서 생활하는 사람들은 선거권을 박탈당했으므로, 시민권의 범주에 포함될 수 없었다.

사회주의자들은 이와 같은 정책으로 사회 문제를 해결할 수 없다고 보았다. 19세기에는 마르크스 이외에도 다양한 신념을 가진 사람들이 자본주의의 발달로 인한 사회 문제를 해결하려는 노력을 기울였다. 그중 공화주의에 대한 입장은 매우 다양했다. 일부 사회주의자들은 공화주의에 대한 마르크스의 비판적 입장에 동의했다. 이들은 국가체제하에서 부여되는 시민권으로 사회 문제를 해결할 수 없다고 보았다. 그들은 국가 중심의 체제가 사회 문제 해결에 무기력할 수밖에 없다고 생각했으며, 국가의 권위로부터 독립적인 조직이 필요하다고 판단했다.

반면에 다른 일부 사회주의자들은 공화주의에 대해 비판적인 입장을 취한 마르크스에 동의하지 않았다. 이들은 자본주의에 대해서는 비판적 입장을 유지하면서도, 공화주의적 시민권 개념에 기반하여 사회적 불평등 문제를 해결하고자 했다. 프랑스의 사회주의자인 장 조레스Jean Leon Jaures, 1859~1914가 그러한 성향을 보인 대표적인 인물이다. 그는 자유주의의 영향을 강하게 받은 공화주의자들의 사상에서 제시된 국가 형태가 사회 문제를 해결할 수 없다고 보았다. 자유주의자들의 입장은 정치적 평등만 주장할 뿐, 사회적 불평등 구조를 영속화하는 것이었기 때문이다. 조레스에게 있어서 해결책은 사회공화국에 있었다. 그는 사회주의와 공화국을 분리할 수 없고, 부르주아 공화정으로부터 사회공화국으로 나아가야 한다는 이상을 제시했다. 그의 말을 빌리자면, "공화국은 약자의 소유권을 문제 삼는 뜻에서 공화국이었으며, 사회주의는 보편의 자유를 침해하지 않는 조건에서 계급의 것이었다."[470] 조레스와 같은 유럽 사회주의자들은 정치적 질서와 경제적 질서가 다르다고 생각하지 않았다. 따라서 조레스는 국가의 폐지를 주장했던 마르크스에게 동의하지 않았다. 그 대신 사회공화국 안에서 모든 모순이 해결될 수 있다고 보았다.

다른 일부의 사회주의자들은 소위 마르크스의 혁명론을 부정하고 의회주의적인 방향으로 노선을 수정했다. 독일의 베른슈타인이 그런 입장을 가진 대표적인 이론가였다. 그는 민주주의와 사회주의라는 두 이념이 대립 관계에 있다고 보지 않았으며, 민주주의로부터 사회주의를 추론하고자 했다. 그는 사회주의란 모든 사회생활에서 민주주의를

---

470 노서경(2010), 「공화국과 사회주의(1898-1914)—장 조레스의 이념과 현실」, 『프랑스사 연구』 22호, 162~163쪽.

적용하는 것이라고 하면서, "민주주의는 수단이자 동시에 목적이기도 하다. 그것은 사회주의 투쟁의 수단이면서 동시에 사회주의의 실현 형태이기도 하다."[471]라고 주장했다. 베른슈타인은 많은 다른 사회주의자들과 달리, 자유주의에 대해서도 호의적인 태도를 보였다. 그는 "자유주의 사상 가운데 사회주의의 이념적 내용에 속하지 않는 것은 하나도 없다."라고 말하면서 사회주의의 토대가 자유주의임을 강조했다. 심지어 모든 경제적 강제로부터의 자유는 모든 사람에게 조직이라는 수단을 통해서만 부여될 수 있기 때문에, 사회주의는 '조직적 자유주의'라고 불릴 수도 있다고 주장했다.[472] 베른슈타인이 이러한 주장을 하게 된 데는 변혁 운동의 목표와 당면한 실천 간의 모순을 그가 민감하게 인식했다는 점이 크게 작용했다. 그의 수정주의는 당대의 독일 사회주의 노동운동 내부에서 관철되지 못했으나, 궁극적으로 의회주의를 통한 시민사회의 발달에 큰 도움을 주었다. 노동계급은 서로 도움을 줄 수 있는 다양한 형태의 조직을 결성했고, 사회주의 정당들은 의회 내에서 활동하면서 노동과 관련된 규정이나 사회보장의 기준을 마련하기 위해 노력했다.

---

471 에두아르트 베른슈타인(1999), 『사회주의의 전제와 사민당의 과제』, 강신준 역, 한길사, 251쪽.
472 같은 책, 261쪽, 263쪽.

제9장

20세기 이후의 시민권 논제들

1. 사회권의 대두

시민권과 관련하여 19세기 말에서 20세기 전환기에 내외부적으로 중요한 변화가 일어났다. 그 이전까지 시민권과 관련된 문제에서 중요한 것은 시민의 범주였다. 재산을 가진 일부 사람들은 시민으로 인정받았던 반면에, 다수의 사람은 시민으로 간주되지도 못했고 권리도 부여받지 못했다. 그러나 19세기 말 무렵이 되면 영국을 필두로 남성들에게 보편적으로 참정권이 주어졌고, 20세기 들어서는 대부분의 주요 국가에서 여성들도 정치에 참여할 수 있게 됨으로써 시민권과 관련된 문제의 성격이 바뀌었다. 특히 산업혁명 이후 교통수단이 발달함으로써 국가들 간에 인적 교류가 활발해지고 제국주의에 따른 이민자들의 수가 증가하자 귀화naturalization 문제가 부각되었다. 각국에서는 귀화와 관련된 시민권 개념이 법으로 성문화되었는데, 외국인 거주자에 대하여 시민권을 부여해 준 비율은 나라마다 상이했다. 속인주의적 경향을 보였던 독일을 기준으로 하면, 프랑스에서는 독일보다 4배, 미국에서는 10배, 스웨덴에서는 15배, 캐나다에서는 20배 이상 외국인 거주자의 귀화 비율이 높았다.[473]

서론에서 잠깐 언급한 바 있는 영국의 사회학자 토머스 마셜은 이

---

473 Thomas Dynneson(2001), *Civism: Cultivating Citizenship in European History*, p. 268.

러한 시민권의 발달 과정에 대해 유명한 설명을 제시했다.[474] 그에 따르자면, 시민권은 다양한 권리와 권력에 대한 접근을 포함한 지위로서, 18세기부터 20세기에 이르기까지 단계별로 발전해 왔다. 18세기에는 시민권의 공민적 요소가 발달했는데, 거기에는 신체의 자유, 언론, 사상, 신앙의 자유와 재산을 소유하는 권리 등이 포함되었다. 또 마셜은 19세기에는 정치적 시민권이 발달했다고 생각했다. 이것은 주로 참정권의 확대를 일컫는 것이었다.[475] 산업혁명으로 노동자들의 숫자가 증가하고 있었지만, 노동조합 안에서 단결한 노동자들이 시민권을 사용한 경우는 이례적인 일이었다. 시민권이 극히 개인적인 성격을 가진 것이었던 반면에, 집단행동을 위해 사용된 것은 정치적 권리였기 때문이다.[476] 그러나 19세기 말이 되면 자유주의에 토대를 둔 국가가 노동조합과의 교섭을 정당한 것으로 인정하기 시작하면서 지금까지의 시민권 모델은 변화될 수밖에 없었다. 그리하여 마셜은 노동조합주의가 "정치적 시민권 체계의 보충과 병행하여 산업적 시민권에 대한 두 번째 체계를 창출"[477]했다고 보았다. 20세기에는 일정 정

---

[474] 마셜은 1949년에 케임브리지 대학에서 행한 강연을 그 이듬해에 *Citizenship and Social Class*(『시민권과 사회계급』)으로 발간했다. 이 책은 1992년에 『시민권과 사회계급, 40년』이라는 보토모어의 논문과 함께 영어로 다시 출판되었는데, 우리나라에서는 『시민권』이란 제목으로 출간되었다. T. H. Marshall and Tom Bottomore(1992), *Citizenship and Social Class*, London: Pluto Press. T. H. 마셜 & T. 보토모어(2014), 『시민권』, 조성은 역, 나눔의집.

[475] 마셜은 정치적 시민권으로 19세기에 참정권 확대를 의미했지만, 이는 남성들에게만 해당했고, 여성 참정권은 20세기 들어서 인정되었다. 미국은 1920년, 영국은 1928년, 프랑스는 1946년, 우리나라는 1948년, 스위스는 심지어 1971년이 되어서야 여성들에게 참정권이 부여되었다.

[476] T. H. 마셜 & T. 보토모어(2014), 『시민권』, 114~115쪽.

[477] 같은 책, 76쪽. 이 문장에서 사용된 '산업적 시민권'은 사회권으로 이해될 수 있지만, 산업적 시민권을 별도로 분리해서 보아야 한다는 주장도 있다. 이때 산업적 시민권은 정치적 행동을 통해 사회적 시민권을 확장시키는 돌파구로서의 기능을 했다고 이해되고 있다. 공정원(2014), 「시민권의 확장: 산업적 시민권의 개념과 의의」, 『사회과학연구』, 경성대학교 사회과학연구소, 제30집 2호, 128쪽.

도의 경제적 복지와 보장을 받을 수 있고 사회적 유산에 대한 몫을 누릴 수 있는 사회적 요소가 발달했다. 마셜의 이론은 영국을 배경으로 했으나, 공민권(18세기)[478]-정치권(19세기)-사회권(20세기)으로 시민권이 확대되었다는 논지는 시민권 문제의 보편적인 발달 과정에 대한 그의 통찰력을 보여준다.

마셜이 주로 관심을 가졌던 20세기 사회법은 시민법과 정치법을 완성했을 뿐만 아니라, 그때까지 시민권의 기반이 된 모든 법적 논리에 의문을 제기했다. 이로써 법의 유일한 기원으로서의 국가라는 원칙이 사라졌다. 사회법은 시민사회의 자율성을 인정하면서 시민사회에 자체 규범을 작성할 권리를 부여했다. 나아가 권리의 개별적 특성도 변경되었다. 사회법은 책임을 추궁하기보다 위험을 지적했고, 처벌을 가하는 대신 보험을 설정하고 보상을 했다. 마지막으로 사회법은 고전적인 법의 보편성을 깨뜨렸다. 각 시민은 더는 동등하게 취급되지 않고, 그 대신 그가 살아온 사회적 환경이 중시되었다. 보상이나 수당은 보편적인 것이 아니라 특정한 상황에 따라 결정되었다. 이제 사회학적 논리가 철학적 추론을 대체하게 되었다.[479]

사회법의 발명은 시민과 국가 사이에 중간 영역을 만들었다. 갈등은 개인들 사이가 아니라 사회 집단 사이에 일어나며, 해결 역시 거기서 해결해야 한다는 생각이 확산했다. 절차적 사회법, 즉 노동법은 국가가 철수한 이 공간에서 이해관계의 지속적인 협상을 조직하게 되었다. 이로부터 노동법과 사회보장 같은 실질적인 사회권이 도출되는

---

478 '공민권'이란 표현은 '시민권'이라고 번역되기도 한다. 이때의 의미는 시민권 전체 중의 일부로 이해될 수 있다.
479 Paul Magnette(2005), *Citizenship: The history of an idea*, p. 163.

데, 이것은 민법에서 무시했던 집단을 인정하는 결과를 초래했다.

그러나 마셜의 시민권 주장은 많은 논란을 낳기도 했다. 이것은 고전적인 시민권 개념과의 단절인가? 아니면 확장인가? 절차적 사회권은 노동자의 참여를 바탕으로 규범 체계를 공식화한다는 점에서, 마셜이 말한 것처럼 전통적인 규범적 과정의 공백을 메우기 위한 보조적인 경로로 이해될 수 있다. 사회적 권리는 아주 모호한 지위를 가지고 있으며, 이러한 이유로 일부 사람들은 이것을 인간과 시민의 권리의 일부로 간주하기를 거부하고 있다. 마셜은 이미 이러한 사회적 권리가 시민권과 정치적 권리와 달리 엄밀한 의미에서 주관적 권리가 아니며, 시민이 법적 절차를 통해 직접 그 이행을 요구할 수 있는 것이 아니라, 본질적으로 집단적인 목적을 지닌다고 지적한 바 있다. 따라서 이러한 권리는 "미래에 언젠가 효과가 있을 정책을 선언하는 법"[480]으로 이해되어야 한다는 것이다. 사회권은 자연권과 마찬가지로 정치사회가 지향하는 이상을 표현하는 '규제적 지평'regulatory horizon이다. 그러나 사회적 권리와 자연적 권리의 구분이 항상 쉽지는 않다. 의료, 사법, 교육 등에 대한 권리는 그 결과를 보자면 이상적인 목표이지만, 복지국가의 시민들이 의료, 사법, 교육에 접근할 권리를 가지고 있다는 의미에서 실제로 주관적인 권리이기도 하다. 국가는 모든 시민에게 동일한 복지를 보장하지는 않지만, 모든 사람에게 공동의 복지 혜택에 대해 무료로, 또는 수입에 비례하여 부담시키는 방식으로 동일한 접근 권한을 부여한다. 이러한 의미에서 마셜은 단순한 이상을 넘어 실제적인 공공 서비스가 제공될 때 사회권이 실질적인 권

---

480 T. H. 마셜 & T. 보토모어(2014), 『시민권』, 99쪽.

리가 된다고 보았다.[481]

 반면에 마셜이 주장한 사회권이 전통적인 시민권을 상당 부분 약화시켰다는 주장도 있다. 이런 입장에 선 뉴라이트 학자들은 사회권을 강조하게 되면 시민적 자율성과 자유가 박탈됨으로써, 시민들이 소위 '보모 국가'nanny state에 의존하는 상태로 전락한다고 비판했다. 이런 주장을 한 대표적인 사상가 하이에크와 노직은 각각 『노예의 길』과 『아나키에서 유토피아로』라는 대표적인 저서에서 레이거노믹스와 대처리즘에 이론적 근거를 제공했다.[482]

 하이에크와 노직이 제기한 주장의 타당성을 인정하더라도, 우리는 시민권 개념이 마셜 등과 같은 학자들에 의하여 사회에 대한 참여 차원을 통합함으로써 부분적으로 새로운 의미론적 확장을 거쳤다는 사실을 부정할 수는 없다. 시민권 개념의 확장에 대해 장미경은 다음과 같이 요약한다.

 자유주의적 시민권은 노동계급을 포함하여 기타 다른 소수 집단을 포용하는 개념으로 변화해 왔으며, '국가로부터 부여되는 법적·형식적 권리 개념'은 단순한 권리 이외에도 평등이나 사회정의, 시민적 가치나 권리를 포괄하는 개념으로 확장되어왔다. 또한 개인적·독립적 권리에 국한되었던 시민권도 집단적·상호의존적 권리를 포괄하는 개념으로, 그리고 시민적·정치적 권리뿐만 아니라 경제적·사회적·문화적 권리를 포괄하는 개념으로 변화해 왔고, 국가가 위로부터 부여해 주는 소극적 개념에 한정되

---

481 Paul Magnette(2005), *Citizenship: The history of an idea*, p. 163.
482 프리드리히 A. 하이에크(1999), 『노예의 길』, 김영정 역, 자유기업센터; 로버트 노직(1997), 『아나키에서 유토피아로: 자유주의국가의 철학적 기초』, 남경희 역, 문학과지성사.

지 않고, 시민들이 아래로부터의 요구를 통해 적극적으로 쟁취해 나간 아래로부터의 동학적 개념으로 포착될 수 있음을 보여준다. [483]

복지국가의 사회적 평등이라는 목표가 반영된 언어에서 시민권 개념은 사회권을 포함하며 사회 공동체에 대한 소속감을 통합한다. 국가는 단지 일반의지가 형성되는 장소가 아니라, 모든 시민이 채무자이자 동시에 채권자가 되는 공동의 유산이다. 사회적 재화가 정치적 협상의 대상이 되었기 때문에, 이제 국가와 시민사회는 명확히 구분되지 않는다. 복지국가가 탄생함으로써 사회 문제는 자유주의자들이 주장한 대로 법의 영역에서 배제되는 것이 아니라, 법의 테두리 안으로 들어왔다. 정치적 평등은 사회적 평등과 완전히 동일시되지는 않았지만, 노동자는 시민으로서 사회적 불평등에 대해 행동할 수 있는 기회를 얻었다. [484]

---

[483] 장미경(2001), 「시민권(citizenship) 개념의 의미 확장과 변화: 자유주의적 시민권 개념을 넘어서」, 『한국사회학』 제35집 6호, 73~74쪽.
[484] Paul Magnette(2005), *Citizenship: The history of an idea*, pp. 163~164.

2. 소련 시대의 시민권

　근대 초 자연법을 성문화하는 과정에서 규정된 시민으로서의 권리와 현실 사이에 적지 않은 간격이 있었다. 러시아혁명으로 탄생한 소련은 이러한 간격의 극단적인 사례를 보여주었다. 1917년 두 차례 발발한 혁명으로 차르 체제가 붕괴하기 이전에, 러시아는 유럽 국가들과 비교하여 시민사회의 발달 정도가 한참 늦었다. 혁명이 발발하기 불과 약 반세기 전만 하더라도 러시아는 농노제 국가였다. 1861년 농노가 해방된 이후에도 러시아는 농업국가로서의 성격을 완전히 극복하지 못한 상태였다.

　프랑스혁명과 마찬가지로 러시아혁명은 시민권과 관련해서 중대한 변화를 초래했다. 볼셰비키의 집권으로 새로운 유형의 시민이 탄생했다. 소비에트의 시민은 프롤레타리아 독재와 국제주의를 지지하며 무신론자여야 했다. 새로운 시민의 등장으로 말미암아 시민에 대한 호칭도 변화했다. 신분제적인 모든 칭호가 폐지되고 소비에트 사람들은 '시민'(그라즈다닌)으로 불리게 되었다. 그러나 1924년 소비에트 헌법이 공포될 무렵이 되면, 볼셰비키 정권은 이러한 시민적 용어를 계급적 용어로 대체했다. 소련 인민들은 시민 대신 '프롤레타리아트', '농민', 혹은 '군인'으로 일컬어졌다. 아울러 계급적인 평등을 상징하는 '따바리쉬'товарищ라는 용어도 널리 사용되었는데, 이는 동무 또는 동지라는 뜻이다. '시민'이라는 칭호는 민주적인 내용을 다수 포함하고 있던 1936년 스탈린 헌법으로 복원되었다. 당시에는 착취자가 전혀 남아있지 않았다고 판단했기 때문에, 이 헌법은 모든 소련 시민에게 투표권을 부여하고, 평등, 직접, 비밀선거를 보장했다. 시민의 자유 확대에 대해서는 "노동 인민의 이해관계에 따라서, 그리고 사회주의 체제를 강화하기 위해서"라고 그 이유를 설명했다.[485] 사회권에는 노년이나 병환 중이거나 신체 불구가 있다고 할지라도, 노동하고, 휴식하고, 교육받고, 생활할 수 있는 권리가 포함되었다. 권리만이 아니라 시민권의 의무도 규정했다. 법과 노동 규율을 준수하고, 조국을 방어하며, 사회주의 공동체의 규율을 존중하며, 공적, 사회적 자산을 보호하고 강화하는 것 등이 의무였다.

그러나 1936년 스탈린 헌법은 민주주의적 시민권을 실질적으로 구현하지 못했다. 대부분의 소련 시민은 사실상 국가 테러 상태에서 불안하게 살아가야 했다. 소련의 내무부와 보안 기관은 수백만 명의 사람들을 강제노동수용소에 감금했고, 1960년대 이후의 반체제 운동가들[486]은 소련 정부의 공식적인 입장과 달리 정부에 반대한다는 이유로 유죄판결을 받고 시민권을 박탈당했다. 알렉산드르 솔제니친은 강제수용소에서의 경험을 담은 작품들을 발표했다는 이유로 국적 박탈

---

485 니콜라스 V. 랴자놉스키, 마크 D. 스타인버그(2011), 『러시아의 역사』 하, 조호연 역, 까치글방, 771쪽.
486 1956년에 흐루쇼프가 스탈린 비판을 한 이후로 이념적인 해빙(解氷) 분위기에서 소련 정부에 저항하는 흐름이 지식인들을 중심으로 생겨났다. 이들은 특히 브레즈네프 통치기에 비합법적인 방법으로 출판 활동을 하는 등 소련 체제에 대한 반대 운동을 전개하였다. 반체제 운동에 대한 자세한 분석은 다음 졸고를 참고하시오. 조호연(1999), 「소련에서의 반체제 운동의 기원과 성격」, 『경대사론』, 경남대학교 사학회, 11집, 95~116쪽.

과 추방을 당했다. 또 저명한 핵물리학자인 안드레이 사하로프는 대표적인 반체제 인사로서 시민의 권리를 박탈당하고 가택 연금당했다. 또 선거는 당이 지명한 후보들만 입후보한 상태에서 실시되었다. 이런 식으로 소련에서 기본적인 시민적, 정치적 의미에서의 시민권은 제대로 보장되었다고 보기 어렵다.

한편 소련에서 1970년대와 1980년대 체제 위기가 심화할수록 시민사회라는 용어가 널리 사용되었다. 시민사회는 중앙 권력에 대항하면서 국가의 기관과 분리되어 자발적으로 국가의 억압적 조치들에 대해 반대 투쟁을 벌였다.[487] 1991년 말 소련이 해체된 데는 미국과의 군비경쟁으로 인한 경제 위기만이 아니라 활성화된 시민운동도 큰 역할을 했다.

---

[487] 강혜련(2003), 『러시아 국가와 시민사회』, 오름.

3. 유럽 통합운동과 시민권

양차 대전을 거치면서 유럽에서는 사회민주주의가 확산했고, 사회민주주의자들이 집권한 국가에서는 시민들의 정치적 권리와 사회적 혜택을 확대했다. 이와 함께 서구 세계에서는 대체로 시민권을 둘러싸고 성별, 인종별 경계가 사라지기 시작했다. 사회적 구분이 점차로 희미해지자, 여성들도 투표권을 갖게 되고 인종차별도 서서히 철폐되기 시작했다. 이 모든 것은 시민들이 유대감을 강화하는 데 도움을 주었다. 시민들은 자신들이 역사적인 공동체의 일원이자 주권의 소유자라고 인식하고, 연대로 뭉친 동료 시민들의 지원을 받는다고 여기면서 국가에 대한 애착심을 더욱 갖게 되었다. 이런 국가들은 민주주의와 복지국가를 동시에 표방하면서 20세기 후반, 심지어 21세기 초까지 완전한 시민공동체를 구현하는 것처럼 보였다.[488]

2차 대전 이후 시민권은 국가 내에서만이 아니라 지역적으로도 확대될 수 있다는 가능성을 보여주었다. 대표적인 사례가 유럽 통합운동이었다. 우리는 유럽 통합운동의 시민권과 관련하여 첫째, 유럽 통합운동의 발전, 둘째, 유럽 각의에 의한 유럽 인권 확인, 셋째, 유럽공동체에서의 유럽의회 구성, 넷째, 1993년의 마스트리히트 조약에 의

---

[488] Paul Magnette(2005), *Citizenship: The history of an idea*, p. 167.

한 유럽연합EU이 실시한 공식적인 시민권의 제도화 등 네 가지 사항을 살펴보아야 한다.489

2차 세계대전 이후 본격적으로 전개된 유럽 통합운동은 국가를 초월한 시민권이 새롭게 논의될 수 있는 배경이 되었다. 유럽을 영토적으로 통일하려는 움직임은 원래 중세 카롤루스 대제로부터 나폴레옹과 히틀러에 이르기까지 야망의 형태로 존재했으나 성공을 거두지 못했다. 중세에는 뒤부아Pierre Dubois가 기독교적 원리를 적용하여 평화를 수행하고자 '제왕상설회의'의 창설을 제안했고, 슐리공 막시밀리안Maximillien de Béthune이 튀르키예인들의 위협으로부터 유럽을 방어하고자 '국가연방'을 제안한 바 있다. 또한 영국의 저명한 퀘이커 교도인 윌리엄 펜William Penn은 유럽의회 창설을 제안했고, 벤담은 공동군대Common Army, 루소는 유럽연방European federation을 각각 주창했다.490 그러나 이런 제안들은 아이디어 차원에만 그쳤고, 그것이 구체화 된 것은 1949년에 결성된 유럽 각의Council of Europe에서였다. 그 이후 1952년 유럽석탄철강공동체ECSC가 6개국을 중심으로 결성되고, 1957년에는 이것이 유럽경제공동체EEC로 이어졌다.491

유럽 통합운동에 참여한 국가의 수는 1952년 유럽석탄철강공동체에 가입한 6개국으로부터 2025년 기준으로 유럽연합EU 27개국으로 증가했다. 회원국들의 모든 주민은 적어도 법적으로 1950년에 제정된 '인권 및 기본적 자유 보호를 위한 유럽협약'European Convention에 의해 보호받을 수 있게 되었다. 이 협약의 앞부분은 다음과 같다.

489　Derek Heater(2004), *A Brief History of Citizenship*, p. 103.
490　데렉 어윈(1994), 『유럽통합사』, 노명환 편역, 대한교과서(주), 2~4쪽.
491　최수경(1995), 「유럽연합의 발전과정과 정치·경제적 통합」, 『지역연구』 제4권 2호, 165~182쪽.

유럽심의회 가맹국인 서명 정부는, 1948년 12월 10일 국제연합 총회가 선포한 세계인권선언을 고려하고, 그 선언이 그 속에 선포된 권리의 보편적이고 실효적인 승인과 준수를 확보함을 목적으로 하고 있음을 고려하고, 유럽심의회의 목적이 가맹국 간의 보다 강한 결합을 달성하는 것이며, 그 목적이 추구되는 방법 중의 하나가 인권 및 기본적 자유의 유지와 보다 큰 실현이라는 점을 고려하고, 세계의 정의와 평화의 기초이며, 한편으로는 실효적인 정치적 민주주의에 의하여 다른 한편으로는 그 자체가 의존하고 있는 인권에 대한 공통의 이해와 준수에 의하여 가장 잘 유지될 수 있는 기본적 자유에 대한 깊은 신념을 재확인하고, 마음을 같이 하며, 정치적 전통, 이상, 자유 및 법의 지배에 관한 공통의 유산을 갖고 있는 유럽 국가의 정부로서, 세계인권선언 속에 규정된 일정한 권리를 집단적으로 실행하기 위한 최초의 조치를 취할 것을 결의하여, 다음과 같이 합의했다."[492]

정치적 시민권의 공통적이고도 중요한 특징은 의회 대표를 선출하는 투표권이다. 초기 유럽공동체 의회의 의원들은 자기들이 소속된 국가 의회의 하원의원들이었다. 유럽 통합운동 최초의 기구인 유럽석탄철강공동체를 탄생시킨 파리조약에서는 유럽의회를 위한 직접 선거 규정이 마련되었다. 그러나 최초의 유럽의회 선거가 실시된 때는 1979년이었다. 인구 비례에 따라 선출된 410명의 유럽의회 의원들은 유럽 시민들이 참여하는 정책을 고안하고자 노력했다.
 그러나 유럽 통합운동은 본질적으로는 경제적인 목적을 위해 출범했기 때문에, 각 개인은 시민이 아니라 노동자로 인식되었다. 유럽위

---

[492] http://hrlibrary.umn.edu/instree/K-z17euroco.html (검색일자: 2025년 3월 20일)

원회는 지침을 공포했고, 유럽법원은 판례를 수집했으며, 마스트리히트 조약은 사회적 헌장의 부속 조항을 가지고 있다. 아울러 이런 기구나 문서는 엄청나게 많은 권리를 포함하고 있는데, 이는 노동자들만큼이나 유럽연합 시민들의 사회적, 경제적 권리라고 해석될 수 있었다.[493]

1993년 발효된 마스트리히트 조약으로 유럽 통합운동은 보다 진전되었다. 이러한 통합 과정은 실질적이거나 계획적이거나 광범위한 협력을 추구하는 유럽연합의 출발을 의미했다. 이제 유럽연합 국가의 시민은 자유롭게 이동하고, 다른 유럽연합 국가에 거주할 수 있는 권리를 갖게 되었다.[494] 특히, 이 조약 제8조에서는 시민으로서의 지위가 갖는 정치적 권리들이 규정되었다. 나아가 유럽 통합운동에서는 정치적 권리만이 아니라 사회적 권리도 중요하게 생각되었다. 마스트리히트 조약이 발효되기 이전인 1989년 유럽공동체는 기본적 사회권에 관한 공동체 헌장을 작성한 바 있으며, 이 조항들은 결국 마스트리히트 조약에 포함되었다.

유럽연합의 시민권은 단지 국가 시민권이 확장된 형태는 아니었다. 그것은 회원국들의 시민권에서 파생된 것도 아니며, 개별 국가들의 법 제정이 서로 어떻게 관련되어 있는지를 반영하지도 않았다.[495] 나아가 마스트리히트 조약 이후에도 유럽연합의 시민권은 국가 차원의 시민권보다 강하다고 보기는 어렵다. 유럽인들이 유럽 시민권에 대한

493　Derek Heater(2004), *A Brief History of Citizenship*, p. 104.
494　Krazysztof Trzcinski(2021), "Citizenship in Europe: The Main Stages of Development of the Idea and Institution", p. 27.
495　Jack Harrington(2019), "Navigating global citizenship studies", in *Routledge handbook of global citizenship studies*, Isin, Engin F Routledge, p. 18.

영국의 유럽연합 탈퇴는 유럽 시민권의 확대에 제동을 걸었다.

관심이 그다지 높지 않았기 때문이다. 유럽 통합운동의 창립 회원국인 프랑스에서조차도 마스트리히트 조약의 비준을 위한 국민투표에서 찬성 응답이 반대 응답보다 겨우 근소한 차이로 앞섰다. 유럽의회의 권한이 약하고, 또 장관협의회 등의 기구가 책임감이 약하다는 것은 '민주주의의 결여'라고 지칭되기도 했다. 그러므로 일찍이 1984년 회원국들의 지도자들로 구성된 유럽평의회는 퐁텡블로 회의에서 '인민의 유럽'People's Europe을 진전시키는 조치를 취하기로 결정했다. 이 용어는 프랑스어로 '시민의 유럽'Europe des Citoyens이라는 의미를 강하게 가지고 있었고, 이 결정 이후에 유럽공동체의 여권을 발행하는 등 여러 혁신적인 조치를 실시했다. 그렇지만 그 효과는 여전히 불투명했다.[496] 오히려 2016년 영국이 국민투표로 유럽연합에서 탈퇴하기로 결정함으로써 유럽 시민권의 확대에 제동이 걸리기도 했다. 따라서 21세기로 넘어오는 시점까지, 유럽 시민권의 실제 모습은 실천적으로나 감성적으로나 아직 개별 국가 시민권보다는 미약하다고 볼 수 있다.

496　Derek Heater(2004), *A Brief History of Citizenship*, p. 104.

4. 세계시민권 운동

비록 법적이거나 정치적인 지위가 아니라 언어적 표현에 불과하다고 하더라도, 헬레니즘 시대의 스토아주의자들은 일찍이 세계시민권 개념을 제시한 바 있었다. 그들이 지닌 비전에는 어떤 공식적인 의미에서의 세계국가 개념이 들어있지는 않았다. 그러한 꿈이 존재했다고 한다면, 그것은 고대의 로마제국 그리고 신성로마제국에서 구현되었다고 할 수 있지만, 이런 제국들에서는 시민권이 큰 논의거리가 되지 않았다.[497]

세계시민권이 다시 관심을 끌게 된 것은 르네상스 시대에 와서였다. 이때 고전 문화의 부활과 함께 많은 그리스, 라틴 문헌이 인쇄되고 번역되었는데, 그중에는 스토아주의자들의 저술도 있었다. 일례로, 1558년 마르쿠스 아우렐리우스의 『명상록』이 출판되었다. 16세기와 17세기에는 유럽에서 스토아주의를 수용한 사람들은 '신스토아주의자'라고 불렸는데, 그중 대표적인 인물은 유스투스 립시우스Justus Lipsius, 1547~1606였다. 플랑드르 지방에서 대부분의 생애를 보낸 그는 "전 세계는 우리 국가이다."라고 선언했다. 또한 그는 기원후 1세기에 에픽테투스가 한 말을 널리 전한 것으로도 유명했다. 즉, 소크라테스

---

[497] Derek Heater(2004), *A Brief History of Citizenship*, p. 105.

가 어느 국가에 속하느냐는 질문을 받았을 때, 그는 아테네인이라고 말하지 않고, "나는 우주의 시민이다."라고 반응했던 것인데, 립시우스도 종종 이 말을 했다. 프랑스의 수필가 몽테뉴도 립시우스의 저술로부터 영향을 받아, 소크라테스의 일화를 인용한 바 있다.[498]

세계시민권 개념은 두 번째로 고전에 대해 관심이 높았던 계몽주의 시대에 널리 확산했다. 세계시민주의는 이 시기의 주요 정치사상가들인 로크와 칸트를 포함하여, 많은 사상가의 지지를 받았다. 로크는 자연상태의 인간의 삶의 순수성을 다음과 같이 설명했다.

> 모두에게 공통적인 자연법에 의해 인간은 다른 동물과 구별되는 하나의 공동체, 하나의 사회를 이룬다. 타락한 사람들의 부패와 악덕이 없다면 그것으로도 충분할 것이다. 굳이 이 위대한 자연적 공동체에서 이탈해 적극적인 합의로 더 작고 분화된 모임을 결성할 필요가 없을 것이다."[499]

로크는 '세계시민권'이란 용어를 사용하지는 않았으나, 그의 주장은 그 단어를 사용하는 18세기 계몽주의 사상가들에 대한 논평이라기보다는 분명히 정치적인 세계시민권을 가리키고 있었다. 볼테르, 프랭클린, 쉴러 등의 인물들도 주로 초국가적 접촉과 초국가적 문화를 향유했다는 의미에서 스스로 세계시민이라고 선언했다. 『상식』의 저자로서 미국독립혁명에 큰 영향을 미친 토머스 페인은 심지어 정치적인 뜻으로 세계시민주의라는 용어를 사용했다. 이런 생각을 가졌기 때문

---

498 *Ibid.*, p. 106.
499 로크(2012), 『시민정부』, 112~113쪽.

에, 그는 자기가 출생한 영국만이 아니라 미국과 프랑스의 정치 문제에도 관여했다. 또한 그는 미국독립혁명으로 말미암아 지구 전체로 확산한 이상이 세계시민권의 발전을 촉진하는 새로운 시대를 열 것으로 판단했다.[500]

세계시민권 사상은 프랑스 혁명가들 사이에서도 관심을 끌었다. 1793년 자코뱅 클럽에서 낭독한 인권선언 초안의 제33조에서 로베스피에르는 "모든 나라의 사람들은 형제이고[베토벤은 이렇게 말했다. '모든 인간은 형제가 된다!'], 여러 민족은 한 국가의 시민들처럼 힘이 닿는 대로 서로 도와야 한다."[501]라고 말했다. 고전에 박식했던 로베스피에르는 "우리는 모든 사람이 하나의 공동체이자 하나의 정치조직에 속한다고 생각해야 한다."라고 했던 플루타르코스의 말을 염두에 두고 있었던 것으로 보인다. 또한 프로이센의 귀족이지만 에베르파로 프랑스혁명기에 활동한 장-밥티스트 클루츠는 아나카르시스라는 별명을 사용하면서 '인류의 대변자'를 자칭했다.[502]

세계시민주의에 대해 좀 더 냉정하고 체계적인 제안은 칸트가 저술한 『영구평화론: 하나의 철학적 기획』에서 제시되었다. 여기서 그는 세 종류의 법이 있다고 주장했는데, 그중 세 번째 법이 세계시민주의 법이다. 이 책에서 칸트는 세계시민주의의 이상을 피력하면서 '세계시민권'cosmopolitan right을 제안했다.[503] 그는 세계시민법을 고려하면서 두 가지 주요 원칙을 설정했다. 그중 하나는 이동성의 증가 때문에 모

---

500 Derek Heater(2004), *A Brief History of Citizenship*, p. 106.
501 장 마생(2005), 『로베스피에르, 혁명의 탄생』, 양희영 역, 교양인, 403쪽.
502 같은 책, 485쪽.
503 김상범(2016), 「세계시민주의의 도덕교육적 함의」, 『윤리연구』 제111호, 220쪽.

든 인간이 스스로 거주하는 국가에서 환대받을 권리를 가지고 있다는 것이다. 그리고 둘째로, 보편적 공동체와 비슷한 것이 존재하게 되었기 때문에 "세계의 어느 한 곳에서 발생된 권리 침해는 모든 다른 곳에서 느낄 수 있다."는 것이다. 이 두 번째 원칙이 지닌 의미는 세계 어느 곳에서나 권력이 남용되는 것을 세계시민들이 예의 주시해야 하는 의무를 가지고 있다는 점이다. 칸트의 이러한 사상은 공개적으로 표명된 지 2세기 후인 20세기에 다시 조명을 받았다.[504]

한편 세계시민주의는 19세기에 강력한 영향력을 발휘한 민족주의로 말미암아 그다지 부각되지 못했다. 민족주의는 세계주의보다는 국가의 필요성에 우선권을 부여했다. 국가 간 경쟁 관계와 증오심이 강화되고 그로 인하여 제국주의가 등장했고, 그 극단적인 현상은 양차 세계대전으로 귀결되었다. 양차 세계대전 사이에도 세계시민주의를 향한 몇몇 시도는 있었는데, 이들은 세계 기구를 구성하자는 제안을 내놓았다. 그중 하나는 모티머 애들러Mortimer J. Adler가 1944년에 출간한 『전쟁과 평화를 생각하는 방법』인데, 저자는 여기서 세계연방 혹은 유사연방 정부를 위한 계획을 제시했다.[505]

극단적 민족주의로 인해 발생한 양차 세계대전에 대한 반성으로서 세계시민주의는 2차 세계대전 후에 다시 주목을 받았다. 더구나 냉전이 성립되고 핵전쟁으로 인한 대량 살상의 가능성 때문에, 세계시

---

504 칸트의 세계시민주의를 계승한 웰스(H. G. Wells)가 1905년에 발표한 『모던 유토피아』는 세계시민주의의 정신이 지배하는 곳이다. 웰스의 이러한 세계시민주의는 민족중심주의와 국가중심주의 에피스테메를 탈구시켜 탈민족, 탈국가적 시대정신을 표상하는 사회주의 정신을 담고 있다. 김상욱(2021), 「웰스의 「모던 유토피아」(A Modern Utopia)-모더니티와 세계시민주의」, 『현대영미소설』 제28권 3호, 120쪽.
505 J. Adler Mortimer(1996), *How to think about war and peace*, Fordham University Press.

민주의에 대한 필요성은 더욱 부각되었다. 미국의 트루먼 대통령은 1946년 세계시민권 개념을 제시한 바루크$^{Bernard\ Baruch}$를 원자 물질의 국제적 통제를 위한 유엔 위원회에 임명했다. 그는 1946년 6월 14일에 이 기구에서 다음과 같은 연설을 했다.

> 유엔 원자력 위원회의 동료들과 나의 세계 동료 시민들이여, 우리는 여기산 자와 죽은 자 사이의 선택을 해야 합니다. … 우리는 세계 평화냐 세계 파멸이냐를 선택해야 합니다.[506]

특히 20세기 말에는 여러 가지 이유로 세계시민권 사상이 부각되었다. 그중 팬데믹^{Pandemic} 현상 및 환경문제가 중요했다. 이 두 가지 문제는 국경을 넘어서는 세계적인 성격을 지니고 있다. 어떤 국가가 오염되거나 삼림을 파괴하면 기후에도 심각한 영향을 미치게 되고, 따라서 다른 국가들의 경제적, 물리적 상황에도 피해가 발생하지 않을 수 없게 되었다.[507] 또한 1980년대 후반과 1990년대 초반 사회주의 국가들이 붕괴하고 세계적인 차원에서 냉전이 종식됨으로써, 이런 문제 해결을 위하여 국제 협력이 용이하게 된 것도 세계시민권 사상의 확산에는 유리했다.

2차 세계대전 이후에는 직간접적으로 세계시민권 개념과 결합하여 진행되어 온 세 가지 유형의 운동이 있었다. 첫째, 개인들로 하여금 스스로 세계시민이라고 선언하고, 전 지구적인 이해관계를 증진하

---

506 https://www.plosin.com/beatbegins/archive/BaruchPlan.htm (검색일자: 2025년 1월 9일)
507 Bihikhu Parekh(2003), "Cosmopolitanism and Global Citizehship", *Review of International Studies*, Vol. 29, No. 1, p. 10.

는 운동에 참여하도록 촉구하려는 시도가 있었다. 둘째, 세계연방 정부를 수립하려는 제안이 있었다. 마지막으로는 국제연합에 대한 불만을 표출하고 국제연합의 개혁을 위한 계획을 제시하는 움직임이 있었다.[508]

첫 번째 유형의 사례로서 우리는 프랑스인인 사라자크^{Robert Sarrazac}가 1945년 창립한 「세계시민 인류전선」_{The Human Front of World Citizens}을 들 수 있다. 이 조직의 계획에서는 각 개인이 스스로 세계시민으로 등록해야 한다는 생각이 담겨 있었다. 또한 전직 공군 조종사였던 미국인 데이비스^{Garry Davis}는 1948년 당시 유엔 총회가 개최되던 파리의 팔레 드 쇼에 가서 자신을 세계시민으로 인정해 줄 것을 요구했다. 그는 세계시민 등록부를 작성했는데, 여기에는 몇 달 지나지 않아 80만 명의 사람들이 이름을 올렸다. 이런 운동은 지금도 지속되고 있다.[509]

나아가 데이비스는 두 번째 유형의 시도로서 자신의 책 제목이기도 한 "나의 조국은 세계이다."라는 것을 모토로 세계 정부를 수립하려는 운동을 벌이기도 했다.[510] 세계시민주의 운동은 세계연방 헌법을 작성하기 위해 세계 선거인단을 구성하려는 움직임으로까지 확대되었다. 이런 제안은, 예를 들어 1947년 8월 23일 스위스의 몽트뢰에서 개최된 집회에서 제시되었다. 이 집회는 세계 연방주의 운동^{World Federalist Movement}으로 알려진 세계 연방정부 수립을 위한 세계 운동을 전개하려는 목표를 표방했다. 여기서는 세계 제헌의회를 준비하고,

---

508 Derek Heater(2004), *A Brief History of Citizenship*, p. 108.
509 https://www.recim.org/cdm/registry.htm ; https://registry.globcal.net/ (검색일자: 2025년 1월 9일).
510 https://worldcitizengov.org/product/my-country-is-the-world/ (검색일자: 2025년 1월 9일)

국가의 주권을 제한하는 등의 안이 논의되었다. 이 모임의 참석자들은 세계의 모든 민족이 세계 연방정부를 실현하기 위한 십자군 운동에 참여할 것을 촉구하기도 했다.[511]

세 번째 유형은 국제연합을 비판하고 세계시민권 운동으로서 그 개혁 방향을 제시하고자 했다. 국제연합헌장의 서문에는 '우리 연합국 국민들'We the peoples of the united nations이라는 어구가 있다. 그러나 이 국제기구를 비판하는 사람들은 스스로 세계시민이라고 주장하는 사람들이 국제연합에서 발언할 기회를 부여받고 있지 못하다고 생각했다. 대부분의 세계 연방주의자는 국제연합에 비견되는 민주적인 기구를 설립하는 것이 불가능한 현실을 인식하고 국제연합을 대폭 개혁하는 데 희망을 걸었다.

이런 맥락에서 제안된 세계 시민의회는 국제연합 시민의회(혹은 '제민족' 혹은 제2의 의회) 소집을 위한 캠페인에 활기를 불어넣는 도구 역할을 했다. 이런 노력의 일환으로서 1982년 국제연합 의회 네트워크 INFUSA가 창립되었고, 1989년에는 '더 민주적인 국제연합을 위한 캠페인'CAMDUN이 설립되었다. 그중 국제연합 의회 네트워크가 제시한 정책은 유사한 목적을 지닌 다른 프로젝트보다 실현 가능성이 더 높아 보였기 때문에 비정부기구 사이에서 상당한 관심을 끌었다. 국제연합 의회 네트워크는 국제연합헌장 제22조에 나오는 바대로 총회의 임무 수행에 필요하다고 인정되는 보조기관으로서 세계시민들이 의회의 의원들을 선출할 것을 제안했다. 이와는 대조적으로 '더 민주적인 국제연합을 위한 캠페인'은 이원체제로써 대표적 요소를 변화시키기 위

---

511 https://www.wfm-igp.org/about-us/montreux-declaration/ (검색일자: 2025년 1월 9일)

하여 국제연합헌장을 개정하는 것을 목표로 삼았다. 이 캠페인을 주창한 사람들은 국가들의 대표인 총회와 선출된 의회가 나란히 활동하도록 해야 한다는 생각을 표명했다.

국제연합은 비민주적인 성격에 대해서만이 아니라 세계시민의 권리와 의무를 증진하는 데 상대적으로 비효율적이라는 점에서 지속적으로 비판을 받아왔다. 이런 현상은 뿌리 깊은 국가 주권의 원칙이 초래한 결과이자, 이 기구가 강대국들에 의해 좌지우지된 결과이기도 하다. 예를 들어, 18세기 미국 헌법과 프랑스 헌법에 권리의 목록이 열거된 것처럼, 국제연합헌장에서는 보편적인 인권선언이 담겨 있었다. 국가에 소속된 시민이 자기들의 권리가 국가에 의해 지지받는 것을 기대하는 것과 마찬가지로, 세계시민이 국제연합에 의해 자기들의 권리가 보장되기를 희망하는 것은 당연한 일이었다. 그러나 국제연합은 인권선언을 무시하고 자의적인 구속으로부터 제노사이드까지 인권 침해 사건들을 제대로 통제하지 못하고 있다는 비판에 직면해 있다.[512]

게다가 2차 대전 이후 범죄자들을 기소하도록 했던 뉘른베르크 원칙은 차치하고라도, 세계법의 어떤 세부적인 코드도 존재하지 않았다. 이윽고 그러한 침해 사건을 징벌하기 위해 범죄 재판을 담당하는 상설 세계 법정이 1998년 로마 규정에 따라 설치 근거를 마련하게 되었다. 이에 110개 국가가 국제형사재판소[ICC]의 창립에 동의했다. 이 사건은 우리가 출발 단계에 있는 세계법의 적용을 받으며 범죄에 책임을 진다는 의미에서 세계시민임을 은연중에 인정하는 것이었다.

---

512 Derek Heater(2004), *A Brief History of Citizenship*, pp. 110~111.

국제형사재판소는 많은 국가, 특히 미국의 강한 반대에도 불구하고 2002년 설치되어 운영되고 있다.

세계시민권 개념이 중단없이 꾸준하게 발전한 것은 아니다. 이 개념은 보편적인 도덕적 규범을 준수하려는 의지에서부터 세계국가 건설이 필수적이라는 신념에 이르기까지 다양하고 막연하게 해석되었다. 이 문제에 대한 진지한 논의가 본격적으로 이루어진 것은 1990년대 들어서였다. 급속히 진행되는 문화적, 경제적, 그리고 통신의 세계화 과정이 민주적 제도, 통제 및 행동에 미칠 미래의 영향에 대한 질문이 제기되었다. 특히 영국 런던정경대학 정치학 석좌교수 헬드 David Held, 1951~2019는 『민주주의의 모델들』에서 '세계시민 민주주의' cosmopolitan democracy 라는 개념을 제안했다. 그는 이 책에서 국가적·지역적·전 지구적 네트워크에 걸쳐서 민주주의를 심화하고 확대하는 과정으로서 세계 시민적 기반에 기초한 민주적 자치를 구축하는 것을 세계시민 민주주의라고 설명했다.[513] 또 누스바움 Martha C. Nussbaum 은 세계시민주의 전통이 인간 존엄성과 평등의 연관성, 또 인간 존엄성과 인간을 그 자체의 목적으로 대하는 정책의 연관성에 관한 몇 가지 깊은 통찰을 남겨주었다고 평가했다.[514] 나아가 세계화 시대에 세계시민주의를 지향하면서 세계 시민교육을 통해 세계시민으로서의 정체성을 다지고 세계시민들 사이에 상호 존중과 협력을 해야 한다는 주장도 대두되었다.[515]

---

513 데이비드 헬드(2010), 『민주주의의 모델들』, 박찬표 역, 후마니타스, 567쪽.
514 마사 C. 누스바움(2020), 「세계시민주의 전통—고귀하지만 결함있는 이상」, 강동혁 역, 뿌리와이파리, 253쪽.
515 배영주(2013), 「세계시민의 역할 과제를 중심으로 한 세계시민교육의 재구상」, 『교육과학연구』 제44집, 2호, 145~167쪽; 김남준·박찬구(2015), 「세계화 시대의 세계시민주의와 세계시민성:

그러나 이러한 세계시민권 운동이 주목할 만한 성과를 거두었다고 보기는 힘들다. 자신을 세계시민이라고 믿었던 관심은 1945년 이후 단기간 높아졌다가 이내 줄어들었다. 세계시민권에 관심을 가진 사람들은 주로 미국인들과 프랑스인들이었다. 그래서 세계 시민의회의 첫 모임이 미국의 샌프란시스코에서 1975년 개최되었고, '행성시민'Planetary Citizens이라는 조직과 '지구시민 대중운동'이라는 조직이 각각 미국과 프랑스에서 조직되기도 했다. 한편 냉전이 해체된 1990년대 잠깐 주목을 받았던 세계시민주의는 전 지구적인 국가의 가능성, 심지어 그런 국가에 대한 희망을 실천에 옮기고자 할 때 많은 난관에 봉착했다. 미국에 대한 중남미 사람들의 이주 문제, 유럽에서 심각하게 인식되고 있는 이민 문제 등은 세계시민권 운동의 확산이 쉽지 않음을 실제 상황으로 보여주고 있다. 이런 난관을 극복하기 위해 '주체적 권리의 관국민화'transnatinalization of subjective rights를 향한 운동, 즉 주체가 될 권리, 주체로서의 권리를 국민적 소속의 법적 형식과 분리하는 사고방식을 해법으로 제시하는 입장[516]도 있으나, 이것이 과연 많은 사람의 공감을 얻을 수 있을지는 미지수이다. 더구나 2022년 발발한 러시아-우크라이나 전쟁에서도 알 수 있듯이, 국가권력 중심의 국제질서와 각국 간의 경제적 경쟁체제는 냉전 이후에도 여전히 강화되고

어떤 세계시민주의? 어떤 세계시민성?」, 『윤리연구』 제105호, 1~34쪽. 세계시민주의라는 용어를 사용하지는 않지만, 국가주의나 자국중심주의 민족주의가 시민권을 억압한다고 보고, 가족이나 국가의 틀을 넘어서는 시민권을 강조하는 입장도 있다. 이를 이해하기 위해서는 다음 논문을 참고하시오. 김동춘(2013), 「시민과 시민성—국가, 민족, 가족을 넘어서」, 『서강인문논총』 제37집, 5~46쪽.
516 한상원(2023), 「국민국가 이후에 무엇이 오는가?: 발리바르의 세계정치와 관국민적 시민권 개념」, 『시민과 세계』, 참여연대 참여사회연구소, 42호, 86~87쪽.

있음을 보면, 세계시민권 운동이 결실을 맺기에는 아직 많은 장애물이 남아있다고 말할 수 있다.

결론

트로퍼Michel Troper는 프랑스혁명을 설명하면서 당시 프랑스 주민들을 네 개의 범주를 가진 동심원으로 분류했다. 가장 바깥쪽 원에는 모든 주민이 포함되었고, 그다음 원에는 프랑스인 부모에게서 태어난 대부분의 남녀 및 미성년자들이 있었다. 그리고 세 번째 원은 능동 시민들을 포함했고, 마지막으로 가장 작은 원은 피선거권을 가진 소수의 사람으로 구성되었다.[517] 트로퍼의 이 주장은 비단 프랑스혁명만이 아니라 우리가 역사 전체를 통틀어 시민권의 확대 과정을 이해하는 데도 원용할 수 있다고 생각한다. 시민권은 고대 그리스에서 시작되어 오늘날에는 국적과 비슷한 의미로 이해될 정도로 국민 대부분을 포괄하는 의미로 확대되었다. 서론에서 살펴보았듯이, 시민권을 이해하는 여러 모델이 있지만, 필자는 동심원 모델로 시민권을 가장 효율적으로 파악할 수 있다고 판단하고 있다.

인류의 발전에서 커다란 전환점 중의 하나는 바로 국가의 성립이다. 소규모 씨족, 부족 단위로 생활하던 사람들은 국가를 이룸으로써 좀 더 체계적인 조직을 갖추었다. 씨족 사회와 부족 사회에서 구성원

---

517 Gonçalo Matias(2016), *Citizenship as a Human Right: The Fundamental Right to a Specific Citizenship*, p. 35.

들을 규정하는 요건은 각각 혈연과 지연이었지만, 국가의 경우에는 국가 구성원과 비구성원을 구분하는 명확한 기준이 필요했다. 물론 국가가 성립되었다고 하여 곧바로 부족적 잔재가 소멸하지는 않았고, 어느 정도는 국가가 부족연합의 성격을 띠기도 했다. 그러나 시간이 지날수록 국가에서 부족적 성격은 약화하고, 대부분의 지역에서는 군주를 중심으로 권력이 강화되었다. 여기서는 군주와의 관계 속에서 국가 구성원의 여부 및 국가에서의 신분이 결정되었고, 군주에 대한 충성 여부가 국가 운영에서 중요한 역할을 담당했다. 이와 같은 국가체제에서는 시민권이 굳이 거론될 필요가 없었고, 또 거론될 수도 없었다. 이런 시기는 우리가 생각하는 동심원이 생기기 이전의 단계이다.

매튜 아놀드가 서양 문화의 뿌리로서 헤브라이즘과 함께 헬레니즘을 꼽은 것은 타당한 주장이었다. 특히 고대 그리스에서 생성된 시민권에 대한 개념은 시민권 논의의 출발점에 해당한다. 고대 그리스의 시민권은 주로 스파르타와 아테네와 관련되어 있다. 시민권과 관련된 사료는 이 두 폴리스에서 다수 남아있기 때문이다. 그중 가장 먼저 시민권이 대두된 지역은 스파르타였다. 이 폴리스에서는 국가 노예의 노동력에 의지하여 살아가고 있던 사람들, 즉 '동등자'라는 의미를 지닌 '호모이오이'가 시민이었다. 이 시민들의 생활은 국가 노예인 메세니아인들의 저항을 대비하는 데 초점을 맞추고 있었으므로 전사적인 성격을 띠고 있었다. 반면에 아테네에서는 민주정 체제를 발전시키면서 폴리스의 정치에 참여한 사람들이 시민단을 구성했다. 그럼으로써 시민은 그리스어로 폴리스의 파생어인 폴리테스라고 불렸고, 이 단어는 그리스 전역으로 확산하여 폴리테스들로 구성된 조직은 폴리테이아가 되었다. 통상 '국가'로 번역되는 플라톤의 저술과 '정치학'으로 번역되는 아리스토텔레스의 저술의 원래 제목은 각각 '폴리테이아'와 '폴리티카'였다. 이처럼 고대 그리스에서는 시민권과 관련된 동심원이 생겨났다. 가운데 작은 원에는 혈연적으로 헬레네스인 스파르타와 아테네의 성년 남성들이 속했고, 그다음 원에는 그들의 아내와 미성년 자녀들, 그리고 그다음 원에는 자유인 신분의 거류외인들이 있었다. 동심원 바깥에는 시민으로서의 권리를 전혀 보장받지 못한 노예들이 있었다.

   로마도 원래는 왕정에서 시작되었으나, 기원전 6세기 후반 공화정 체제를 수립한 이후 시민권 제도가 발달하기 시작했다. 그러나 로마의 시민권 제도는 그리스와 차이가 있었다. 우선 로마의 시민권은 귀족과 평민 사이의 신분 투쟁 및 로마 영토의 확대 과정과 병행하여 성립되었다. 12표법, 리키니우스-섹스투스법, 호르텐시우스법 등 법의 발전으로 귀족과 평민의 신분적 차이가 좁혀지고 이탈리아반도 각지의 영토를 로마가 차지함에 따라, 로마 시민권자들의 수가 증가했다. 그리고 '참정권 없는 시민권'civitas sine suffragio처럼 시민권의 종류도 다양해졌다. 비교적 영토가 좁았던 그리스의 폴리스와 달리, 지중해 세계 전역으로 영토를 확대한 로마에서 시민들이 직접 정치적인 결정 과정에 참여하기는 현실적으로 어려웠다. 그래서 스스로 '첫 번째 시민'프린켑스이라고 칭했던 옥타비아누스 시기에 시민들이 가졌던 권리는 정치적인 성격이 아니라, 주로 법적, 사회적, 경제적 성격을 띠었다. 기원후 3세기 전반 카라칼라 통치기에는 모든 자유민에게 시민권이 부여됨으로써 시민권은 더는 특별한 지위를 의미하지 않게 되었다. 동심원으로 비유하자면, 로마 시기의 시민권은 동적인 성격을 지녔다. 즉, 혈연적인 로마인 중심으로 구성된 작은 원이 바깥쪽으로 확대되다가 급기야 자유민 전체를 포괄한 것이다.

　기독교는 서양의 정신세계만이 아니라 시민권 제도에도 막대한 영향을 미쳤다. 성경에도 시민권이나 시민에 대한 표현, 비유가 자주 등장한다. 시민권이 권리와 의무가 있는 구성원과 그렇지 않은 사람들을 구분하려는 목적이 있었던 것처럼, 기독교에서도 기독교인들과 비기독교인들을 구분하기 위해 시민권과 유사한 개념이 필요했다. 그렇지만 기독교의 시민권은 현세보다 내세에서의 복된 삶을 주된 목표로 삼았기 때문에, 기독교가 로마의 시민권 제도의 발달에 크게 기여할 수 없었다. 더구나 서로마제국이 멸망하고 행정조직이 와해되면서 고전기의 시민권 개념은 소멸 위기에 처했다.

　중세 유럽의 시민권은 새로이 등장한 도시를 중심으로 발전했다. 원래 종교나 세속적 상위 주군의 지배하에 있던 도시는 코뮌 운동을 통해 자치권을 확대하려고 했는데, 이 과정에서 핵심적인 역할을 했던 상인들이 시민단의 주축을 이루었다. 더구나 11세기에 로마법이 재발견되고 그 이후에 아리스토텔레스의 저술들이 소개됨으로써 시민권을 이론화하려는 작업이 활발해졌다. 아퀴나스는 아리스토텔레스의 시민권 개념을 기독교 사상과 접목하려고 노력했으며, 나아가 마르실리우스는 기독교 교리와 완전히 분리된 시민권 이론을 제시하기도 했다.

　르네상스 시대 이탈리아반도의 북부 지역은 신성로마제국의 영향력에서 벗어나 시뇨리아 체제라는 독특한 제도를 성립했다. 이 과정에서 피렌체에서는 메디치 가문이 권력을 장악했으나 밀라노와 같은 전형적인 시뇨리아 체제가 들어서지는 않았다. 바론의 주장대로, 이곳에서는 '시민적 인문주의', 즉 독재체제를 견제할 수 있는 지적 분위기가 있었기 때문이다. 이 시기 피렌체에서는 브루니, 마키아벨리, 귀치아르디니 등에 의해 근대 정치사상이 발전하여, 고대 로마의 공화정이 지닌 덕목을 강조하는 시민권 사상이 정립되었다.

프랑스와 잉글랜드 등지에서 중앙집권적인 절대주의 국가가 성립된 사건은 시민권과 관련하여 중요한 질문, 즉 시민과 신민이 양립할 수 있느냐의 문제를 제기했다. 절대주의가 성립하는 과정에서 발발한 위그노전쟁과 잉글랜드 내전을 거치면서 이 질문에 대해 보댕과 홉스가 각각 답변을 제시했다. 보댕은 주권 개념을 명확히 하면서, 시민이란 "다른 사람에 대해 주권을 갖는 자유민"[518]이라고 주장했다. 보댕은 군주에 대한 저항의 정당성을 주장하던 모나르코마키에 반대하고 군주에게 입법권이 있다고 생각했으나, 자신의 저서 제목에서 공화정 republic이란 단어를 사용하고 있는 바처럼 시민권을 계약 사상과 결부시키고자 시도했다. 홉스는 잉글랜드가 혼란기에 빠진 17세기 전반에 인간에 대한 깊이 있는 성찰을 자기 사상의 출발점으로 삼았다. 그는 만인에 대한 만인의 전쟁상태라는 자연상태에 있는 인간들이 강제적 힘으로서 국가 제도를 요청했다고 보고, 이런 국가에서는 정부가 절대적인 권력을 가지고 있고 개인은 저항할 권리를 스스로 포기했기 때문에, 시민과 신민이 동일하다고 생각했다. 계약론자였던 로크 역시 자연상태를 출발점으로 했으나, 홉스와 달리 개인들이 사회를 구성하는 데 동의하면서 시민이 등장했다고 보았다. 로크에게 있어서 시민들은 국가에 복종하는 존재가 아니라, 주권을 소유하고 행사하는 권리를 가지고 있었다. 이로써 로크는 국가보다 시민을 우선시하는

---

518 보댕(2013), 『국가에 관한 6권의 책』 1, 156쪽

시민권 사상을 발전시켰으나, 로크가 생각한 시민의 범위는 모든 국민이 아니라 재산과 같은 요건을 충족시킨 사람들로 제한되었다.

몽테스키외는 계약 사상을 중시하지 않고, 풍토와 기후 등이 정치제도의 형성에 영향을 미친다고 생각하면서 권력의 남용을 반대하고 사회적 세력들 사이에 권력의 균형을 주장했다. 그렇지만 몽테스키외도 보편적인 시민권을 수용하지는 않았고, '덕성'에 의해 뒷받침되지 않는다면 민주정체가 가능하지 않다고 보았다. 반면에 루소는 실제로 자유롭고 평등한 시민들로 구성된 공화국 개념을 제시했다. 이전의 다른 사상가들의 주장과 달리, 루소의 시민권은 국민성nationhood과 동일했다. 루소의 영향을 받아 제기된 프랑스혁명의 3대 이념인 자유, 평등, 우애는 고래로부터의 신분제를 타파하고 인간이라면 시민이 될 수 있음을 전제로 했다. 이 점에서 루소는 특히 시민교육과 시민 종교를 강조했다. 한편 루소는 고대의 폴리스와 로마의 정치체제를 중요하게 생각했고, 시민적 덕에 기반을 둔 소규모 공화국이 이상적이라고 판단했다. 그러나 근대 서구 사회에서는 루소가 그린 시민 국가가 성립될 수 없었고, 이런 현실은 루소가 직접 조언하기도 했던 폴란드-리투아니아에서도 확인되었다.

시민 국가의 이상은 대서양을 넘어 신생 국가로 독립한 미국에서 구현되었다. 영국의 이주민들은 북아메리카의 식민지에서 자유를 기반으로 하는 시민 국가의 경험을 축적하고 있었고, 마침내 공화주의와 국민주권 사상에 기반을 둔 국가를 수립할 수 있었다. 미국은 세습적인 군주의 존재를 부정하는 전제 위에서 국가를 성립시켰기 때문에 국민 스스로 입법권을 가졌음을 강조했고, 이런 맥락에서 유럽에서 논의된 수준보다 시민권 개념을 더욱 정교하게 발전시켰다. 그러나 미국에서는 노예 문제가 아주 심각했고, 노예가 시민의 범주에 포함된 것은 격렬하게 진행된 내전을 겪은 이후였다. 또한 유럽과 달리, 미국인들은 연방과 주에 동시에 소속되어 있었기 때문에 시민권도 이중적인 성격을 지니고 있었다. 미국독립혁명으로 미국에서 공화주의와 시민권 제도가 태동했지만, 그 사상적 배경은 유럽에 있었다.

이제 반대로 미국독립혁명은 프랑스혁명에 영향을 주어 유럽 대륙에서 시민권 사상이 발전하는 데 이바지했다. 프랑스에서는 「인간과 시민의 권리선언」에서 인간과 시민을 구분하는 듯하기는 했지만, 사실상 보편적인 시민권을 명시했다. 이제 평등주의적이고 인민주권 개념과 긴밀하게 관련된 시민권 개념이 제기되어, 시민들의 정치적 참여가 강조되었다. 근대 이후 시민권의 확대 과정에서는 시민권자의 범위 내에 신민도 포함되었다는 점이 특이했다. 그러나 이런 현상은 영구적이지는 않았다. 계약 사상과 자유주의, 그리고 일반의지를 주장한 루소의 사상 등을 통해 시민권은 보편성을 더욱 확보했고, 마침내 미국독립혁명과 프랑스혁명에서는 신분제가 극복되고 만인에게 시민권을 보장해야 한다는 이론적 토대가 확립되었다. 이 무렵 '국가'는 '국민'과 통합되었고, 거의 모든 근대 국가는 민족적 의미에서나 시민적 의미에서 스스로 국민국가$^{\text{nation-state}}$라고 주장할 수 있었다. 물론 그 과정에서 많은 종교전쟁, 내전, 혁명으로 인한 희생이 있었음은 기억해야 한다. 이제 동심원으로 비유하자면, 시민을 이루는 가운데 작은 원이 크게 확대되어 다수의 주민이 거기에 포함되었다. 바깥쪽 동심원에는 여성과 미성년자들, 그리고 재산 자격을 갖추지 못한 사람들만이 남아있을 따름이었다.

이처럼 시민이 국민과 동일시될 수 있는 이론적인 토대는 마련되었지만, 19세기 초를 기준으로 보자면 시민권이 보편화되는 데는 여전히 몇 가지 장애물이 있었다. 가장 큰 문제는 현실적으로 여전히 시민의 권리를 향유할 수 없는 부류의 사람들이 있다는 사실이었다. 서구 문명권만으로 제한하여 말하자면, 19세기 중반 무렵에는 신분적인 구분은 거의 사라져가고 있었다. 미국도 1863년 '노예해방령'을 공포함으로써 노예제를 영구히 폐지했다. 그러나 프랑스혁명기에 부각된 '네이션'nation이 시에예스의 저서에서처럼 곧장 국민이 되지는 않았다. 국민이라고 하면 한 국가의 구성원으로서 동질성이 중요할 수밖에 없는데, 여기에는 언어의 통일이 전제되어 있었다. 하지만 19세기 유럽의 주요 국가에서는 아직 국가 표준어 개념이 성립되지 않았다. 이탈리아의 경우 통일 무렵에 이탈리아어를 구사하는 사람은 소수에 불과했고, 프랑스에서도 지방어가 널리 사용되고 있었다. 19세기에 수많은 영방국가로 분열되어 있다가 민족주의적 의식을 발달시켜 가고 있던 독일은 1871년 통일 이후에 폴란드어, 프랑스어, 덴마크어 등을 사용하는 주민들을 대상으로 독일화 정책을 추구했다. 이민 국가인 미국은 이주민들에게 문해력 테스트를 거친 다음에서 시민권을 부여했다. 영국의 경우 언어 문제는 그다지 심각하지 않았지만, 신민과 시민이 통합된 채 19세기에 세 차례에 걸쳐 실시된 선거권 확대로 보편적인 남성 시민권 제도가 정착되었다는 점에서 서양 국가 중에서 다소 특이했다.

    19세기에 발달한 시민권 문제에 대해서는 당대의 사상가들이 선구적으로 분석했다. 헤겔은 시민권과 관련하여 국가의 역할에 주목했다. 그는 생애 말년에 저술한 『법철학』에서 시민사회가 국가를 전제로 하여 성립된다고 보았다. 토크빌은 미국의 사례에 주목하면서 정치적인 측면과 사회적 측면에서 평등의 원리가 확산하고 있던 경향이 불가피하다고 주장했다. 나아가 그는 민주정에 대한 시민의 참여가 시민적 정체성을 강화할 수 있다고 보았다. 밀은 토크빌처럼 시민권이 정치적 성숙에 도움이 될 것이라고 보고, 시민권의 도덕적 측면을 더욱 발전시켰다. 그래서 그는 여성의 정치적 참여를 주장하기까지 했다. 마르크스는 이론적으로 시민이 국민과 동일시되었다고 할지라도, 계급적 차별이 존재하는 한 시민권의 보편성은 허구라고 생각했다. 따라서 그는 인간 해방이 완전히 성취되는 공산주의적 이상을 제시했는데, 그 단계에서 국가가 없는 시민권을 옹호하는 셈이 되었다.

20세기 초 서양의 지적 전통에 속하는 대부분의 국가에서 국민과 시민은 동일시되었다. 국가 내에서 신분적 차별이 철폐되고 성별, 인종별 경계가 사라지게 되었다. 동심원으로 비유하자면, 고대 그리스의 경우에 시민을 포함한 중앙의 작은 원이 바깥쪽으로 확대되어 마침내 동심원 사이의 모든 경계를 삭제한 셈이 되었다. 특히 러시아혁명 이후 소련에서는, 특히 1936년 스탈린 헌법을 통해 공민권과 정치권을 보장했을 뿐만 아니라, 당시에 전 세계에서도 선구적일 정도로 시민들에게 사회권을 보장하려는 노력이 전개되었다. 그러나 소련에서는 일부 사회권이 보장되었으나 공민권과 정치권은 정치적 억압 체제로 오히려 축소되었다.

시민권이 보편화된 20세기 전반에는 시민권의 성격에서 근본적인 변화가 생겨났다. 그 이전에는 동심원으로 시민권을 설명할 수 있었다고 한다면, 이제 동심원은 하나의 원형이 되어 각국의 모든 국민을 원 안에 포함할 수 있게 되었다. 그렇다고 해서 시민권을 둘러싼 논란이 사라진 것은 아니었다. 이제 각국 국민으로 이루어진 원들 사이의 관계가 관심을 끌면서 모든 원을 포괄하는 거대한 하나의 원을 지향하는 움직임이 등장했다. 그것은 바로 개별 국가의 시민권을 초월하는 지역별 시민권, 그리고 세계시민권을 향한 운동을 의미했다.

우선 지역별 시민권 통합운동으로서 유럽 통합운동을 들 수 있다. 하나의 유럽을 지향하는 유럽 통합운동은 멀리 중세에 그 기원을 두고 있었으나, 구체적으로 진행된 것은 2차 세계대전 직후였다. 유럽 통합운동은 처음에 유럽석탄철강공동체처럼 경제문제에 대한 유럽 일부 국가들의 협력으로 전개되다가, 유럽공동체의 결성으로 연결되어 경제 분야를 넘어선 협력체계를 구축할 수 있는 발판을 마련하기에 이르렀다. 유럽 통합운동은 이후에도 더 발전되어 1979년 유럽의회 선거가 실시되었고 1993년에 발효된 마스트리히트 조약으로 유럽연합을 출발시킴으로써 정식으로 유럽연합 내에서 시민권 지위를 인정했다. 2020년에 영국이 유럽연합에서 탈퇴하기는 했으나, 2025년 현재 27개국이 회원으로 있을 정도로 유럽 시민권 운동은 국가 중심의 시민권을 넘어서려는 시도라고 평가할 수 있다.

유럽 통합운동은 탈국가적인 시도이기는 했으나, 그 지역적 범위는 여전히 유럽에 국한되었다. 그러나 일군의 사상가들과 사회운동가들은 명실상부하게 세계시민권을 지향했다. 고대의 스토아주의자들에 이어 근대에도 립시우스, 로크, 칸트 등은 세계시민주의 사상을 표명한 바 있었다. 그러나 2차 세계대전 이후에는 세계시민주의가 사상에만 그치지 않고 운동 차원으로 전개되었다. 그 배경에는 극단적인 국가주의가 양차 세계대전을 초래했다는 반성이 있었다. 더구나 전 세계적으로 교통망이 발달하여 사람들이 좀 더 용이하게 이동할 수 있게 되어 국가의 경계가 이전보다 공고하지 않았다는 점도 세계시민주의 운동에 동력을 부여했다. 나아가 국제연합은 1948년 채택된 세계인권선언 제1조에서 "모든 인간은 태어날 때부터 자유로우며 그 존엄과 권리에 있어 동등하다."라고 규정함으로써 인류 전체의 보편적인 동질성을 확인했다.

  이 외에도 2차 대전 이후에는 여러 가지 방향으로 세계시민권 운동을 확산시키려는 시도가 이루어졌다. 가령, 일부 운동가들은 스스로 세계시민이라고 선언하면서 세계시민 등록부를 작성하는가 하면, 다른 일부의 운동가들은 세계 연방정부를 수립을 목표로 삼기도 했다. 또 다른 사회운동가들은 국제연합에 대해 비판하면서 세계시민들의 권리와 의무를 효율적으로 증진하고자 노력하고 있다. 세계시민권 운동은 개별 국가 단위로는 해결하기 어려운 팬데믹^{Pandemic} 현상과 환경문제 등을 겪으면서 대의를 발견했다. 그렇지만 세계시민권 운동이 결실을 맺을 수 있을지의 여부에 대해 현재로서는 낙관적으로 보기 어렵다. 점점 심각해지는 이주민 문제나 개별 국가들의 자국중심주의가 강화되고 있는 현상 등을 보면, 21세기 전반을 살아가고 있는 현 세계에서 각각의 원들로 존재하는 개별 국가의 시민권이 하나의 거대한 원으로 통합될 수 있는 현실적인 가능성은 크지 않다고 결론 내릴 수 있을 것이다.

참고문헌

1. 1차 문헌

라에르티오스, 디오게네스.『유명한 철학자들의 생애와 사상』2. 김주일·김인곤·김재홍·이정호 역. 나남, 2021.
로크, 존.『시민정부』. 남경태 역. 효형출판, 2012.
루소, 장-자크.『사회계약론』. 이환 역. 서울대학교출판문화원, 2003.
_____.『인간불평등기원론』. 주경복·고봉만 역. 책세상, 2006.
리비우스.『로마사』1. 이종인 역. 현대지성, 2018.
마르실리우스.『평화의 수호자』황정욱 역. 길, 2022.
마르크스, 카를.『유대인문제에 관하여』. 김현 역. 책세상, 2021.
마키아벨리, 니콜로.『로마사 논고』. 강정인·김경희 역. 한길사, 2019.
_____.『군주론』. 신동준 역. 인간사랑, 2018.
몽떼스뀨.『법의 정신』I, II. 이영희 역. 동서문화사, 1978.
미국사연구회 편.『미국역사의 기본 사료』. 미국사 연구회. 소나무, 1992.
밀, J. S.『자유론』. 신윤곤 역. 배재세관, 1997.
_____.『대의정부론』. 서병훈 역. 아카넷, 2013.
보댕, 장.『국가에 관한 6권의 책』1~6. 나정원 역: 아카넷, 2013.
브루니, 레오나르도.『피렌체 찬가』. 임병철 역. 책세상, 2002.
수에토니우스.『열두 명의 카이사르: 고대 로마 역사가가 쓴 황제 이야기』. 조윤정 역. 다른세상, 2009.
시에예스, E. J.『제3신분이란 무엇인가』. 박인수 역. 책세상, 2009.
아리스토텔레스.『니코마코스 윤리학』. 강상진 외 역. 길, 2011.
_____.『정치학』. 김재홍 역. 길, 2017.
아우구스티누스.『하나님의 도성: 신국론』. 조호연·김종흡 역. 크리스천다이제스트, 2016.
아우렐리우스, 마르쿠스.『명상록』. 원혜정 역. 매월당(e-book), 2010.
칸트, 임마누엘.『영구평화론: 하나의 철학적 기획』. 이한구 역. 서광사, 2008.
키케로.『법률론』. 성염 역. 한길사, 2007.

_____. 『국가론』. 김창성 역. 한길사, 2021.
_____. 『의무론』. 임성진 역. 아카넷, 2024.
토크빌, 알렉시스 드. 『미국의 민주주의』 1, 2. 임효선·박지동 역. 한길사, 1997.
플라톤. 『국가론: 이상국가를 찾아가는 끝없는 여정』. 이환 편역. 돋을새김, 2014.
_____. 『법률』 1, 2. 김남두 등 역. 나남, 2018.
플루타르코스. 『플루타르크 영웅전 전집』 I, II. 이성규 역. 현대지성사, 2000.
해밀턴, 알렉산더 등. 『페더랄리스트 페이퍼』. 김동영 역. 한울, 2019.
헤겔, G.W.F. 『법철학』. 임석진 역. 한길사, 2008.
헤로도토스. 『역사』. 박광순 역. 범우사, 1989.
홉스, 토마스. 『시민론』. 이준호 역. 서광사, 2013.
_____. 『리바이어던』. 최공웅·최진원 역. 동서문화사, 2016.

2. 2차 문헌

통사

강혜련. 『러시아 국가와 시민사회』. 오름, 2003.
라이언, 앨런. 『정치사상사—헤로도토스에서 현재까지』. 문학동네, 2020.
랴자놉스키, 니콜라스 V., 스타인버그, 마크 D. 『러시아의 역사』 하. 조호연 역. 까치글방, 2011.
박윤덕 외. 『서양사강좌』. 아카넷, 2022.
사카모토 다쓰야. 『사회사상의 역사—마키아벨리부터 롤스까지』. 최연희 역. 교유당, 2022.
세이빈, 조지 외. 『정치사상사』 1, 2. 성유보 외 역. 한길사, 2005.
슈퇴릭히, H. J. 『세계철학사』 상권. 임석진 역. 분도출판사, 1976.
에드워즈, 마이클. 『시민사회』. 서유경 역. 명인문화사, 2018.
에렌버그, 존. 『시민사회, 사상과 역사』. 김유남 외 역. 아르케, 2002.
우노 시게키. 『서양 정치사상사 산책—소크라테스에서 샌델까지』. 신정원 역. 문학동네, 2014.
이주영. 『미국사』. 대한교과서주식회사, 1995.
존스, 콜린. 『사진과 그림으로 보는 케임브리지 프랑스사』. 시공사, 2005.
추병완 외. 『디지털 시민성 핸드북』. 한국문화사, 2019.
_____. 『시민성 이론과 시민교육: 시민교육핸드북』. 하우, 2020.
회폐, 오트프리트. 『정치철학사: 플라톤부터 존 롤스까지』. 정대성 외 역. 길, 2021.
후쿠야마, 프랜시스. 『역사의 종말』. 이상훈 역. 한마음사, 1992.
히터, 데릭. 『시민교육의 역사』. 김해성 역. 한울아카데미, 2007.

강진웅. 「민족의 사회학—네이션과 종족성의 관계에서」. 『사회와 역사』. 한국사회사학회, 제117집 (2018): 287~323.

김동춘. 「시민과 시민성-국가, 민족, 가족을 넘어서」. 『서강인문논총』, 제37집 (2013) : 5~46.
박명규. 「네이션과 민족: 개념사로 본 의미의 간격」. 『동방학지』, 147호 (2009) : 27~65.
이선주. 「시민권, 포함의 역사 혹은 배제의 역사」. 『영어영문학 연구』, 55권 1호 (2013) : 327~348.
이종은. 「시민과 시민권」. 『동아시아와 시민』, 3호 (2023) : 5~75.
장미경. 「시민권(citizenship) 개념의 의미 확장과 변화: 자유주의적 시민권 개념을 넘어서」. 『한국사회학』, 제35집 6호 (2001) : 59~77.
장지원. 「서구 세계시민교육의 기원」. 『교육사상연구』, 34권 1호 (2020) : 207~228.
정세근. 「사람의 뜻(3)-국민, 시민, 민중, 인민 등의 개념과 용례」. 『동서철학연구』, 103호 (2022) : 381~401.
코카, 위르겐. 「역사적 시각에서 본 시민사회」. 『서양사론』, 81호 (2004). 233~249.

그리스 로마

김창성 편저. 『사료로 읽는 서양사』. 책과함께, 2014.
김헌 외. 『나는 시민이다: 그리스와 로마 시민들』. 아카넷, 2021.
보르드, 쟈클린. 『폴리테이아-고대 그리스 시민권론과 정치체제론』. 나정원 역. 아르케, 2000.
앤드류스, 엔토니. 『고대 그리스사』. 김경현 역. 이론과실천, 1997.
전경옥 외. 『서양 고대·중세 정치사상사: 아테네 민주주의에서 르네상스까지』. 책세상, 2011.
최자영·최혜영 편. 『고대 그리스정치사 사료』. 신서원, 2003.
허승일. 『스파르타 교육과 시민생활』. 삼영사, 1998.

김덕수. 「시민권과 로마 정치-키케로, 「시인 아르키아스 변론」(기원전 62년)을 중심으로」. 『수사학』, 제36집 (2019) : 31~59.
김복래. 「아테네 민주주의와 시민권에 대한 고찰」. 『유럽연구』, 12호 (2000) : 1~23.
김유준. 「로마제국과 초대교회와의 관계사」. 『대학과 선교』, 35집 (2017) : 183~212.
박재욱. 「고전기 스파르타의 폴리테이아와 공동식사」. 『서양고대사연구』, 제63집 (2022) : 37~62.
염창선. 「4세기 교회와 국가의 '교회정치적' 차원」. 『한국교회사학회지』, 제18집 (2006) : 97~126.
이삼열. 「기독교와 국가」. 『기독교사상』, 5호 (1987) : 46~69.
이인우. 「일반은총으로서의 기독교적 국가관」. 『신앙과 학문』, 제2권 2호 (1997) : 109~130.
정철민. 「시민성에 대한 교육학적 탐구: 역사적 기원을 중심으로」. 『교육문화연구』, 25권 2호 (2019) : 83~99.

중세 르네상스

기구치 요시오. 『결코 사라지지 않는 로마, 신성로마제국』. 이경덕 역. 다른세상, 2010.
르고프, 자크. 『서양중세문명』. 유희수 역. 문학과지성사, 2008.
바론, 한스. 『초기 이탈리아 르네상스의 위기: 고전주의와 전제주의 시대의 시민적 휴머니즘과 공화주의적 자유』. 임병철 역. 길, 2020.
엔넨, 에디트. 『도시로 본 중세유럽』. 안상준 역. 한울, 1997.
울만, 월터. 『서양중세정치사상사』. 박은구·이희만 역. 숭실대학교 출판부, 2000.
크누트, 슐츠. 『중세 유럽의 코뮌 운동과 시민의 형성』. 박흥식 역. 길, 2013.
포칵, J. G. A. 『마키아벨리언 모멘트』 I, II. 곽차섭 역. 나남, 2011.
피렌느, 앙리. 『(중세 유럽의) 도시』. 강일휴 역. 신서원, 1997.
해스킨스, C. H. 『12세기 르네상스』. 이희만 역. 혜안, 2017.
허인. 『이탈리아사』. 대한교과서, 2005.

공유석. 「바르톨루스 사쏘페라토의 법률사상 연구」. 문학석사학위논문. 숭실대학교. 2011.
김경희. 「레오나르도 브루니(Leonardo Bruni)의 혼합정체론 연구」. 『사회과학연구』. 국민대학교 사회과학연구소, 제26집 1호 (2013) : 76~97.
_____. 「르네상스기 피렌체 공화주의 연구: 시민적 인문주의에서 현실적 공화주의로」. 『한국정치연구』, 제24집 2호 (2015) : 311~334.
김국진. 「단테와 시민적 휴머니즘」. 문학석사학위논문. 부산대학교. 2012.
김응종. 「서양 중세도시의 자유와 자치-역사인가 신화인가」. 『백제연구』, 46집 (2017) : 17~35.
이기철. 「베네치아 역사와 축제문화에 관한 소고」. 『EU연구』 10호 (2002) : 167~185.
이동수. 「공화주의적 통치성: 르네상스기 이탈리아 도시국가를 중심으로」. *OUGHTOPIA: The Journal of Social Paradigm Studies*, 35:2 (2020) : 211~246.
이성백. 「중세 코뮌: 코뮤니즘의 역사적 기원-중세도시의 사회철학적 해석의 시론」. 『시대와 철학』, 33권 3호 (2022) : 139~180.
이진남. 「법과 공동선-아퀴나스의 법 개념을 중심으로」. 『가톨릭철학』. 한국가톨릭철학회, 28권 (2017) : 97~122.
이화용. 「마르실리우스(Marsilius of Padua)의 정치대표론: 시민권, 권력전이 그리고 정치의 회복」. 『한국정치학회보』, 35집 4호 (2002) : 7~28.
이희만. 「존 솔즈베리의 국가 유기체론-제도화를 중심으로」. 『서양사론』, 106집 (2010) : 113~141.
진원숙. 「최초의 마키아벨리주의자 귀치아르디니」. 『동서문화』. 계명대학교 인문과학연구소, 21집 (1989) : 131~155.

근대·현대
강정인 외. 『서양근대정치사상사: 마키아벨리부터 니체까지』. 책세상, 2007.
노직, 로버트. 『아나키에서 유토피아로: 자유주의국가의 철학적 기초』. 남경희 역. 문학과지성사, 1997.
마셜, T. H. 『시민권과 복지국가』. 김윤태 역. 이학사, 2013.

마셜, T. H., 보토모어 T. 『시민권』. 조성은 역. 나눔의집, 2014.
박배형. 『헤겔과 시민사회』. 서울대학교출판문화원, 2017.
베른슈타인, 에두아르트. 『사회주의의 전제와 사민당의 과제』. 강신준 역. 한길사, 1999.
소불, 알베르. 『프랑스혁명사』. 최갑수 역. 교양인, 2018.
아렌트, 한나. 『혁명론』. 홍원표 역. 한길사, 2005.
아자르, 뽈. 『유럽의식의 위기』 1. 조한경 역. 민음사, 1990.
하이에크, 프리드리히 A. 『노예의 길』. 김영정 역. 자유기업센터, 1999.
헬드, 데이비드. 『민주주의의 모델들』. 박찬표 역. 후마니타스, 2010.

강정인. 「토크빌: 자유민주주의의 결함과 그 보완의 모색」. 『사상』, 54호 (2002) : 276~304. 공정원. 「시민권의 확장: 산업적 시민권의 개념과 의의」. 『사회과학연구』. 경성대학교 사회과학연구소, 제30집 2호 (2014) : 125~142.
곽차섭. 「공화주의와 우리의 '마키아벨리언 모멘트'」. 『철학과 현실』, 89호 (2011) : 164~175.
김경근. 「루소와 시민의 자유」. 『역사학연구』. 제82집 (2021) : 369~402.
김규리. 「홉스의 자연상태론의 서사적 재구성」. 외교학석사학위논문. 서울대학교, 2018.
김남준·박찬구. 「세계화 시대의 세계시민주의와 세계시민성: 어떤 세계시민주의? 어떤 세계시민성?」. 『윤리연구』, 105호 (2015) : 1~34.
김단아. 「칸트의 '권리를 가질 권리'」. 문학석사학위논문. 서강대학교, 2024.
김상범. 「세계시민주의의 도덕교육적 함의」. 『윤리연구』, 한국윤리학회, 제111호 (2016) : 215~256.
김상욱. 「웰스의 「모던 유토피아」(A Modern Utopia)-모더니티와 세계시민주의」. 『현대영미소설』, 28권 3호 (2021) : 119~140.
노서경. 「공화국과 사회주의(1898~1914)-장 조레스의 이념과 현실」. 『프랑스사연구』, 22호 (2010) : 131~165.
박윤덕. 「프랑스 혁명 초기의 수동 시민」. 『역사와 담론』, 호서사학회, 제90집 (2019) : 403~443.
배영주. 「세계시민의 역할 과제를 중심으로 한 세계시민교육의 재구상」. 『교육과학연구』, 제44집 2호 (2013) : 145~167.
서병훈. 「토크빌의 '새로운 자유주의'」. 『한국정치학회보』, 제45집 4호 (2011) : 69~87.
_____. 「자유 : 토크빌과 존 스튜어트 밀」. 『정치사상연구』, 제21집 2호 (2015) : 123~148.
안경환. 「미국 독립선언서 주석」. 『국제·지역연구』, 10권 2호 (2001) : 103~126.
유종선. 「계시, 관습, 이성: 퍼트니 논쟁의 정치언어와 정치사상적 의미에 관한 고찰」. 『정치사상연구』, 15권 1호 (2009) : 187~244.
윤삼석. 「헤겔 청년기 정치철학에서 권력국가의 이념」. 『헤겔연구』, 49호 (2021) : 73~100.
이기라. 「콩도르세의 민주주의 정치사상」. 『철학·사상·문화』, 42호 (2023) : 224~247.
이지성. 「근대 '국민', '인민', '백성'의 개념사 연구-19세기 말~20세기 초를 중심으로」. 『어문논총』, 39호 (2021) : 59~83.

임승휘. 「16세기 후반 잉글랜드와 프랑스의 국가 개념 비교연구 : 토머스 스미스(Thomas Smith)와 장 보댕(Jean Bodin)의 국가론을 중심으로」, 『이화사학연구』, 제53집 (2016) : 291~327.
진교훈(2013), 「왜 서양 근세에서 자연법사상은 쇠퇴했는가?-서양 근세의 자연법사상 I(17~18세기)」, 『이성과 신앙』, 55호 (2013) : 139~194.
최수경. 「유럽연합의 발전과정과 정치 · 경제적 통합」, 『지역연구』, 4권 2호 (1995) : 165~182. 하재홍. 「자연법적 사고와 피니스의 신자연법이론」, 『법학논총』, 제35집 3호 (2023) : 439~479.
한상원. 「국민국가 이후에 무엇이 오는가?: 발리바르의 세계정치와 관국민적 시민권 개념」, 『시민과세계』, 참여연대 참여사회연구소, 42호 (2023) : 63~91.

외국어 자료

Beiner, R. ed. *Theorizing Citizenship*. Albany: State University of New York Press, 1995.
Bendix Reinhard. *Nation-building and citizenship: studies of our changing social order*. Transaction Publishers, 1996.
Boegehold, Alan L. and Scafuro, Adele C. *Athenian identity and civic ideology*. Baltimore: Johns Hopkins University Press, 1994.
Calzada, Igor. *Emerging Digital Citizenship Regimes: Postpandemic Technopolitical Democracies*. WA: Emerald Publishing, 2022.
Dynneson, Thomas L. *Civism: Cultivating Citizenship in European History*. New York: Peter Lang Publishing, 2001.
Engin Isin and Peter Nyers ed. *Routledge handbook of global citizenship studies*. Routledge, 2019.
Forsyth, M. *Reason and Revolution: The Political Thought of the Abbé Sieyes*. Leicester: Leicester University Press and New York: Holmes & Meyer, 1987.
Heater, Derek. *What is citizenship?*. Malden, Mass: Polity Press, 1999.
_____. *A Brief History of Citizenship*. New York: New York University Press, 2004.
Kivelson, Valerie and Suny R. G. *Russia's Empires*. New York: Oxford University Pres, 2016.
Magnette, Paul. *Citizenship: The history of an idea*, translated by Katya Long. Colchester, UK: ECPR Press, 2005.
Matias, Gonçalo. *Citizenship as a Human Right: The Fundamental Right to a Specific Citizenship*. London: Palgrave Macmillan, 2016.
McKay J. P. and others. *A History of Western Society*. New York, Bedford, 2008.
Riesenberg, Peter. *Citizenship in the Western Tradition: Plato to Rousseau*. Chapel Hill, NC and London, University of North Carolina Press, 1992.
_____. *A History of Citizenship: Sparta to Washington*. New York: Anvil Series, 2002.
Zajda, Joseph I. and others. *Nation-building, identity, and citizenship education: cross-cultural perspectives*. Springer, 2009.

Ashcraft, Richard. "Marx and Political Theory." *Comparative Studies in Society and History*. Vol. 26, No. 4 (1984) : 637~671.

Isin, Engin. "The (Re)emergence of the Concept of Citizenship in Academic Discourse." *Journal of Urban Research*. vol. 3, No. 2 (1994) : 183~192.

Habermas, Jürgen. "Citizenship and National Identity: Some Reflections on the Future of Europe." *Praxis International*. Vol. 12, No. 1 (1992) : 1~19.

Marshall, Grodon; Rose, David; Vogler, Carlyn; Newby, Howard. "Class, Citizenship, and Distributional Conflict in Modern Britain." *The British Journal of Sociology*. Vol. 36, No. 2 (1985) : 259~284.

Nibet, Robert. "Citizenship: Two Traditions." *Social Research*. Vol. 41, No. 4 (1974) : 612~637.

Parekh, Bhikhu. "Cosmopolitanism and Global Citizehship." *Review of International Studies*, Vol. 29, No. 1 (2003) : 3~17.

Trzcinski, Krazysztof. "Citizenship in Europe: The Main Stages of Development of the Idea and Institution." *Studia Europejskie*, I (2021) : 7~31.

Zernatto, G. "Nation, the history of the Word." *The Review of Politics*, VI/3 (1944) : 351~366.

찾아보기

ㄱ

개인주의 128, 193, 204, 260, 262
게르만족 83~85, 95~99, 103, 104, 106
겔프파 101, 138
계급 320, 329, 330, 332, 334
계몽주의 155, 235, 287, 299, 322, 355
계약주의(자) 168, 189, 210, 211, 219, 262, 295, 320
공교육 24, 49
공리주의 207, 295, 316; 『공리주의』 315
공민권 12, 293, 326, 341, 373
공산주의 330, 332; 공산주의적 이상 373
공화국 40, 101, 122, 146, 150, 151, 154, 169, 170, 198~201, 207, 211, 212, 219, 220, 223~225, 227, 229, 241, 243~245, 247, 248, 262, 283, 311~314, 370; 덕의 공화국 282; 도시 공화국 153, 213; 로마 공화국 149, 152; 사회공화국 334; 프랑스 공화국 259; 피렌체 공화국 151
공화정 59, 60, 70, 71, 82, 120, 142, 144, 149, 150, 170, 171, 200, 225, 238, 242, 247, 287, 299, 310, 332, 367; 과두 공화정 111; 로마(의) 공화정 66, 77, 81, 89, 102, 143, 148, 159, 225, 227, 369; 부르주아 공화정 334; 시민적 공화정 221, 224, 235, 258; 제3공화정 290, 291
공화제 154, 219, 238
공화주의 12, 144, 143, 148, 153, 166, 211, 220, 239, 240, 244, 245, 248, 249, 270, 319, 321~326, 333, 334, 370, 370; 공화주의 모델 13; 공화주의 정신 144, 332; 공화주의 패러다임 245; 공화주의적 중앙집권주의 314; 로마(의) 공화주의 210; 시민공화주의 71, 145, 147, 217, 225; 현실적 공화주의 144
과두제 129, 151, 276, 305; 과두체제 154
관조적 삶 108, 147; 활동적 삶 108
『교령집』 118, 119
교황 99, 121, 131, 133, 138; 교황령 100, 101, 137, 139; 교황파 101, 141
『국가』 40~44
『국가에 관한 6권의 책』 164, 165, 169, 170, 171, 200, 369
국민(nation 혹은 the people) 14, 15, 130, 160, 161, 183, 184, 191, 192, 197, 206~210, 218, 221, 222, 228, 229, 238, 243~247, 251~253, 261, 262, 267, 268, 270, 271, 276, 279, 288, 289, 303, 304, 317, 331, 371~374; 관국민화 363; 국민공회 256, 257; 국민국가 9, 10, 15, 159,

찾아보기 383

161, 289, 371; 국민의회 256, 258~260, 263, 264, 266, 272, 274, 326; 국민적 정체성 225; 국민주권론 219; 국민주의 225; 국민투표 352, 353; 국민화 290; 국민의회 226; 국민 정부 311

국적 9, 14, 245, 268, 275, 287, 289, 292, 365; 국적 박탈 346; 이중국적 70

국제연합 350, 359, 361, 375; 국제연합헌장 360, 361; 국제연합 시민의회 360; 국제연합 의회 네트워크 360

군도바드법 97

『군주론』 147, 151

권리장전 183, 235, 237, 251, 253, 260, 262

귀치아르디니, 프란체스코 111, 144, 148, 151~155, 209, 312, 369

귀화 108, 167, 254, 293, 339; 귀화 규정 255; 귀화 규칙 167; 귀화 시민 167, 168, 172; 귀화 허가 167

그로티우스 177~180, 192, 197, 199, 211

『글로사 오르디나리아』 118

기독교 77, 79, 80, 88, 102, 123, 126, 368; 기독교 공인 81, 82; 기독교 국교 80, 82; 기독교 도덕 91; 기독교 시민권 92; 기독교력 231; 기독교인 박해 79

『기독교 강요』 162

기벨린파 101, 138

길드 111, 112, 116, 118

ㄴ

나폴레옹 269, 283, 291, 297, 298

네이션(nation) 267, 268, 274, 276, 279, 280, 291, 372; - 뜻 15, 271, 272

노동법 341

노동조합주의 340

노예 23, 24, 38, 105, 128, 146, 167, 216, 231, 248, 250, 254, 269, 366, 367, 371; 노예무역 104; 노예 상태 293, 308; 노예제 269, 294, 372; 노예해방령 372; 채무 노예 31, 34; 해방 노예 168, 172

농노 105, 345; 농노계급 42; 농노제 345

누스바움, 마사 362

능동 시민 272, 274~277, 279~282, 310, 365; 수동 시민 272, 274~276, 279~282

ㄷ

덕성(arete) 13, 41, 44, 48, 58, 65, 72, 81, 145, 149, 150, 151, 185, 207, 212, 224, 229, 231, 310, 311, 370; 시민적 덕성 57, 123, 147, 211

데모스 34, 35

독일 9, 100, 101, 107, 108, 139, 291~293, 297, 298, 323, 339, 372; 『독일 이데올로기』 325, 328, 329; 『독일의 헌법』 297; 독일어 109, 290~292

동맹국 전쟁 64

동성애자 119

동심원 365~367, 371, 373; 동심원 모델 365

뒤부아, 피에르 349

드라콘 법 30, 31

디드로, 드니 213, 256

디오니소스 33

디오클레티아누스 79

ㄹ

라틴 전쟁 61

러시아혁명 9, 345, 373

레오 1세 85

레오니다스 27

로마 11, 14, 16, 49, 59, 60~69, 71, 72, 77, 79~85, 89~92, 98, 102, 106, 108, 109, 113, 138, 143, 145, 149, 150, 367, 370; 로마 공화정 66, 77, 81, 89, 102, 159, 227; 로마 시민 64~66, 70, 71, 78, 80, 81; 로마법 97, 119, 132~134, 368; 『로마사』 60, 149; 로마의 평화 96; 로마제국 49, 80, 83, 85, 86, 96, 100, 104, 310, 354

로베스피에르 231, 266, 269, 280~282, 298, 356

로크, 존 13, 16, 161, 183~194, 201, 203, 214, 217, 235, 252, 257, 287, 296, 311, 312, 320, 355, 369, 370, 374

루블린 연합 200, 225; 루블린 조약 160

루소, 장-자크 13, 16, 43, 71, 123, 210~231, 238, 239, 252, 258, 261, 262, 280, 282, 301, 311, 320, 349, 370, 371

루이 5세 100

루이 14세 115, 160

르네상스 14, 111, 120, 137, 139, 141, 143, 144, 151, 155, 159, 164, 210, 235, 308, 354, 368; 르네상스 인문주의 145

『리바이어던』 178, 181

리비우스 60, 149, 152

리쿠르고스 23, 24, 29, 49, 282

ㅁ

마르실리우스 16, 50, 126~131, 151, 368

마르크스, 카를 16, 202, 262, 296, 320~334, 373

마셜, 토머스 11, 12, 339~343

마키아벨리, 니콜로 12, 13, 16, 71, 144~153, 155, 198, 220, 235, 238, 239, 279, 296, 311; 마키아벨리주의자 155; 마키아벨리즘 147; 『마키아벨리언 모멘트』 12, 144, 147, 238

메디치(Medici family) 139, 142, 147, 368; 로렌초 데 메디치 142; 코시모 데 메디치 142

메세니아인 23, 24, 29, 366; 제1차 메세니아 전쟁 23; 제2차 메세니아 전쟁 23

메이플라워 서약 233

『명상록』 71, 72, 354

명예혁명 173, 183

모나르코마키 163, 164, 369

모어, 토머스 164, 200

몽테스키외 204~212, 224, 239, 252, 257, 271, 279, 296, 310, 312, 370

미국 10, 12, 14, 198, 229, 232, 235, 237~239, 243~247, 253, 254, 287, 293~295, 307, 312, 313, 363, 370~373; 미국 헌법 211, 242, 250~252, 255, 272, 313, 361; 미국독립 혁명 71, 192, 231, 232, 256, 355, 356, 371; 미국의 독립 선언 1853; 『미국의 민주주의』 240, 243, 247, 306~309, 311, 312, 314

민법 126, 134, 202, 228, 342

민족(nation or ethnos) 15, 48, 54, 55, 59, 60, 61, 89, 95, 97, 99, 105, 168, 172, 205,

207, 208, 268, 271, 293, 356, 371; 민족성 292, 293; 민족주의 289, 357, 363, 372
민주주의 10, 22, 34~38, 47, 198, 204, 211, 212, 238, 249, 280, 308, 310, 311, 317, 334, 335; 미국식 민주주의 312; 민주주의의 결여 352; 민주주의혁명 198, 204, 211, 241; 사회민주주의 348; 세계시민 민주주의 362; 아테네 민주주의 35, 61, 128; 입헌 민주주의 10; 자유민주주의 9, 310
민중(people) 15, 33, 284
민회(그리스) 32, 35, 37, 47; 민회(로마) 61, 65; 민회(중세) 109, 110
밀, J. S. 2589, 290, 295, 296, 315~320, 373
밀라노 85, 88, 101, 139, 141, 143; 밀라노 공국 143

ㅂ

바론, 한스 143, 144, 368
바르톨루스 132~134
반체제 운동가들 346
버지스 14, 116
버크, 에드먼드 174, 202
『법의 정신』 204~210, 252
『법철학』 299~303, 322, 372
베네치아 109, 112, 114, 139
베른슈타인, 에두아르트 334, 335
베버, 막스 17, 116
벤담, 제러미 202, 295, 316, 349
보댕, 장 161~172, 199, 200, 203, 207, 221, 259, 296

보모 국가 343
보수주의 174
복지국가 296, 342, 344, 348
볼셰비키 345
봉건제 108, 115, 160, 296
부르구스(burgus) 107
부르주아 119, 162, 221, 274, 284, 288, 291, 330, 332; 부르주아 공화정 334; 소부르주아 270
브루니, 레오나르도 143~147, 155, 369

ㅅ

사보나롤라, 지롤라모 142, 144
사회계약 179, 186, 194, 199, 204, 205, 211, 218, 222, 223, 228, 315, 323; 사회계약론 172, 198, 199; 『사회계약론』 213, 214, 216~219, 222, 224, 226, 227, 229, 230
사회권 12, 339~344, 346, 351, 373
사회보장 335, 341
사회주의 9, 211, 310, 317, 333~335, 346, 357, 358
산업혁명 288, 307, 321, 339, 340
삼부회 162, 257~259, 266, 273, 274, 277
상업 22, 95, 103~105, 107, 109, 111, 116, 118, 143, 160, 240; 상업자산 186
생명 121, 178, 185~189, 193, 202, 236, 247, 251, 293, 294; 생명권 175, 192
서로마제국 65, 83, 85, 92, 95~100, 103, 368
선거법 319; 제1차 선거법 개정 173
세계 연방주의 운동 359
『세계시민 인류전선』 359

세계시민권 (운동) 354, 358, 360, 362~364, 374, 375 ; 세계시민권 사상 358, 374; 세계시민주의 56, 72, 355~358, 362, 363, 374, 375
소련 9, 345~347, 373
소아시아 30, 33, 36, 54
소유권 180, 334
소크라테스 35, 40, 42, 45, 354, 355
속인주의 291, 339; 속지주의 291
솔론 30~34, 61, 206
수도원 98, 278
수평파 174, 183
스미스, 애덤 325
스탈린 헌법 346
스토아 57, 87; 스토아 철학 49, 72; 스토아주의(자) 42, 58, 68, 71, 354, 374; 스토아 학파 56~58, 197
스파르타 22~29, 38, 40~44, 49, 53, 70, 124, 184, 225, 282, 366, 367
시뇨리아 139, 142, 368
시민단체 130, 267, 270
시민 정부 146; 시민 정부론 146; 『시민정부』 185, 187, 188, 192, 193, 235, 355
시민 종교 77, 79, 230, 231, 370
시민공화주의 71, 145, 147, 217, 225
『시민론』 177, 178, 181
시민법 118, 341; 세계시민법 356; 『시민법 대전』 92, 118
시민사회 116, 191, 198, 214, 231, 242, 276, 296, 297, 300, 301, 310, 3111, 315, 320, 324~326, 329, 341, 344, 345, 347, 372
시민공화주의 71, 145, 147, 217, 225; 시민적 인문주의(자) 141, 143, 144, 147, 148, 210, 238, 369; 시민적 휴머니즘 143, 159
시에나 110, 112, 113
시에예스, E. J. 267, 269, 270, 272~278, 282, 372
시칠리아 40, 43, 70, 100; 시칠리아 왕국 139
신구빈법 333
『신국론』 89, 92
신권(rights of subjects) 167
신민(subject) 14, 21, 47, 64, 88, 119, 124, 133, 160, 161, 166, 167, 170~173, 181, 187, 190, 191, 201, 202, 218, 219, 221, 222, 224, 230, 232, 295, 310, 369, 371, 372; 신민권 115
신분 투쟁 60, 61, 367
신분제 105, 160, 162, 185, 258, 260, 266, 307, 371
신성로마제국 101, 109, 118, 132, 137~139, 142, 354, 368
신의 도시 80, 81, 89~91, 98
『신학대전』 124
실정법 197, 206, 260

ㅇ

아고게 24, 26, 28
아리스토텔레스 12, 13, 16, 22, 24, 27, 31, 34, 38, 39, 44~50, 58, 68, 71, 72, 119, 120, 123, 124, 126, 127, 129, 132, 133, 151, 165, 166, 184, 197, 215, 225, 367, 368
아리스토파네스 36, 56
아우구스투스 66, 77, 91, 96

아우구스티누스 16, 80, 88~92, 102, 197
아우렐리우스, 마르쿠스 67, 71, 72, 83, 354
아조(Azo of Bologna) 132
아케아 연맹 54
아퀴나스, 토마스 42, 49, 123~126, 197, 368
아테네 22, 23, 29~31, 33~47, 53, 55, 57, 62, 65, 70, 71, 366, 367; 아테네 동맹 41; 『아테네 정치제도사』 31, 34
아틸라 85
알라리쿠스 84, 89
알렉산드로스 45, 53, 54, 62
앙리 4세 163
에페비아 55
여성 28, 29, 38, 119, 128, 203, 268, 269, 276, 288, 318, 339, 340, 348, 371, 373; 로마 여성 60
우주 57, 72, 73, 89, 123, 125, 197, 214, 355
원수정 66
위계 229, 248; 위계질서 108, 243, 255, 266, 270, 288
위그노전쟁 162, 164, 172, 173, 176, 369
유대인 104, 119, 248, 268, 325; 『유대인 문제에 대하여』 262, 322~325, 327
유럽연합 9, 10, 349, 351~353, 374
율리우스 법 64
『의무론』 69
이성 41, 69, 72, 125, 169, 177~179, 182, 187, 193, 197, 201, 212, 214~216, 220, 257, 322; 이성적 능력 295, 311; 이성적 법칙 300; 이성적인 국가 302; 집단 이성 223, 267
이탈리아반도 59~66, 83~86, 97~101, 107~115, 118, 126, 127, 132, 137~144,

148, 153, 155, 159, 238, 367, 368
인간 13, 46, 48, 58, 69, 72, 89, 90, 91, 98, 122, 124, 125, 127, 145, 148, 169, 177~182, 187~189, 192~194, 197~199, 202, 205, 206, 211, 215~222, 261, 262, 308, 325~328, 330, 355, 375; 법적 인간 119; 인간 본성 46, 179, 217; 인간 해방 216, 328, 373; 인간관 316, 322; 인간론 177
인권선언(『인간과 시민의 권리선언』) 185, 186, 260~264, 266, 267, 281, 321, 350, 356, 361; 세계인권선언 350, 375
인민 15, 70, 114, 130, 132, 151, 152, 155, 175, 197, 217, 222, 227, 228, 236, 245, 246, 251, 270, 272, 275, 345, 346; 인민의 정부 154
인신보호령 176
인종차별 294, 348
일반의지 218, 221~223, 226, 228, 229, 231, 257, 261, 262, 267, 272, 279, 280, 295, 304, 305, 344, 371
입법권 170, 186, 189, 191, 252, 253, 263, 264, 302, 369, 370
입헌군주정 147, 160, 184, 259, 291, 303
잉글랜드 97, 108, 115, 116, 159~162, 176~178, 183, 200; 뉴잉글랜드 232~234, 254, 307; 잉글랜드 내전 173, 369; 잉글랜드 의회 162

ㅈ

자연권 178, 179, 189, 190, 194, 201, 217, 238, 245, 260, 264, 266, 267, 315, 320, 328, 342

자연법 58, 81, 89, 124~126, 163, 171, 175, 177, 179, 180, 187, 189, 193, 197~199, 201, 205, 211, 214, 228, 260, 266, 297, 320, 345, 355; 고전적 자연법 82; 자연법 사상 58, 125, 197, 204, 238, 287; 자연법학파 204

자연상태 177~179, 182, 187~201, 214~217, 219, 220, 315, 355, 369

자유 11, 24, 36, 37, 53, 102, 107, 111, 116, 143, 145, 146, 150, 152~154, 169, 178, 179, 181, 182, 185, 201, 202, 210, 212, 216, 217~222, 233, 235, 236, 248, 256, 261~263, 265, 301, 304, 306, 308, 313, 315, 328, 330, 370; 개인적 자유 221; 공동체적인 자유 222; 소극적 자유 202, 314; 시민적 자유 217, 219, 221; 자유의지 180; 『자유론』 315, 316; 자유인 216, 221, 249, 367; 적극적 자유 314

자유주의 204, 295, 296, 302, 310, 312, 314, 317, 320, 321, 326, 327, 334, 335, 340, 371; 경제적 자유주의 211, 212; 자유주의 모델 13; 자유주의적 편견 326; 정치적 자유주의 211, 312; 조직적 자유주의 335

재산 10, 28, 32, 44, 49, 62, 65, 108, 110, 169, 184~186, 189, 191, 203, 261, 269, 274, 279, 283, 295, 339, 340, 370, 371; 사유재산(제) 42, 44, 217, 251; 재산권 174, 175, 320; 재산세 64

절대주의 14, 115, 159~161, 171~173, 186, 234, 296, 369

정념 177, 181, 182, 200, 215

정의 17, 41, 42, 48, 129, 165, 168, 220, 257, 300, 350

정치권 12, 341, 373

정치체 189, 217~219, 221, 224, 228, 244; 시민적 정치체 233

『정치학』 45~47, 49, 119, 129

제국주의 339, 352

제논 56, 57

제3신분 162, 258, 272, 274; 『제3신분이란 무엇인가』 267, 269, 277, 279

제퍼슨, 토머스 235, 241

조레스, 장 334

존 솔즈베리 121~123

종교개혁 139, 140, 162, 213; 종교전쟁 160, 162, 296, 371

주권 9, 127, 159, 167, 169~171, 183, 186, 191, 207, 221, 223, 228, 237, 242~246, 252, 257, 261, 267, 280, 298, 305, 306, 369; 국가의 주권 159, 237, 249, 298, 301, 305, 360; 국민주권 102, 193, 203, 207, 210, 239, 246, 253, 255, 262, 287, 295, 301, 312, 324, 370; 국민주권론 219; 군주 주권 133; 인민주권 128, 132, 133, 235, 257, 264, 371; 주권론 164, 166, 169; 주권자 159, 168, 169, 171, 181, 187, 191, 202, 218, 219, 221, 224, 228, 230, 279

준(準)시민권 61

중세도시 92, 107, 108, 115

지상의 도시 81, 89~91

진정서 257, 258, 281, 284

ㅊ

참정권 12, 35, 36, 62, 202, 250, 266, 279, 280, 281, 283, 295, 319, 339, 340; 여성 참정권 269, 318; 참정권 없는 시민권 61, 367

ㅋ

카라칼라 67, 83, 367
카로치오 114
카롤루스 100, 104, 107, 349
카이사르 64, 68, 81
칸트, 임마누엘 147, 221, 275, 311, 322, 355~357, 374
코먼웰스 200
코뮌 109, 110, 114, 115, 138, 260, 272, 332; 코뮌 운동 107, 368; 코뮌 제도 331, 332; 파리코뮌 331
코스모폴리타니즘 56~58, 72
콘스탄티누스 80, 138; 「콘스탄티누스 기진장」 100, 137
콩도르세 257, 264, 265, 269, 278, 312
콩스탕, 뱅자맹 265, 310
크리소스토무스 87, 88
크립테이아 25
클레이스테네스 34, 35
키비스 14, 15, 59, 80, 98, 102, 119; 키비타스 59, 80, 86, 89, 102, 104, 105, 107, 169
키케로 13, 49, 67~71, 129, 143, 149, 151, 197

ㅌ

테베 41, 53
토크빌, 알렉시 드 16, 240, 243, 247, 252, 256, 306~315, 317, 373
투키디데스 29, 38, 56
투표권 173, 184, 203, 207, 234, 248~250, 269, 274, 276, 278, 280, 294, 319, 346, 348, 350
특허장 115, 116
티르타이오스 27, 44

ㅍ

파레시아 37
파비아 98, 110
파우사니아스 55
8성인 전쟁 141
팬데믹 358, 375
퍼트니 논쟁 173~175
페레그리니 91
페리클레스 35, 36, 38, 39, 43, 146
페이시스트라토스 34
펠로폰네소스 반도 23; 펠로폰네소스 전쟁 29, 38~41, 146; 「펠로폰네소스 전쟁사」 38
평등 36, 37, 58, 67, 111, 146, 178, 184, 186, 208, 212, 218, 220, 223, 229, 236, 261, 280, 284, 294, 308, 321, 344, 345,370, 373; 불평등 44, 212, 220, 222, 246, 320, 333, 334, 344; 「인간불평등기원론」 214, 217, 224, 225; 자연적 평등 219; 평등주의 208, 309
「평화의 수호자」 126, 128, 131
포에니 전쟁 63

포칵, J. G. A. 12, 144, 147, 238
폴란드-리투아니아 160, 200, 225, 370
폴리스 15, 21~25, 29, 41, 47, 48, 53~59, 86, 87, 126, 226, 234, 287, 366, 367, 370; 코스모폴리스 72; 폴리스적 동물 12, 48; 헤메레트 폴리스 31
폴리테스 14, 15, 57, 59, 119, 366; 코스모폴리테스 57
폴리테이아 21, 40, 41, 119, 366, 367
폴리티크파(정치파) 163
폴크(Volk) 291, 293; 폴크가이스트 292
프랑스 100, 108, 115, 116, 139, 142, 159~161, 163, 173, 176, 186, 198, 212, 240, 246, 265~268, 272, 275~277, 279, 283, 291; 프랑스 헌법 36; 프랑스어 289, 290, 292, 372; 프랑스혁명 12, 71, 231, 248, 256~258, 260, 262, 268, 269, 271, 275, 280, 284, 297~299, 315; 프랑스혁명기 257, 269, 280, 284, 321, 356, 372
프랑크 왕국 59, 85, 98~100, 103, 107, 137; 동프랑크 왕국 100
프록세니 56
프톨레마이오스 53, 54
플라톤 16, 39~46, 48, 367
플루타르코스 23, 25, 28, 62, 121, 122, 356
피델리타스 80, 81
피디티온 26, 42
피렌, 앙리 103, 104; 피렌 테제 103
피렌체 110~112, 114, 139, 141~143, 146, 147, 154, 155; 피렌체 공화국 151; 피렌체 공화주의 153;『피렌체사』147;『피렌체 찬가』144, 145
피로스 62

피타고라스학파 43
피피누스 99

ㅎ

하버마스, 위르겐 9, 10
해밀턴, 알렉산더 235, 237, 238, 240, 241, 243~245, 252, 253
헤겔, G.W.F. 16, 296~306, 322~325, 372; 청년 헤겔학파 323; 헤겔 좌파 321
헤로도토스 29, 30, 56, 287
헤르더, 요한 고트프리트 291
헤일로타이 24~26, 41, 124
헬드, 데이비드 362
헬레니즘 53~56, 125, 354
호메로스 21, 55
홉스, 토마스 16, 46, 123, 161, 173, 176~182, 186~191, 199~201, 205, 214, 215, 217, 218, 296, 298, 320, 369